高等职业教育“十三五”规划教材

国际贸易实务

主　编　缪华昌　冯志强　陈华北

副主编　曹　玮　唐红桃　蒋海芹　季海宇

中国轻工业出版社

图书在版编目（CIP）数据

国际贸易实务/缪华昌，冯志强，陈华北主编．—北京：中国轻工业出版社，2020.12
高等职业教育“十三五”规划教材
ISBN 978-7-5184-1275-4

Ⅰ．①国…　Ⅱ．①缪…　②冯…　③陈…　Ⅲ．①国际贸易—贸易实务—高等职业教育—教材　Ⅳ．①F740.4

中国版本图书馆CIP数据核字（2017）第114733号

责任编辑：张文佳　李　红
策划编辑：张文佳　　责任终审：劳国强　　封面设计：锋尚设计
版式设计：王超男　　责任校对：吴大鹏　　责任监印：张　可

出版发行：中国轻工业出版社（北京东长安街6号，邮编：100740）
印　　刷：北京君升印刷有限公司
经　　销：各地新华书店
版　　次：2020年12月第1版第4次印刷
开　　本：787×1092　1/16　印张：16
字　　数：370千字
书　　号：ISBN 978-7-5184-1275-4　定价：38.00元
邮购电话：010-65241695
发行电话：010-85119835　传真：85113293
网　　址：http://www.chlip.com.cn
Email：club@chlip.com.cn
如发现图书残缺请与我社邮购联系调换
201589J2C104ZBW

前言
PREFACE

面对经济全球化与知识经济的发展，国际贸易的理论与社会实践不断地发生着创新。全国大多数高等学校特别是高职高专院校财经专业将“国际贸易实务”课程设为核心专业技能课。在高职高专教育强化实践技能理念的指导下，编者结合多年的一线实践教学经验和企事业实践工作经验，编写了本书。

本书的特点是理论与实践相结合，从高职高专学生学习的实际出发，系统地介绍了本学科的理论知识点，吸纳了新的研究成果，在内容与知识体系上更加突出实用和创新。本书以国际贸易的实际工作过程为依据构建了完备的知识体系，在具体知识点的介绍中引用了大量新颖案例，进行深入浅出的分析，满足不同学生的学习兴趣和求知欲，书中还穿插了小思考、经验谈、知识链接，使得本教材在使用过程中，通俗易懂，便于学生学习。本书的编写坚持传统的经验理念，例如：学习过程应建立在智力因素和非智力因素的共同基础上，围绕智力因素展开，即学、思、习、行等条件对“知行统一”过程发生作用，并渗透到博学、审问、慎思、明辨四个阶段中；围绕非智力因素展开，即以情、意为主的条件对“知行统一”过程发生影响与作用。达到：立志、乐学、持恒、博学、慎思、自得、笃行。又吸纳了职业教育的新理念，例如：人本主义教育理论，斯金纳的操作学习理论，皮亚杰建构主义经验理论，布鲁纳认知结构学习理论，加工学习理论，拉斯韦尔的模式，贝罗模式。达到：在知识结构上“知行统一”，提高实践工作能力。每个项目进行小结，知识点和技能点的巩固与提高，案例分析有助于学生发现问题、分析问题、解决问题能力的培养和提高。

本教材采用项目任务制体系，每一项目开篇增加了学习目标，以便教师和学生进行检验。案例导入部分通过精辟的案例、问题和案例分析，让学生带着问题进入相关内容的学习；项目结尾增加思考与练习题，包括主要名称、概念、选择、判断、计算、简答、论述、案例分析、实操题目，以加强读者对主要内容的把握。本教材新内容体现在以下方面：

（1）“贸易术语”这一部分的内容由原来的《2000 通则》改为按最新的《2010 通则》

进行编写。

（2）汇率变动部分，根据人民币升值、美元贬值的影响，此部分内容按照2014年年初的汇率进行修订。

（3）根据我国2012年8月1日外汇管制条例的新规定，出口退税不再与核销挂钩，取消了出口收汇核销这一部分内容。

（4）本书穿插有课堂思考、知识链接、课堂阅读、课堂互动、阅读资料内容和大量案例与分析，通过教师教学增强学生的参与意识，使学生由被动学习变为主动学习，用所学的理论创造性地解决实际问题，以提高同学们独立的思维能力和解决问题的能力。每个项目任务都配有实操训练，可以培养学生解决企业国际贸易实务能力，增强学生从事专业工作的自信心，提高学生的专业技能和社会适应能力，为毕业后走上国际贸易实际岗位工作打下良好的基础。

本教材由苏州托普信息职业技术学院缪华昌、河南工业贸易职业学院冯志强、泰州职业技术学院陈华北任主编；苏州农业职业技术学院曹玮、江苏旅游职业学院唐红桃、苏州托普信息职业技术学院蒋海芹、季海宇任副主编。由冯志强负责全书的统稿工作。

本书在编写过程中，参考了大量的论文、论著与文献资料，特向作者表示深深的谢意！在编写本书的过程中还受到各界同仁的大力支持和帮助，在此一并感谢！

由于作者水平有限，书中难免有不妥之处，敬请广大同仁和读者批评指正。

编者

2017年6月

目录

CONTENTS

项目一 国际贸易前期的工作

学习目标

企业要开展国际贸易，必须拥有自己的客户群以及熟悉外贸业务的员工。而寻找客户以及与客户建立业务关系，是外贸业务员开展国际贸易业务前必须做好的准备工作。准备工作做得好与坏，对出口计划的完成和每笔交易的成败有着密切的关系。

通过本章的学习，学生要掌握寻找客户、建立和发展客户关系的基本技能，并熟悉进出口业务流程。

导入案例

出口前做好资信调查

郑州 ING 玩具公司某年 9 月接到美国 SSMC 公司的业务信函，贸易涉及总金额高达 200 万美元。SSMC 公司在后续信函中告知，由于距离货物销售的旺季圣诞节尚早，提出前期购买小批量的货物来试探市场走向，一旦该货品市场反映良好，SSMC 公司将按上述金额大批量购买。

SSMC 公司向 ING 公司提出先期购买价值为 30 万美元的货物，要求 HY 公司能够给予 60 天的赊销期，HY 公司的决策层经过研究，认为双方的合作前景良好，同时又能够给公司带来相当大的利润，同意了 SSMC 公司的要求，签署了售货合同。

经过两个月的放账后，ING 公司开始向 SSMC 公司催款，但 SSMC 公司称 ING 公司的货物在市场上反馈不佳，购买的 ING 公司货物积压十分严重，并提出 ING 公司该货物的质量与合同规定不符等理由，以此为借口要求降低还款金额。ING 公司意识到情况严重，于是通过专业机构调查对方资信，发现对方公司财务十分混乱，其供货商早在 3 个月前已取消了给其授予信用限额，并正在追讨欠款。SSMC 公司根本没有能力偿还 30 万美元的货款。经过近几个月的追讨努力，ING 公司在当地法院通过诉讼保全，拿回了 40% 的货款，SSMC 公司也随即破产。

问题：从 ING 公司的遭遇中得到什么启示？

案例分析：ING 公司受惑于 SSMC 公司即将带来的高额利润和美好的合作前景，同意了 SSMC 公司提出的赊销条件，同时又忽略了赊销条件下的信用调查，在根本不了解对方信用限额的前提下，贸然发出大金额的货物，因此产生损失并非偶然。本案中 ING 公司出口前忽视对贸易伙伴的信用调查是导致自身损失最直接的原因。

任务一　国际贸易的基本概念

一、国际贸易的概念

国际贸易（International Trade）是指不同的国家或地区之间的货物、服务与技术的交换活动。国际贸易是各国之间劳动分工的表现形式，反映了世界各国在经济上的互相依赖。当今世界上，还有一些主体，虽然不是一个主权国家，却长期与其他国家存在贸易往来（例如中国台湾地区、香港特区），我们将其与外部的贸易也类似地称为“国际贸易”。

另外，我们在日常生活中还常常提到一些与国际贸易相关的概念，如对外贸易、海外贸易、国内贸易等。

1. 对外贸易（Foreign Trade）与国际贸易

对外贸易是指一个国家或地区与其他国家或地区之间的货物、服务与技术的交换活动，即从某一个国家或地区的角度看待其与他国或地区发生的交换。

对外贸易与国际贸易都是指超越国界所进行的商品交换活动。从这一点说，两者是一致的。但是它们也有明显的区别，前者着眼于某个国家，后者着眼于国际范围，即世界上所有国家或地区之间的商品交换。另外，在一些海岛国家（如英国、日本等），由于对外贸易的运输一般都要经过海洋，通常将其对外贸易称为海外贸易。

2. 国内贸易与国际贸易

国内贸易，顾名思义，是指在一个国家或地区内部的货物、服务与技术的交换活动。二者的相同点体现在以下方面：①基本内容相同：国内贸易和国际贸易的基本内容都是货物、服务与技术的交换，国际贸易从事着国家间的交换，而国内贸易是在国内进行的交换。②交易过程相同：二者的交易过程大同小异，只是国际贸易比国内贸易在具体程序和细节上更为复杂。③经营目的相同：二者的经营目的都是通过交换取得经济利益。但由于国际贸易涉及两个以上的国家或地区，因此，它们之间有很大的差异，二者的区别主要通过国际贸易的特点来进行阐述。

二、国际贸易的特点

在国际贸易中，很多国家为了保护本国经济的发展，必然对外来商品设置许多障碍，进行一些政策性限制。例如，美国利用配额制来限制纺织品进口。总体来说，国际贸易比国内贸易更容易受到国家政策的限制。与国内贸易相比，国际贸易具有以下特点。

（一）国际贸易面临的困难

由于不同国家之间有着不同的语言文字、法律法规、风俗习惯、货币、度量衡制度等，上述的问题解决得不好，都有可能导致交易的失败。因此，国际贸易要比国内贸易困难更多。

1. 语言不同

国际贸易中，由于各国法定语言不同，使国际贸易首先遇到的困难就是语言问题。由于历史的原因，为了各国交易者之间沟通的便利，英语是国际贸易的通用语言。国际贸易经营者必须通晓国际贸易实务英语，才能在贸易活动中应付自如。此外，世界上有些国家和地区使用英语还不普遍，所以学习和掌握一些小语种也是十分必要的。

2. 法律不同

由于各国（地区）有独立的立法权，交易各方均不得违背对方国家的法律，这给国际贸易带来了法律方面的障碍。为了解决这个问题，联合国等权威组织和国际商会等民间机构出台了有关的国际公约和国际惯例，如《公约》、国际商会《跟单信用证统一惯例》等，因此，国际贸易所使用的法律规范更多、更为广泛。

3. 风俗习惯不同

由于历史、传统、民族、宗教等原因，各国在生活方式、价值观念、道德规范、生活水平等方面都各不相同。例如，在对颜色与图案的喜好与禁忌方面：中国人喜欢红色，泰国人崇尚黄色，而在伊斯兰教地区却忌讳黄色。这些不同使国际贸易在缔结条约和执行合同方面与国内贸易有所不同，也使得国际贸易经常出现纠纷。

4. 货币不同

在国际贸易中，绝大多数国家在对外贸易中不能够使用本币，而要使用外币。世界上各国使用的货币有上百种，在国际贸易中经常使用货币有十多种，这些货币一般是可自由兑换货币。也就是说，对参与国际贸易的企业来说，不仅要将本币兑换成外币，而且要承担着汇兑风险。

5. 度量衡制度不同

国际贸易中各国使用的度量衡制度可能也不同，各国通常根据自身情况选择公制、英制、美制等中的一种作为本国度量衡制度。因此，国际贸易的出口方所提供的货物，不能仅仅按照自己的度量衡来加工、计量、包装，而要按照进口国的度量衡，以方便进口国用户使用。同时，还要考虑度量衡制度不一致时的兑换，以免造成误解和纠纷。

（二）国际贸易更加复杂

国际贸易所面临的贸易环境的多变性，其贸易过程、贸易做法等经营业务具有明显的复杂性。另外，在国际贸易过程中还涉及进出口公司、运输部门、商检部门、银行、保险、海关等多个部门，涉及的当事人也更多，因此，比国内贸易要更加复杂。

1. 商业习惯复杂

在国际贸易中，各国市场的商业习惯不尽相同，甚至差异很大，因而要了解并适应其商业做法。如果不能准确把握对方国家的商业习惯，就会影响到贸易活动的正常进行，从而影响到双方的贸易利益。

2. 海关制度复杂

各国都设有海关，对货物的进出口都有许多规定。货物出口不仅要在输出国家的海关口岸履行报关手续，而且出口货物的种类、品质、规格、包装及商标也要符合输入国家海关的各种规定。

3. 物流过程复杂

由于国际贸易路途遥远，运输过程中的风险随之增大。因此，必须考虑运输工具、运输方式、运输费用、货物装卸、提货手续以及运输合同条款的相关规定。此外，为了避免国际货物运输中的损失，还必须为货物办理保险手续。

4. 政策障碍复杂

各国政府常因保护国内产业和资源，而对进出口货物采取各种各样的限制或鼓励措施，如关税、配额、许可证、出口补贴、出口信贷、进出口通关环节等，而国内贸易则不采用这些措施。

知识链接

国际货物贸易中的当事人

买方和卖方是国际货物贸易的主体，但在国际贸易中，还有许多其他个人、机构或组织也会参与到贸易中来。一般而言，根据交易的目的、商品、进出口国的贸易政策不同，参与国际贸易的还会有运输公司、保险公司、银行、检验机构、领事馆、仲裁机构或法院等。

（三）国际贸易风险更大

国际贸易中，经营者要面临信用风险、运输风险、汇率风险、政治风险、欺诈风险、法律风险等诸多风险。这些风险中有些在经营国内贸易时也会遇到，然而由于国内企业之间往来较多，双方比较了解，进行市场调查也比较容易，加之运输距离较短等因素，使得其风险程度远远小于国际贸易；而其他一些风险，如汇率风险则是国际贸易所独有的。因此，经营国际贸易总体上讲，比经营国内贸易的风险要更大。

1. 信用风险

信用是现代市场发育的基本条件，也是确保企业交易正常运行，国家经济健康发展的前提。但是，当债权人授信失当或债务人逃避自己的偿付责任时，信用风险就发生了。在国际贸易中，如果交易一方对交易另一方的经营情况、财务状况等信息没有充分的了解，便向对方提供了商业信息，例如，卖方向买方承诺在收到预付款后履行发货义务，或是买方向卖方承诺在收到货物后再履行付款义务，如果一方出现道德不良、发货困难或偿付能力不足等问题，或者是市场发生变化时，就有可能出现信用风险了。

回避或降低信用风险的方法是加强市场行情的研究与分析，并通过信用调查选择识别信用良好的客户、对客户信用进行评估、科学地确定信用条件并严格执行信用政策，加强对应收账款的监控，一旦发生货款拖欠就应该尽早催收。为了鼓励我国对外贸易，国内一些保险公司开办了由进口商商业风险（包括破产、拖欠和拒收）而引起的收汇损失的出口信用险，如果遇到进口商信誉问题或是进口商无力偿还债务造成的损失，投保有关的保险后可向保险公司索赔，以减少出口商的利益损失。

2. 运输风险

国际贸易中，货物在从卖方所在地运到买方所在地的整个运输、装卸和储存过程中，可能会遇到各种难以预测和回避的风险导致货物受到损失。所以，外贸人员还要提高预防运输风险的意识，尽量选择实力强、信誉好的运输公司，在安排装卸过程中增强有关人员的责任感。为了使货物在遇到风险受损时能得到经济补偿，可办理货物运输保险，发挥保险对运输业的风险分担和补偿功能，以转移和分散运输风险。

3. 汇率风险

在国际贸易中，对商品和服务的支付常常涉及不止一个国家的货币，使用哪个国家的货币便成为签订交易合同时的一个重要的问题。在大多数情况下，各国货币的相对价值是不断地变化的，有时甚至是非常不稳定的。如果在签订合同和进行支付的这段时间内货币价值有了变化，那么这个变化会给这笔交易的收益带来影响。防范外汇风险的方式有很多，贸易商会使用多种方式回避或减少损失。如果是卖方，最简单的方法便是坚持在支付时使用本国的货币，这种策略可以将风险转移给买方，但是这种方法也许因为得不到买方的认可而不可行。

4. 政治风险

国际贸易中由于涉及不同国家之间的交易，特别是同政治、经济上都不太稳定的国家之间的买卖，政局的不稳定会导致贸易政策的变化、外汇转移的限制、某些特定商品进口的限制。此外，货币政策的变化又会导致本国货币的贬值，而暴乱和国内政治的不稳定也会导致商品的损坏，这些损失可能不在保险承保范围之内。例如，买卖双方已签订了销售合约，货物也已装运并且完好到达，但货物到达时买方国内发生巨变，工人罢工损坏了货物，进而买方的付款能力受到了影响；或者是进口国家突然禁止向卖方国家进行款项的支付。

在当今的国际格局中，政治风险发生的可能性还是存在的，所以作为外贸专业人员还要有敏锐的政治头脑，对于与政治高风险国家或地区之间的贸易要有警觉性。目前，我国保险公司推出的“出口信用险”，可以为出口商承担由于进口国政治风险，如战争、外汇管制、进口管制等而引起的收回损失提供保险。

5. 欺诈风险

欺诈风险是指由于国际贸易中的一方故意告知对方虚假情况或者故意隐瞒真实情况诱使对方做出错误意思表达并造成财产损害的贸易风险。欺诈风险是国际贸易中的最大风险，它可能发生于国际买卖合同、国际货物运输、国际贷款结算等贸易的不同方面；其欺诈行为主体可能是贸易商或船东；其欺诈的目标可能是订金、货款、货物、保险金等。由于国际贸易中欺诈的贸易标的额通常数额巨大，再加上国际司法救济的难度巨大，而且成本极高，所以贸易欺诈会给贸易商或贸易国带来极大的财产损失或社会危害。

6. 法律风险

在国际贸易中，由于目前各国法律体系的不同，特别是英美法系与大陆法系国家之间法律分歧很大，导致贸易中的买卖合同当事人对合同的条款理解不一致而产生争议，甚至可能由于法律冲突而使当事人有机可乘。尽管联合国国际贸易法委员会在国际贸易合同方面起草了《联合国国际货物销售合同公约》，国际商会在国际结算方面制定了《跟单信用证统一惯例》和《托收统一规则》，在国际货物运输上有《联合国1978年海上货物运输公约》等国际公约与贸易惯例，但鉴于上述国际公约的缔约国没有涵盖所有参与国际贸易的国家，国际贸易惯例建立在当事人意思自治的基础上，因此在国际贸易中不可避免地会遇到法律与惯例的适用问题，因此，国际贸易中出现法律风险的可能性极大。

任务二　寻找客户的途径

客户是我们的交易对象。广泛地同客户建立贸易关系，建点铺面，组织推销网，是我们开展进出口贸易的重要条件之一。

作为刚从大学毕业进入外贸公司的新业务员，最大的困惑莫过于该怎样寻找到自己的客户，做成自己的第一笔贸易。任务一就如何寻找客户从而建立自己的业务网络做出分析。

一、充分利用公司已有资源

大学毕业生就业状况调查表明，大学毕业生刚进入企业时，拥有扎实的专业理论知识，但往往缺乏实际操作经验及自己的客户网络。对于毕业生而言，在实际操作上，唯一能做的当然是虚心向老业务员学习，熟悉公司内部的各种管理细节，熟练掌握外贸流程的各个操作步骤与环节，这样才能由生手逐渐成为熟手。这是任何业务员都必须经历的过程，只要勤学好问肯动脑筋，就没有过不了的坎。

而要建立自己的客户网络，情况就较为复杂。因为对于外贸业务员而言，自己的客户就是自己的饭碗，属于商业机密，即使是同事之间，也不会轻易向别人透露自己的客户信息。而从别人那里挖客户也有悖于商业道德，弄不好往往会引起纠纷。但这并不是说在这方面公司就毫无资源可利用，任何公司都会有一些不属于个人的公共客户，只要多加注意，就能挖掘出一些有用的信息，从而培养出属于自己的客户。例如，某外贸公司的小赵，在进入公司两三个月后一直没有建立起自己的客户关系，一个偶然的机会，她从公司老板处得知他手上有一个来自中东的客户就某电子配件进行询盘，而接待该客户的前业务员现已离开了公司，因此，小李主动从老板处要来了这份询盘，并立即与中东客户联系。通过在网上的几次洽谈，最终达成协议，小赵完成了自己进入公司以来的第一宗贸易，并通过该客户又认识了在中东的其他一些客户，从而建立起了自己在中东的客户网络。

二、充分利用网络平台

我们可以充分利用 B2B 网站、搜索引擎、行业网站、网络黄页等网络资源寻找潜在的客户。

1. B2B 网站

就 B2B（Business to Business，企业对企业）网站而言，目前中国最知名的当数阿里巴巴，除此之外，还有慧聪网、中国制造网，以及国外的 Ioffer、ECeurope 等都是很不错的 B2B 网站。

除了利用 B2B 网站大量获取国外客商的信息外，外贸业务员还要善于利用 B2B 网站为自己的公司做广告宣传，实时发布公司信息及产品介绍，这样会让海外的客户找到你的公司和公司的产品。

2. 搜索引擎

通过搜索引擎要寻找的对象，一是客户；二是产品。最常见的搜索引擎当属谷歌（Google）、百度（Baidu）。只要输入关键词，就能搜索到自己所要的结果，这自然不难，但要说明的是，不要固定只用几个搜索引擎，同样的关键词，使用不同的搜索引擎搜索会有不同的结果。另外，很多国家都有本土的搜索引擎，所以应尽可能多地利用目标国家的本土搜索引擎，再键入本国语言或英语的关键词，大胆地尝试，往往会获得意想不到的效果。

下面介绍几种不同的搜索方法：

（1）常规方法。最常规的方法是直接输入产品名称或客户类型进行搜索，如输入“产品名称 + 客户类型”或“buy/import/purchase + 产品名称”进行搜索。表示客户类型的英文单词有 importer、distributor、buyer、company、wholesaler、retailer、supplier、vendor 及其复数形式。如果想搜索关于椅子的产品，可以输入：“chair importers”“chair distributor”“chair wholesaler”“chair retailer”“buy chair”等，可以搜到不少客户，这是非常便捷有效的方法，并且搜索时应该优先考虑加上引号进行搜索。

（2）国家名称限制方法。在前面第一种常规方法的基础上加上国家名称进行搜索，如果想搜索美国客户的信息，可以输入“USA chair distributors”。一般从这种搜索结果中可以得到所关心的产品在目标市场的情况，其中也包含不少客户信息和客户信息源。

（3）搜索引擎图片功能。如利用搜索引擎的图片功能，输入产品名称，就会搜索到很多相关产品的图片。大部分情况下通过此种方法找到的都是一些网上商店，我们可以通过搜索到的资料与自己的产品在价格、性能等方面进行类比，做到知己知彼，心中有数。对于寻找国内货源的出口商来说，这种搜索更加有用。

3. 行业网站

由于目前网络上 B2B 网站众多，信息量大，使用者经常遇到自己的询价或报价无人问津的情况，面对这种情况，发帖人除了需要耐心和反复跟进以外，也可适当考虑一下行业网站，即根据所经营的产品属于哪个行业，再查找这个行业的网站。几乎每个行业都有自己的专门网站，查找时可利用搜索引擎，输入“行业名称 + industry”（或者 net，online，portal），一般都能搜到会员列表，信息量较大；而且在这些专业网和行业协会网站上有很多相关链接，也可以加以充分利用。

4. 网络黄页

网络黄页（yellow page）又叫作网络工商名录（directory），收录了国内外著名的贸易公司及商号的名称、电话、传真、公司地址、主要经营项目及历史经营情况等。

这类名录通常是由各国的商会编纂的，如欧洲黄页（http：//www. europages. com），是一个利用多种语言、多媒体技术进行欧洲市场推广的专业商业目录，使用印刷簿、光盘和网站三种媒体形式，展示语言多达 25 种，是进出口公司和出口型生产企业特别是中小企业寻找海外客户，尤其是欧洲客户的首选途径。据统计，每月有来自 150 多个国家的 160 多万买家会通过该网站来检索自己所需要的商品。

又如美国黄页（http：//www. yellowpages. com/），它专注于提供本地化搜索服务，据统计，56% 的美国人在购买商品前会翻阅美国黄页或浏览其网站，一年的浏览量就高达 150 亿人次。它旗下有 City Pages、People Pages 等。

三、充分利用各种交易会或展会

国内每年都有不少交易会或展览会，如中国进出口商品交易会（即“广交会”）、中国高新技术成果交易会、全国药品交易会、上海旅游交易会、中小企业博览会等，而每次来我国参加这类会展的国外团体与个人非常的多，这就给我们寻找国外客户提供了十分便捷的途径，因为这类会展不仅仅只实现交易，更重要的是能跟客户进行面对面的沟通，增进了解，联络感情，从而建立稳定的业务关系。据不完全统计，我国各类外贸公司有25% ~30% 的新业务员是通过参加各种交易会、博览会后寻找到自己的第一个客户，完成自己的第一笔外贸业务的。

任务三　建立业务关系

通过以上方式找到了潜在的客户后，接下来就该考虑怎样与客户建立业务联系并尽可能保持稳定的业务关系了。

一、对潜在客户进行资信调查

在正式与客户签订合同之前，我们应克服急于求成的心态，对潜在客户的各方面做深入细致的调查，避免产生不必要的贸易纠纷，甚至是上当受骗，就像本章导入案例一样，从而给自己或公司带来无法挽回的经济损失。

（一）调查的内容

对潜在客户的调查包括其资信情况、经营范围、经营能力及客户所在国或所在区域的商业习惯等。

1. 资信情况

客户的资信包括企业的资金和信用两个方面。资金是指企业的注册资本、实际资本、公积金、其他财产以及资产负债的情况等；信用是指企业的经营作风与习惯，比如：是否重合同、讲信誉，有无不良信用记录等，特别是对中间商的资信情况更应重视。

2. 经营范围

经营范围主要是指企业经营的商品类别、企业的性质（是实际用户还是中间商、专营商或兼营商）。

3. 经营能力

经营能力主要是指企业的活动能力、销售的渠道、贸易关系、经营做法以及经营历史长短等。

4. 商业习惯

不同国家、不同地域的人，由于受不同的文化、价值观、风俗习惯的影响，会有不同的商业习惯。为了更有效地与潜在客户进行沟通，我们必须了解其特有的商业习惯。例如，你想把产品出口到日本，出口商首先就要了解日本人特有的商业习惯，如他们强调人际关系，注重长期稳定的往来关系，做决策既慢又比较隐晦，还有他们特有的退货和回扣条件等，只有做到知己知彼、有的放矢，才能顺利地进入日本市场。

全面地了解客户的上述情况，对于我们拓展国外市场、扩大经营规模都是十分重要的。

（二）调查的途径

对客户的资信调查可以通过银行、工商团体、咨询机构、我驻外机构的实地调查等途径进行。

1. 通过银行调查

通过国内往来银行，向对方的往来银行调查，是最常见的一种方法。这种调查通常是拟好文稿，附上调查对象的资料，寄给往来银行的资信部。银行根据各进出口公司的要求，通过其国外的分支机构或其他往来银行在当地进行调查。

2. 通过工商团体和咨询机构调查

工商团体包括商会、同业公会、贸易协会等，通过这种渠道获得的信息需要我们仔细分析，有时可能得到的仅仅是一些“证明”，缺乏可靠性。向专业咨询机构获取信息较为客观，但费用比较高，例如麦肯锡就是一家国际知名的咨询公司，其调查报告详细高效。

3. 通过我驻外机构就地调查和在业务活动中对客户进行实地考察

委托我驻外机构就地调查和通过在业务往来活动中对客户进行实际考察所获得的材料，一般都比较具体可靠，对业务的开展有较大的参考价值。同时，从各兄弟进出口公司之间定期交流的客户资料，以及在发生重大情况时的临时通报中，可对客户的情况有更全面的了解，有利于做到互相配合、统一对外。

此外，国外出版的行业名录、厂商年鉴等刊物对了解客户的经营范围和活动情况也有一定的参考价值。

二、与潜在客户建立业务联系

对潜在客户的资信进行调研确认后，就可以着手与其建立业务联系了。建立联系的途径可以是派出业务代表到客户所在地直接洽谈，也可以通过信函方式快速与客户取得联系。随着通信科技的不断发展，信函的形式不断扩大，从传统的书信、电报、电传发展到传真、电子邮件、电子数据交换（EDI）等，不仅提高了通信速度而且降低了通信成本，因此外贸实践中通过信函与客户建立联系成为主要的选择。

（一）初次联系业务信函的主要内容

初次与客户取得联系，一般要说明客户信息的来源、写信的目的、表达建立良好业务关系的愿望，并希望对方尽快回复。通常，首先要告诉对方收信人的名称地址是如何获悉的，然后告知对方发信人的公司性质、业务范围等，自我介绍一番，说明去函的目的，最后表达在未来业务中希望能与之合作的真诚愿望。当然，发信人也可以在去函中提出一些要求，例如，希望获得对方进一步的信息，说明交易的条件等。

1. 说明信息来源

阐述如何获悉收信人的资料，如通过老客户介绍、通过网络搜索等方式。

【例如】

（1）We learned from the…that you are interested in…

（2）Mr. …has recommended you to us as a leading importer in…

（3）We have obtained your name and address from the…

（4）Our market survey showed that you are the largest importer of…

2. **说明去信目的**

去信目的基本上都是表达扩大产品销售、建立良好经贸关系的愿望。

【例如】

（1） In order to expand our products into… we are writing to you to seek cooperation possibilities.

（2） We are writing to you to establish long – term trade relations with you.

（3） We wish to express our desire to enter into business relationship with you.

3. **自我介绍**

为引起对方的交易兴趣，在信函中要进行自我介绍，包括本公司的基本情况和产品的基本情况。前者主要包括公司性质、业务范围、宗旨以及以往业绩等情况，后者主要包括产品推荐，例如质量特性、价格水平、销路情况等，同时也可附上产品目录、价目单或另行邮寄样品。

【例如】

（1） We are a leading company with many years' experience in…

（2） We enjoy a good reputation internationally in the circle of…

（3） We have a good variety of…

（4） Our products are enjoying popularity in…

（5） To give you a general idea of our products, we are enclosing our cataloguc for your reference.

4. **表达希望尽快取得回复**

结尾部分表达希望对方尽快回复，例如下单或告知相关意见。

【例如】

（1） Your comments on our products or any information on your market demand will be really appreciated.

（2） We are looking forward to your specific inquiries.

（3） We are looking forward to your SSMC orable reply.

案例 1 – 1

DEF CHAIR CO. , Ltd 从阿里巴巴网站获得 Chair Imports Pty Limited 求购沙滩椅的信息，于 4 月 18 日通过电子邮件给该公司发出简短的业务信函，如示范 1 – 1 所示。

示范 1 – 1　与客户建立业务关系信函

DEF CHAIRCO. , LTD

NO. 187 ZHONGSHAN ROAD, GUANGZHOU CHINA

TEL: 0086 – 02 – 86289412　　FAX: 0086 – 02 – 86289413

TO: Chair Imports Pty Limited

FM: DEF CHAIR CO. , LTD

DATE: APRIL 18, 2010

Dear Sirs or Madam:

We have obtainedyour name and address from Alibaba. com.

We supply beach chair for Home Depot with high quality and competitive price. Hope to cooperate with you.

We are looking forward to your specific inquires.

Best wishes!

Yuhong Mao (Miss) Chief Seller

(二) 编写初次联系业务信函的注意事项

编写初次联系业务信函时，需要注意以下几点：

(1) 切忌信函过长。客人的时间很宝贵，每天都有可能收到数百封邮件，如果收到一个不认识的人发了一封长篇大论的邮件一般都不会认真去看。而且很多外国人的时间观念很强，每天都有几块固定的时间用来处理电子邮件 (E - mail)，很多长篇大论的邮件，只要不是熟人发的，一般会被直接删除，或者是把其地址设为垃圾邮件。

(2) 邮件需要一个明确的主题。一个不明确的主题，会使客人根本没兴趣去打开陌生人的邮件。主题内容要言简意赅，直接吸引客人通过主题去点开邮件，做到这一点需要加点技巧。

【例如】示范 1 - 1，在给对方发出的电子邮件中，可以设置这样一个主题："Re: Chair imports Pty Limited/Home Depot vendor - chair/DEF Chair Co., Ltd."。其中 Chair imports Pty Limited 代表了客人的公司名称，在写给对方的主题上首先加上对方公司名称，表示对对方公司的尊重；Home Depot vendor - chair 明确表示收件人是北美第二大零售商 Home Depot（佳得宝）的供应商，既表明了实力，也易引起他的兴趣；最后的 DEF Chair Co., Ltd. 代表自己的公司。

(3) 切忌长篇大论的公司或工厂介绍。如果公司有突出的优势，可以写，但是最好一笔带过。如上述的信函，用一两句话点到重点，吊起外国客户的胃口，让他反过来问你各种问题，达到了吸引客户的目的，为以后的进一步交往做好铺垫，以后业务人员就可以继续跟进，一笔外贸业务就开始了。

任务四 熟悉进出口业务流程

对于一个业务上的生手来讲，接到第一个客户的询盘或发盘，无疑是令人振奋的好事。接下来我们应该要考虑的是如何与客户进行具体的磋商、订立合同和履行合同。所以，全面熟悉外贸流程的各个操作步骤与环节是外贸业务员必备的知识之一。

一、出口业务流程

进行任何一笔出口交易大体上可分为三个阶段：

(1) 交易前的准备阶段。

(2) 对外洽谈阶段。

(3) 履行合同阶段。

交易前的准备工作，已经在前面任务一和任务二做了相应的介绍，即寻找客户、做好客户资信调查、与潜在的客户建立业务联系。如收到客户的询盘或发盘，则意味着双方可进入具体的洽谈阶段。图 1 - 1 是 CIF（成本加保险、运费，指定目的港）条件下的出口业务流程图，对外洽谈阶段就是与客户对各交易条件进行具体磋商的阶段，一般要经过询盘、发盘、还盘直至接受，接受意味着双方就所有的交易条件达成了一致的意见，双方即可着手签订一份书面合同。书面合同签订后，有关当事人就必须履行合同规定的各项义务，履行合同时，当事人都应重合同、守信用，否则，违约的一方必须承担法律责任。

对于出口方来讲，出口合同的履行就是要按照合同的规定履行交货并安全收回货款等一系列的工作。不同的结算方式下工作的流程会有所不同，特别是后期的交单结汇工作流程，新业务员需要特别注意。

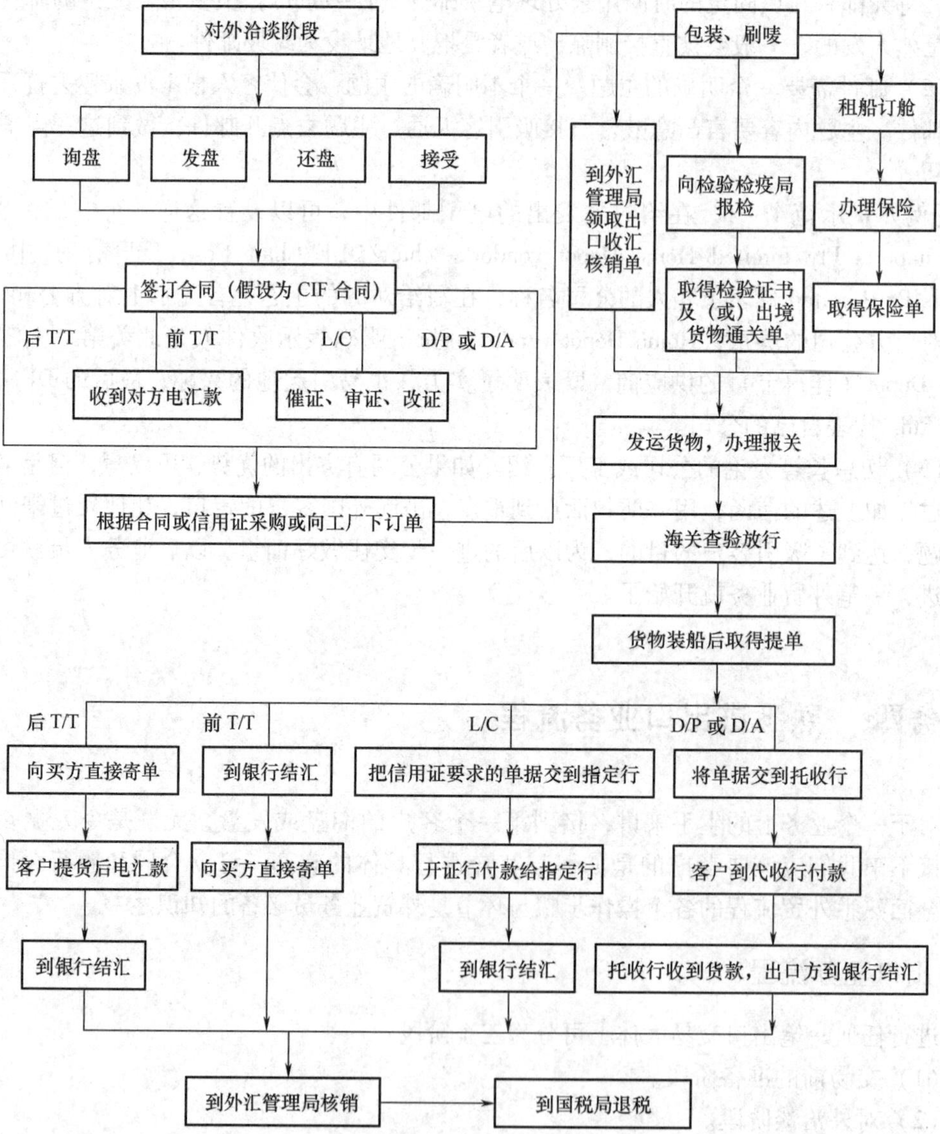

图 1 - 1　CIF 条件下的出口业务流程图

二、进口业务流程

进行任何一笔进口交易大体上可分为三个阶段：

（1）交易前的准备阶段。

（2）对外洽谈阶段。

（3）履行合同阶段。

我国的进口业务多以 FOB（装运港船上交货，指定装运港）或 FCA（货交承运人，指定地点）术语成交，以信用证方式结算，如图 1－2 所示，为各阶段的具体工作内容。

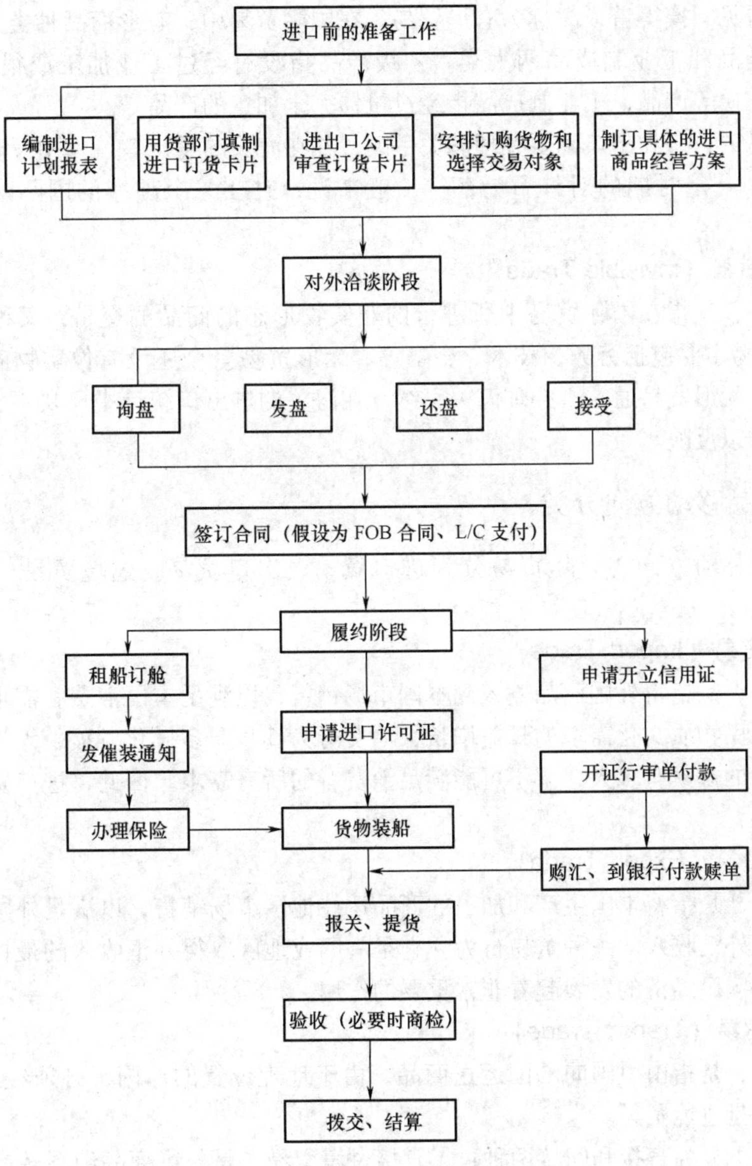

图 1－2　FOB 条件下的进口业务流程图

任务五 掌握国际贸易的分类

国际贸易内容广泛，从不同的角度可以分成不同的类型。

一、按照商品形式国际贸易分类

按照商品形式国际贸易分为有形贸易和无形贸易。

1. 有形贸易（Visible Trade）

有形贸易，是指在进出口贸易中进行的实物商品的贸易，又称为“货物贸易”。因为这些商品看得见、摸得着，故称为有形贸易。在国际贸易中，有形商品种类繁多，通常可以分为初级产品和工业制成品两大类。初级产品指没有经过工业加工或很少加工的农、林、牧、渔、矿等产品，工业制成品指经过机器完全加工的产品。

有形贸易的进口和出口都要办理海关手续，并在海关的进出口统计中反映出来，从而构成一个国家一定时期的对外贸易额。一般来说，它在一个国家的国际收支中占主要地位。

2. 无形贸易（Invisible Trade）

无形贸易，是指在国际贸易中所进行的非实物形态的商品的交易，又称为“服务贸易”。无形贸易主要包括劳务、技术、金融等。无形贸易至今还没有像实物商品那样的国际分类标准。无形贸易通常不办理海关手续，在海关的进出口统计中反映不出来，只能在国际收支中加以反映。

二、按照商品移动方向分类

按照商品移动方向，国际贸易分为进口贸易、出口贸易、过境贸易、复出口和复进口。

1. 进口贸易（Import Trade）

进口贸易，是指将外国商品输入到本国市场销售，以满足本国消费者需求的一种贸易行为。随着人民物质文化需求的日益增长，消费行为逐步向多样化发展，无论国内市场上的资源与商品的规模有多大，都不可能满足消费者的所有需求，因此，进口贸易是必不可少的。

2. 出口贸易（Export Trade）

出口贸易，是指将本国生产和加工的商品运往他国市场销售，以满足外国消费者的需求，同时赚取外汇收入的一种贸易行为。它是一国或地区取得外汇收入的最根本途径，对该国或地区的国民经济的发展起着非常重要的作用。

3. 过境贸易（Transit Trade）

过境贸易，是指由甲国向乙国运送商品，由于地理位置的原因，必须经过丙国国境，对丙国来说就是过境贸易。

过境贸易可分为直接和间接两种：①直接过境贸易，是外国商品纯系转运性质经过本国，并不存放在本国海关仓库，在海关监督下，从一个港口通过国内航线装运到另一个港口再输出国外；或在同一港口内从这艘船装到另一艘船；或在同一车站从这列火车转装到另一列火车后离开国境。②间接过境贸易，是外国商品运到国境后，先存放在海关保税仓库，以后未经加工改制，又从海关保税仓库提出，再运出国境。

承办过境贸易的国家既不是商品的生产国，也不是商品的消费国。在交易过程中，该国仅仅通过提供运输、仓储、重新包装、分类等获得劳务收入及手续费，因而过境贸易不会对过境国国内的经济发展产生不利的影响。世界上大多数国家也都采取积极措施来鼓励发展过境贸易。

知识链接

什么是保税仓库?

保税仓库是指经海关批准设立的专门存放保税货物及其他未办结海关手续货物的仓库。这种仓库仅限于存放供来料加工、进料加工复出口的料件，暂时存放之后复运出口的货物和经过海关批准缓办纳税手续进境的货物。我国的保税仓库主要有三种类型：①转口贸易保税仓库。②加工贸易备料保税仓库。③寄售维修保税仓库。在保税仓库内储存保税货物一般以1年为限。

4. 复出口（Re – export）

外国商品输入本国后，没有经过任何加工又输出国外，这种贸易称为复出口。

5. 复进口（Re – import）

与复出口相反，如果一国输出到国外的货物，未经任何加工又重新输入到国内时，我们称其为复进口。

三、按照贸易是否有第三国参与分类

按照贸易是否有第三国参与，国际贸易分为直接贸易、间接贸易和转口贸易。

1. 直接贸易（Direct Trade）

商品生产国与商品消费国直接买卖商品的行为叫作直接贸易。

2. 间接贸易（Indirect Trade）

进出口商品的买卖不是由生产国与消费国直接进行，而是通过第三国转手间接进行的贸易叫作间接贸易。商品通过第三国转卖给消费国，对生产国来说是间接出口，对消费国来说就是间接进口。

3. 转口贸易（Transit Trade）

转口贸易，是指商品生产国与商品消费国不直接进行商品买卖，而是通过第三国进行商品的买卖活动，对第三国而言就是转口贸易。

这里的第三国不仅是中介人的身份，也是货主，要通过买卖交易获取利润。转口贸易中，第三国虽然必须参与商品买卖，但不一定要经过商品的实物转移，可以不经过本国或地区而对商品进行生产国与消费国之间的直接运输。如新加坡、中国香港、伦敦、鹿特丹等，都是国际著名的中转地，拥有数量很大的转口贸易。目前，我国对外贸易很多是通过香港地区转口实现的。例如，中国销往美国的产品有50%以上是通过香港地区转口的，中国与日本的进出口贸易近30%是通过香港地区转口的。因此，香港的转口贸易在我国对外贸易中有着重要的影响。

转口贸易与过境贸易都是通过第三国完成贸易，但二者又有所不同，主要区别体现在以下三个方面：

（1）第三国是否参与交易过程：转口贸易中，必须由第三国转口商人完成交易手续，生产国与消费国之间是间接贸易；而过境贸易中，第三国不参与贸易过程，生产国与消费国之间是直接贸易。

（2）商品所有权是否转移：转口贸易中，商品的所有权先从生产国出口商转到第三国商人手中，再转到进口国商人手中；而在过境贸易中，商品所有权无需向第三国商人转移。

（3）贸易目的不同：转口贸易的第三国以直接赢利为目的，商品要有一个正常的商业加价；而过境贸易不以直接赢利为目的，只收取少量的准许费、印花费、登记费等。

四、按照划分进出口标志（国境和关境）的不同分类

按照划分进出口标志（国境和关境）的不同，国际贸易分为总贸易和专门贸易。

关境，又叫关税领域，是执行统一海关法令的领域。一般来说，关境和国境是一致的，但有些国家在国境内设有自由港、自由贸易区和出口加工区等经济特区。这些地区不属于关境范围之内，这时关境小于国境。有些西方国家缔结成关税同盟，例如欧盟，参加关税同盟的国家的领土即成为统一的关境，这时关境大于国境。

1. 总贸易（General Trade）

总贸易，是指以国境作为标准划分货物进出口的贸易统计方法，也称为一般贸易体系。凡进入国境的商品一律列为进口；凡离开国境的商品一律列为出口；进口额加上出口额就是一国的对外贸易额。美国、中国、日本、英国、加拿大、澳大利亚等国对进出口都采用这种统计方法。

2. 专门贸易（Special Trade）

专门贸易，是以关境作为标准划分货物进出口的贸易统计方法，也称为特殊贸易体系。只有从外国进入本国关境的商品才列为进口；当外国的商品进入国境后，暂时存放在保税仓库，未进入关境，不列为进口。从国内运出关境的本国产品，以及进口后经加工又运出关境的商品，列为出口。专门进口额加上专门出口额称为专门贸易额。德国、法国、意大利等国家采用这种进出口统计方法。

五、按照清偿工具的不同分类

按照清偿工具的不同，国际贸易分为自由结汇贸易和易货贸易。

1. 自由结汇贸易（Cash – Liquidation Trade）

自由结汇贸易，是指在国际贸易中以货币作为清偿工具的贸易方式，其特点是通过国际银行逐笔支付货款来结清债权债务。这种贸易形式比较灵活，不受销售市场的制约，因而比较普及。在国际上经常充当支付工具的货币主要有美元、英镑、欧元、日元等。

2. 易货贸易（Barter Trade）

易货贸易，是指以经过计价的货物作为清偿工具的贸易方式，也叫作换货贸易。其特点是把进出口直接联系起来，双方有进有出，进出基本平衡，互换货物要品种相当。这种

贸易形式对于外汇比较紧缺的国家有非常重要的意义，然而其局限性较大、手续复杂，交换货物不容易对路，较难达成协议。

六、按照商品的运送方式分类

按照商品的运送方式，国际贸易分为陆路贸易、海陆贸易、空陆贸易和邮购贸易。

1. 陆路贸易（Trade By Roadway）

陆路贸易是指采用陆路运送的方式运输的商品贸易。这种贸易一般是指在陆地相邻的国家之间进行，主要采用铁路和公路运输方式。

2. 海路贸易（Trade By Seaway）

海路贸易是指采用海洋运输方式运输的商品贸易。由于地球上海洋面积占71%，所以海路贸易是国际贸易中最重要的贸易方式。

3. 空路贸易（Trade By Airway）

空路贸易是指采用航空运输方式运输的商品贸易。国际贸易中一些贵重或数量少的商品，为了争取时效，往往采取航空运输的方式。

4. 邮购贸易（Trade By Mail Order）

邮购贸易是指采用邮政包裹的方式运送的商品贸易。这是世界上一种新兴的贸易方式，在近年来得到了快速的发展。

任务六 把握国际贸易的方式

随着国际贸易的发展，在实际业务中，由于商品间存在差异，市场也各有特点，贸易方式亦日趋多样化。目前比较常见的贸易方式除采用逐笔售定的方式外，还有包销、代理、寄售、拍卖、招标与投标、期货交易和加工贸易等。

一、包销

包销（Exclusive Sales），也称为独家经销（Exclusive Distribution），指出口人（委托人）通过协议把某一种商品或某一类商品在某一个地区和期限内的经营权给予国外某个客户或公司的贸易做法。

1. 包销的特点

出口人与包销商之间的关系是买卖关系，包销商赚取的是货物的进价与销价之间的差价。包销商从出口企业处购进货物后，自行销售、自负盈亏，承担货价涨落及库存积压的风险。

包销方式的优点：通过专营权的给予，有利于调动包销商的经营积极性，有利于利用包销商的销售渠道，达到巩固和扩大市场的目的，并可减少多头经营产生的自相竞争的弊端。包销方式也存在着风险。这种风险大致有：包销商可能还经销其他出口企业的商品，以致不能专心经营约定的商品；包销商的经营能力较差，不能完成协议规定的经销数额；包销商凭借专营权压低价格或包而不销，使出口人蒙受损失等。

2. 包销协议

采用包销方式，买卖双方的权利与义务是由包销协议所确定的。两者签订的买卖合同也必须符合包销协议的规定。包销协议包括下列主要内容：

（1）包销协议的名称、签约日期与地点。

（2）包销协议双方的关系。在协议中，应明确包销商和委托人之间的关系是买卖关系。

（3）包销商品的范围。委托人（出口人）经营的商品种类繁多，即使是同一类或同一种商品，其中也有不同的牌号与规格。因此，在包销协议中，双方当事人必须约定包销商品的范围。

（4）包销地区。包销地区是指包销商进行销售的地理范围。通常有下列约定方法：确定一个国家或几个国家；确定一个国家中的几个城市；确定一个城市等。

确定包销地区的大小，还要考虑下列因素：包销的规模及能力；包销商所能控制的销售网络；包销商品的性质及种类；市场的差异程度；包销地区的地形位置等。

（5）包销期限。包销期限可以长也可以短。在我国的出口业务中，往往在签订包销协议时明确规定期限，通常为一年。还有的在包销协议中不规定期限，只是规定中止条款或续约条款等。

（6）专营权。专营权是指包销商行使专卖和专买的权利，这是包销协议的重要内容。专营权包括专卖和专买权。前者是委托人（出口人）将指定的商品在规定的地区和期限内给予包销商独家销售的权利，出口人负有不向该区域内的客户直接售货的义务；后者是包销商承担向出口人购买指定商品，而不得向第三者购买的义务。

（7）包销数量或金额。此项数量与金额对协议双方均有同等的约束力。包销商必须承担向出口人购买规定数量和金额商品的义务，出口人必须承担向包销商出口上述数量和金额商品的责任。

（8）作价办法。包销商品的作价办法有两种：一种是在规定的期限内，一次作价。即无论协议期限内包销商品价格上涨、下落与否，以协议规定价格为准。另一种是在规定的包销期限内分批作价。

（9）广告和商标宣传。包销协议的当事双方是买卖关系，因此委托人（出口人）不实际涉足包销地区的销售业务，但他十分关心开拓海外市场。为宣传其产品，委托人常要求包销商负责为他的商品刊登一定的广告。

二、代理

代理（Agency）也是国际贸易活动中的常见做法，是指出口商（委托人）授权进口商（代理人）向其他中间商或用户，代表出口商本人销售其产品的一种贸易方式。

1. 代理的特点

代理贸易方式有如下特点：

（1）代理人与委托人之间的关系属于委托代理关系。代理人在代理业务中，只是代表委托人进行交易，如招揽客户、招揽订单、代表委托人签订买卖合同、处理委托人的货物、收受货款等，他本身并不作为合同的一方参与交易。

（2）代理人通常运用委托人的资金进行业务活动。

（3）代理人一般不以自己的名义与第三者签订合同。

（4）代理人不管交易的盈亏，只收取佣金。

2. 代理的种类

代理贸易方式在具体运用时，可根据出口供货商赋予的特许经营权限分为以下三种类型：

（1）总代理（General Agency），是在指定地区委托人的全权代理。总代理除了有权代理委托人进行签订买卖合同、处理货物等商务活动外，也可进行一些非商业性的活动。他有权指派分代理，并可分享代理的佣金。

（2）独家代理（Exclusive Agency or Sole Agency），是指委托人给予代理商在一定的地区和一定期限内享有代销指定货物的专营权，只要在一定地区和规定的期限内做成该项货物的交易，无论是由代理商签约，还是由委托人直接签约，代理商都按成交金额提取佣金。一般规定，代理商在一定地区和期限内，只能代理指定的货物，不得经营与代理货物相同或与代理货物有竞争性的货物；委托人根据协议也不能再安排另外的代理人在该地区进行代理业务。

（3）佣金代理（Commission Agency），又称一般代理，是指在同一代理地区、时间及期限内，同时有几个代理人代表委托人行为的代理。佣金代理根据推销商品的实际金额和根据协议规定的办法和百分率向委托人计收佣金，委托人可以直接与该地区的实际买主成交，也无须付代理佣金。

3. 代理协议

代理协议是明确委托人与代理人之间权利与义务的法律文件。其主要内容有：

（1）代理商的责任、代理权的授予和双方的关系。

（2）代理权及其对等条件。

（3）代理的商品种类、名称、规格及代理的地区和期限。

（4）最低代销额条款。

（5）代理人佣金条款。

（6）宣传推广、商情报告和保护商标。

（7）其他规定，如：委托人在授予独家代理商专营权时，保留在约定地区一定销售权限的例外规定；非竞争性条款；代理人应负责售后服务以及代理人应保护委托人知识产权等条款。

三、寄售

寄售（Consignment），是指委托人（货主）先将货物运往寄售地，委托国外一个代销人（受委托人），按照寄售协议规定的条件，由代销人代替货主进行销售。货物出售后，由代销人向货主结算货款的一种贸易做法。

1. 寄售的特点

在国际贸易中采用的寄售方式，与卖断方式比较，它具有下列几个特点：

（1）寄售人先将货物运至目的地市场（寄售地），然后经代销人在寄售地向当地买主销售。因此，它是典型的凭实物进行买卖的现货交易。

（2）寄售人与代销人之间是委托代售关系，而非买卖关系。代销人只根据寄售人的指示处置货物。货物的所有权在寄售地出售之前仍属寄售人。

（3）寄售货物在售出之前，包括运输途中和到达寄售地后的一切费用和风险，均由寄售人承担。

（4）寄售货物装运出口后，在到达寄售地前也可使用出售路货的办法，先行销售，即当货物尚在运输途中，如有条件即成交出售，出售不成则仍运至原定目的地。

寄售方式的优点是：货物出售前，寄售人拥有货物的所有权，可根据市场的情况，进行销售处理，有利于随行就市；寄售是凭实物买卖，货物与买主直接见面，有利于促进成交；代销人不负担风险与费用，一般不需垫付资金，多销多得，有利于促进其经营积极性。

寄售方式的缺点是：出口人资金周转期长，费用增加，风险较大，收汇很不安全，特别是货物到达目的地后，如遇市场不景气，货物一时不能出售，或代销商有意压低价格就比较被动。

2. 寄售协议

寄售协议应特别处理好寄售商品的价格、各种费用的负担和安全收汇三个方面的问题，其主要内容有：协议名称及双方的义务与责任；寄售区域及寄售商品；定价方法（如寄售人限价、代销人自行定价、销售前逐笔征求寄售人意见定价法等）；佣金和付款；货物保险、各种费用负担等预防性条款。

四、招标与投标

招标与投标并非规范化的商品贸易形式，但常常在国家政府机构、国有企业或公用事业单位采购大批物资和大型器材设备或在国际经济组织援建项目中广泛采用。

招标（Invitation to tender），是指招标人（买方或卖方）发出招标公告或招标单，提出准备买进或卖出商品的品种、数量和有关交易条件，邀请投标人（卖方或买方）在规定的时间、地点，按照一定的程序进行投标，然后招标人择优取标，达成商品交易的一种方式。

投标（Submission to Tender），是指投标人应招标人的邀请，根据招标公告或招标单的规定条件，在规定的时间内向招标人递盘的行为。

招投标程序和注意事项

实际上招标、投标是一种贸易方式的两个方面。一次具体的招标通常要经历招标、投标、评标、签订协议四个阶段。

1. 招投标过程

在招投标过程中，值得注意的是，投标具有实盘性质，要对标单内容负责并受其约束。一旦投标，不经招标人同意，该投标是不能随意撤销的。因此，在确定投标条件时，价格应注意保本求利，过高不易中标，过低易产生亏损。对企业的能力亦应有正确估计，如不能按时、按质、按量交货、交工，投标人须承担招标人的损失。

2. 招标方式

目前，国际上采用的招标方式归纳起来有这几种方式，即：

（1）国际竞争性招标。这是指招标人邀请几个乃至几十个投标人参加投标，通过多数投标人竞争，选择其中对招标人最有利的投标人达成交易。

国际性竞争招标，有公开招标和选择性招标两种做法。前者是一种无限竞争性招标，采用这种做法时，招标人要在国内外主要报刊上刊登招标广告，凡对该项招标内容有兴趣的人均有机会购买招标资料进行投标；后者又称邀请招标，它是有限竞争性招标。采用这种做法时，招标人不在报刊上刊登广告，而是根据自己具体的业务关系和情报资料由招标人对客商进行邀请，进行资格预审后，再由他们进行投标。

（2）谈判招标。它又叫议标，是非公开的，是一种非竞争性的招标。这种招标由招标人物色几家客商直接进行合同谈判，谈判成功，交易达成。

（3）两段招标。这是指无限竞争招标和有限竞争招标的综合方式，采用此类方式时，先是用公开招标，再用选择招标分两段进行。

五、拍卖

拍卖（Auction）是由专营拍卖行接受货主的委托，在一定的地点和时间，按照一定的章程和规则，以公开叫价竞购的方法，最后拍卖人把货物给出价最高的买主的一种现货交易方式。

1. 拍卖特点和程序

通过拍卖进行交易的商品大都是些品质规格复杂、难以标准化的，或是难以久存的，或是习惯上采用拍卖方式进行交易的商品。如茶叶、烟叶、兔毛、皮毛、木材、水貂皮、澳洲羊毛、古玩、艺术品等。

拍卖是一种单批、实物的现货交易，它对于买主的要求较高，买方须对货物有关情况进行调研，做到心中有数，否则容易吃亏。拍卖后卖方或拍卖举办人对货物的品质一般不负赔偿责任。按质论价、优质优价的特点是在拍卖中表现得尤为突出，故对卖方较为有利。拍卖所需的费用一般较其他交易高。

拍卖程序不同于一般的出口交易，其交易过程大致要经过准备、看货、出价成交和付款交货四个阶段。

2. 拍卖种类

拍卖的出价方法有以下三种：

（1）增价拍卖，也称买方叫价拍卖，这是最常用的一种拍卖方式。拍卖时，由拍卖人提出一批货物，宣布预定的最低价格，估价后由竞买者相继叫价，竞相加价，有时规定每次加价的金额额度，直到拍卖人认为无人再出更高的价。

（2）减价拍卖，又称荷兰式拍卖。这种方法先由拍卖人喊出最高价格，然后逐渐减低叫价，直到有某一竞买者认为价格已经低到可以接受了，表示买进。

（3）密封递价拍卖，又称招标式拍卖。采用这种方法时，先由拍卖人公布每批商品的具体情况和拍卖条件等，然后由买方在规定时间内将自己的出价密封递交拍卖人，以供拍卖人进行审查比较，决定将该货物卖给哪一个竞买者。这种方法不是公开竞买，拍卖人有时要考虑除价格以外的其他因素。有些国家的政府或海关在处理库存物资或没收货物时往往采用这种拍卖方法。

六、期货交易

期货交易（Futures Transaction）是众多的买主和卖主在商品交易所内按照一定的规

则，用喊叫并借助手势进行讨价还价，通过激烈竞争达成交易的一种贸易方式。

目前交易量比较大的著名交易所有：美国的芝加哥商品交易所、纽约商品交易所、英国伦敦金属交易所、日本东京工业品交易所、香港期货交易所、新加坡国际金融交易所等。

1. 期货交易特点

商品期货交易的品种基本上都是属于供求量较大、价格波动频繁的初级产品，如谷物、棉花、食糖、咖啡、可可、油料、活牲畜、木材、有色金属、原油、贵金属等。

期货交易不同于传统的货物买卖方式。在现货交易的情况下，买卖双方可以以任何方式，在任何地点和时间达成实物交易。卖方必须交付实际货物，买方必须支付货款。而期货交易则是在一定时间、在特定期货市场上，即在商品交易所内，按照交易所预先制订的"标准期货合同"进行的期货买卖。

期货交易具有下列几个特点：

（1）期货交易不规定双方提供或者接受实际货物。

（2）交易的结果往往不是转移实际货物，而是支付或者取得签订合同之日与履行合同之日的价格差额。

（3）期货合同是由交易所制订的标准期货合同，并且只能按照交易所规定的商品标准和种类进行交易。

（4）期货交易的交货期是按照交易所规定的交货期确定的，不同商品，交货期不同。

（5）期货合同都必须在每个交易所设立的清算所进行登记及结算。

（6）期货交易是建立在严格的"保证金"制度上的。

2. 期货交易的种类

由于期货交易的上述特点，在期货交易所内，期货交易根据交易者的目的，可分为投机型的期货交易和套期保值型的期货交易。

投机型的期货交易是利用期货合同作为赌博的筹码，买进卖出，从价格涨落的差额中追逐利润的纯投机活动，这在商业习惯上称为"买空卖空"。所谓"买空"，又称"多头"，是指投机者估计价格要涨，买进期货；一旦到期涨价，再卖出期货，从中赚取差价。而"卖空"，又称"空头"，与"买空"的做法正好相反。"买空卖空"是投机者根据自己对市场前景、价格走向进行预测的基础上来决定做多头或空头。他们进行投机交易时同时面临着盈利和亏损两种可能性，能否获利主要取决于他们对行情预测的准确程度。

套期保值，又称为"海琴"，是期货市场交易者将期货交易和现货交易结合起来进行的一种市场行为，主要目的是通过期货交易转移现货交易的价格风险，并获得这两种交易相配合的最大利润。通常的做法是，在卖出或买入实际货物的同时，在期货市场上买入（买期保值）或卖出（卖期保值）同等数量的期货。

七、展卖

展卖（Fairs and Sales）是出口商通过参加或举办展览会、展销会、博览会及其他交易会的形式将自己的商品展示给客户从而进行销售的方式。

展卖是最古老的交易方式之一，最早的雏形是区域性的集市。随着世界经济的发展和国际贸易的不断扩大，展卖形式逐渐向国际化、大型化和综合化方向发展。展卖最基本的特点是将出口商品的展览和推销有机地结合起来，边展边销，以销为主。

展卖的主要形式有：

（1）展览会。展览会是指举办国通过选择适当的场所，将商品集中进行展出和销售的贸易方式。展览会可在国内也可在国外，还可以流动方式在各地进行轮流展出。国际展览会主要是一国商品集中在一起进行展览和销售。有时，也可以是几个国家联合起来在另一国举办。

举办国际展览会，展出国可以展示其新产品、新成果及其他特色商品，有利于宣传它的科技新成就和介绍出口产品，提高知名度，以扩大影响、促成交易。另外，展览会提供了现货成交和集中成交的机会，对出口商和进口商都比较有利。

（2）展销会。展销会是指出口商自己或者联合其他出口商共同在国内举办的展销活动，一般多是食品、农产品、纺织品等小型展览会，也有的展销会是大型商企集团、垄断企业展销自己的拳头产品。国际展销活动常常受到国家海关的政策限制，因为在国际展销会上，出口商虽然可以直接销售产品，但这些产品一般要经过海关的检验通过。

（3）博览会。博览会是指世界一些著名的城市定期举办的，邀请各国商人来参加商品展卖的一种贸易活动。

国际博览会上各国商品云集，形成了一个相互交流、相互竞争的环境，各国客商通过相互洽谈、宣传及商品买卖活动，往往可以建立广泛的世界性商业关系。因此，国际博览会在国际贸易中的地位越来越显著。

国际博览会有综合国际博览会和专业国际博览会。前者一般规模较大，展出的商品品种多样，展品不受限制；后者则对展品具有一定的专业要求。

八、对销贸易

对销贸易（Counter Trade），是指在互惠的前提下，由两个或两个以上的贸易方达成协议，规定一方的进口产品可以部分或者全部以其出口产品来支付。

对销贸易包括易货、记账贸易、互购、产品回购、补偿贸易、转手贸易等，属于货物买卖范畴，以进出口相结合、出口抵补进口为主要特征。

补偿贸易是我国近年来利用外资较常使用的一种方式。它是指贸易双方就某个项目达成协议后，由外方企业提供该项目生产所需的设备和技术，中方企业则在合同规定的时间内，以产品返销的形式补偿外方企业的设备款、技术费用及补偿期所产生的利息。

对于发展中国家来说，通过开展对销贸易，可以冲破国外保护贸易的障碍，增加出口；可在不增加外债的情况下，用国内剩余产品来换取本国生产建设所急需的技术、设备和物资。对于发达国家来讲，则可以用比较优惠的价格获得国内生产所需的原材料，降低生产成本，并有助于推销那些用现汇难以销售的产品或技术。但对销贸易是在互惠的原则下进行的，会造成交易的局限性，市场机制的作用也受到很大削弱。

九、加工贸易

加工贸易（Processing Trade）是一种加工再出口业务。它把加工和扩大出口，收取工缴费收入结合起来，目前的主要做法有：

（1）来料加工。它是指加工方按照对方的要求，把对方提供的原辅料加工成制成品交与对方并收取加工费。在来料加工下又有一些不同的具体做法。例如，有的加工过程由对方提供全部来料；有的则由对方提供部分来料，加工采用部分本国生产原料，这叫带料加工；有的对方只提出各方面要求并提供样品，加工方全部采用国产原辅料加工，这叫来样加工。无论采取哪种做法，双方都是一种委托加工关系。

（2）进料加工。它是指加工方自己进口原辅料进行加工，成品销往国外，这种情况又称以进养出。

（3）来件装配。它是指对方提供零部件或元器件，加工方进行装配并将成品交与对方收取装配费的一种做法。

思考与练习

一、名称解释

国际贸易　进出口贸易　资信调查　商业习惯　商业信函　对外洽谈　履行合同　国际贸易方式　国际贸易程序　包销　展卖　寄售　代理　加工贸易　对销贸易　拍卖经销　招投标　加工贸易　补偿贸易　期货交易

二、判断题

1. 在国际贸易实际操作上，我们做好的是虚心向老业务员学习，熟悉公司内部的各种管理细节，熟练掌握外贸流程的各个操作步骤与环节，这样才能由生手逐渐成为熟手。（　　）

2. 除利用 B2B 网站获取国外客商的信息外，业务员要善于利用 B2B 网站为自己的公司做广告宣传，实时发布公司信息及产品介绍，让海外的客户找到公司和产品。（　　）

3. 跟客户进行面对面的沟通，增进了解，联络感情，可以建立稳定的业务关系。（　　）

4. 初次与客户取得联系，一般要说明客户信息的来源、写信的目的、表达建立良好业务关系的愿望，并希望对方尽快回复。（　　）

5. 对客户的资信调查可以通过银行、工商团体、咨询机构、我驻外机构的实地调查等途径进行。（　　）

6. 对外洽谈阶段就是与客户对各交易条件进行具体磋商的阶段，一般要经过询盘、发盘、还盘直至接受，接受意味着双方就所有的交易条件达成了一致的意见，双方即可着手签订一份书面合同。（　　）

7. 买卖双方的权利与义务是由协议所确定的。两者签订的买卖合同必须符合协议的规定。（　　）

8. 代理人通常运用委托人的资金进行业务活动。（　　）

9. 我国近 30% 的新业务员主要通过参加各种交易会、博览会后寻找到自己的第一个客户，完成自己的第一笔外贸业务的。（　　）

10. 目前交易量比较大的著名交易所有：美国的芝加哥商品交易所、纽约商品交易所、英国伦敦金属交易所、日本东京工业品交易所、香港期货交易所、新加坡国际金融交易所、中国上海商品交易所、中国郑州商品交易所。（　　）

三、简答题

1. 寻找客户的途径有哪些?
2. 如何建立良好的业务关系?
3. 如何对客户进行市场调查?
4. 编写业务信函应该注意什么?
5. 进口业务流程是什么?
6. 出口业务流程是什么?
7. 国际贸易的方式有哪些?
8. 国际贸易招投标程序是什么?
9. 国际贸易期货交易的种类有哪些?
10. 怎样学习国际贸易实务课程?

案例分析

(一) 利用进料加工行骗案

案情简介

2015 年 2 月，中国 A 集团公司与某国 B 公司达成来料加工合同，由 A 方向 B 方购买面料、辅料，加工成羽绒服后，再由 B 方全部包销，中方购货合同涉及金额 38.24 万美元，由 A 方开立见票后 120 天付款的远期信用证支付；销售合同涉及金额 95.94 万美元，由 B 方在首批羽绒服装运前 40 天即 3 月 20 日前开出信用证支付。

签约后，A 方即向 B 方开立了信用证。3 月，B 方发来的原辅料到港，经检验，部分面料存在严重质量问题，且规格与合同不符。A 方质询 B 方，B 方答复：此交易为进料加工复出口业务，A 方只管加工，无须考虑进料质量问题。于是 A 方按约定加工，可临近第一批货交货期，B 方信用证还未开出。经交涉，A 方将已方已开出的信用证展至 8 月底，并继续催促 B 方开证。面对 A 方的多次催证，B 方找出种种借口拒开。B 方提交了两个检验机构的检验报告，两报告均证明 A 方生产的羽绒服充绒量不合格。A 方经调查，证明两份检验报告均为捏造。通过假的检验报告一事，A 方意识到 B 方根本无诚意做此交易，其目的仅在推销劣质原料。

经多次交涉无果，在 A 方开出的信用证到期前，A 方于 8 月 22 日将案件提交中国国际经贸仲裁委员会仲裁。2016 年 2 月，仲裁委员会做出裁决：

(1) 解除该笔进料加工的销售合同。

(2) B 方向 A 方支付因其违约给 A 方造成的经济损失共计 33.48 万美元，并应于裁决做出之日起 45 天内支付完毕。

B 方拒绝赔偿。2016 年 5 月 28 日，中方法院强制执行，从 A 方开立的信用证中扣划 33.48 万美元作为 B 方给 A 方的赔偿。

案情分析

此案给我们的启示：

(1) 要注意资信调查。通过调查，选择资信较好的客户与之交往。对于资信状况一般的客户，要争取在合同中订立保护性条款，使合同得以安全履行。对于资金信用较差的客户，应停止与其交易。A 集团被骗一案，其主要原因就是忽视了资信调查。据查对于 B 方，A 集团根本没作调查。

（2）选择有利的支付方式。在进料加工业务中，通常采用对开信用证的支付方式。如果在这笔进料加工业务中采用对开信用证的方式，那么 A 方银行开出的信用证须等 B 方开出的信用证开到并为我方接受时，两证才同时生效。这样，B 方就不可能利用 A 方开立的信用证来骗取原料款。

（3）认真订立仲裁条款。在国际贸易中，通过仲裁解决争议迅速且费用低，贸易界广为采用。正是由于A 方与 B 方在合同中订立了仲裁条款，才可将争议提交仲裁并得到迅速的裁决，及时地挽回了损失。在订立仲裁条款时，应全面、具体，特别是对于仲裁地点的选择，应争取在我国仲裁，这样，才能更好地发挥仲裁的作用。

（4）在采用进料加工贸易方式时，加工方以买断方式进口原辅料进行加工，成品销往国外，这意味着加工方要自己承担风险进料，因而应特别注意国外销售渠道是否畅通。在合同中，对整个贸易操作过程应规定详细、具体，并严格遵照执行。

（二）找到开启国际贸易之门的钥匙

案情简介

大学应届毕业生王磊通过层层面试终于进入一家流通型外贸企业——湖北天和国际贸易股份有限公司（Hubei Tianhe International Trading Co. Ltd.）从事进出口业务，成为一名外贸业务人员。兴奋过后面临的第一个问题是怎样像其他业务员一样找到订单，怎样迅速进入角色。他每天上班都在网上苦苦寻找，甚至连休息时间也搭进去了。眼看一个月就要过去了，还是一无所获，看到别的老业务员的订单一个接着一个飞来，生意越做越红火，他感到了压力，心情也更加郁闷。问题到底出在哪呢？怎样才能找到开启国际贸易之门的钥匙呢？

案情分析

俗话说："磨刀不误砍柴工。"王磊对如何接单缺乏足够的认识和操作技巧，以为仅凭上网就能接到订单，仅靠一台计算机就能打天下；却忘记了很重要的一点：外贸业务的展开有其规律性，必须从最基本的工作做起。

我们知道，国际贸易业务有其特殊性，要求每位业务人员必须具备一定的条件和素质，并掌握国际贸易实务的基本原则和操作技能，以便迅速开展业务。否则空有一身本领也无处发挥，甚至还会在激烈的市场竞争中被淘汰。

实操训练

1. 利用 B2B 网站或搜索引擎寻找美国市场上经营牛仔休闲服或建筑陶瓷产品的客户。
2. 根据寻找到的客户资料，编写一封建立业务关系的信函（仿真练习）。
3. 分组讨论出口业务流程。

阶段	业务内容	基本当事人	可能当事人
出口前的准备	寻找客户 对客户进行调查 拟定出口商品经营方案 与客户建立业务联系	出口商	国内供货商 市场调查机构 驻外使馆 贸促会
交易磋商	询盘、发盘、还盘、接受	出口商、进口商	
签订出口合同	正式签订货物买卖合同或销售确认书	出口商、进口商	
履行出口合同	备货、报验	供货商、商检局	
	审证、改证	出口商、进口商、银行	
	租船订舱	出口商、船公司	货运代理人
	检验报关	出口商、商检局、海关	代理报关行
	办理保险，取得保险单	出口商、保险公司	保险代理人
	装船，取得海运提单	出口商 、承运人	货运代理人
	将各种单据提交银行，银行审核后垫付货款	出口商、银行	
	正式收汇后，办理出口退税	出口商、进口商、银行、税务局、外汇管理局	

4. 分组讨论进口业务流程。

阶段	业务内容	基本当事人	可能当事人
进口前的准备	拟定进口商品方案 选择市场和交易对象 与客户建立业务联系	进口商	国内用户 市场调查机构 驻外使馆 贸促会
交易磋商	询盘、发盘、还盘、接受	出口商、进口商	
签订进口合同	正式签订货物买卖合同或销售确认书	出口商、进口商	
履行进口合同	申请开立信用证	进口商、银行	
	租船订舱、接运货物	进口商、船公司	货运代理人
	收到国外装船通知后，办理保险	进口商、保险公司	
	银行通知付款赎单，审核单据付款	进口商、银行	
	货物到港后进口报关	进口商、海关	代理报关行
	提货，报验	进口商、船公司、商检局	货运代理人
	收货，如为代理进口，将货物交付用户	进口商、船公司、国内用户	海关、仓储部门

知识链接

中国进出口商品交易会

中国进出口商品交易会（China Import and Export Fair），俗称广交会（其网址是：http：//www. cantonfair. org. cn），创办于1957年春季，是中国进出口商品第一大交易会，也是中国目前历史最长、层次最高、规模最大、商品种类最全、到会客商最多、成交效果最好的综合性国际贸易盛会。有数千家资信良好、实力雄厚的外贸公司、生产企业、科研院所、外商投资/独资企业、私营企业参展。中国进出口商品交易会贸易方式灵活多样，除传统的看样成交外，还举办网上交易会。广交会以出口贸易为主，也做进口生意，还开展多种形式的经济技术合作与交流，以及商检、保险、运输、广告、咨询等业务活动。来自世界各地的客商云集广州，互通商情，增进友谊。

广交会分春交会和秋交会，以前是每届两期，自2008年第103届之后广交会开始改为 一届三期，地点统一改在中国进出口商品交易会琶洲展馆，108届和109届的时间安排如下：

108届（2010年秋交会）：第一期，10月15日—19日；第二期，10月23日—27日；第三期，10月31日—11月4日。

109届（2011年春交会）：第一期，4月15日—19日；第二期，4月23日—27日；第三期，5月1日—5日。

每期参展产品类型如下：

第一期：大型机械及设备、小型机械、自行车、摩托车、汽车配件、化工产品、五金、工具、车辆（户外）、工程机械（户外）、家用电器、电子消费品、电子电气产品、计算机及通信产品、照明产品、建筑及装饰材料、卫浴设备等。

第二期：餐厨用具、日用陶瓷、工艺陶瓷、家居装饰品、玻璃工艺品、家具、编织及藤铁工艺品、园林产品、铁石制品（户外）、家居用品、个人护理用具、浴室用品、钟表眼镜、玩具、礼品及赠品、节日用品等。

第三期：男女装、童装、内衣、运动服及休闲服、裘革皮羽绒及制品、服装饰物及配件、家用纺织品、纺织原料面料、地毯及挂毯、食品、土特产品、医药及保健品、医疗器械、耗材、敷料、体育及旅游休闲用品、办公文具、鞋、箱包等。

值得推荐的出口营销网址

序号	网址简称	网址	简要描述
1	谷歌	http：//www. google. com	最大的、全球通用的搜索引擎
2	百度	http：//www. baidu. com	最大的中文信息搜索引擎
3	阿里巴巴	http：//china. alibaba. com	全球最大的B2B网站，企业目录、供求信息和产品大全
4	中国制造网	http：//www. made-in-china. com	最资深的全球采购网，它的信息平台和优质商业务更为中国对内对外贸易的发展提供了强有力的支持

续表

序号	网址简称	网 址	简要描述
5	跨国采购网	http：//www. globalimporter. net	其采购信息和论坛非常实用
6	中国商务部	http：//www. mofcom. gov. cn	商务部网站，信息丰富，含有买家数据库、国别报告等
7	中国海关总署	http：//www. customs. gov. cn	含有中国海关相关信息，如关税、通关法律等
8	美国贸易发展局	http：//www. ustda. gov	提供开拓国际市场的信息
9	贸易黄页	http：//www. tpage. com	含企业目录、供求信息
10	美国黄页	http：//www. yellowpages. com	提供本地化的搜索服务
11	Ioffer	http：//www. ioffer. com	美国在线交易市场
12	Trade India	http：//www. tradeindia. com	含印度进出口企业目录
13	WTC Japan	http：//www. wtcjapan. ne. jp	含日本供求信息
14	ECeurope	http：//www. eceurope. com	欧洲在线交易市场
15	Bizeurope	http：//www. bizeurope. com	欧洲进出口交易信息网
16	欧洲黄页	http：//www. europages. com	含33个欧洲国家的商业名录，覆盖广
17	澳大利亚黄页	http：//www. yellowpages. com. au	澳大利亚的信息黄页，信息丰富
18	Wholesalenet	http：//www. wholesalenet. com. au	澳洲的B2B目录和交易市场
19	非洲贸易	http：//www. africatrade. co. za	非洲贸易新闻、供求信息
20	Rusbiz	http：//www. rusbiz. com	俄罗斯主办的贸易信息网站
21	邓白氏	http：//www. dnb. com	全球最大的商业信用咨询公司
22	科法斯	http：//www. coface. com	欧洲的商业信用咨询机构

项目二 商品的对外报价

学习目标

本项目主要介绍《2000 通则》中涉及的 13 个国际贸易术语，核算商品价格及对外报价的技巧。要求学生掌握常用的贸易术语并能用有关的理论分析案例及提出解决方法。在理解这些贸易术语的含义及如何应用的基础上，学习在国际贸易中如何对外报价，计算佣金和折扣，核算外贸盈亏，以及在合同中订立合适的价格条款。

导入案例

某出口公司按 CFR 贸易术语与法国一家进口商签订一笔抽纱台布出口合同，价值 8 万美元，即期付款交单方式结算。货物于 1 月 8 日（周三）上午装“昌盛轮”并起航。当天业务员工作比较忙，忘记发出装船通知，1 月 9 日上午才想起向买方发出通知。法商收到装船通知后向当地保险公司申请投保时，不料该保险公司已获悉“昌盛轮”9 日凌晨在海上遇难，从而拒绝承保。于是法商立即来电称：“由于你方迟发装船通知，致使我方无法投保，现货船已罹难，该批货物损失应由你方负担并赔偿我方利润损失及费用 8 000 美元。”不久，我方通过托收行寄出的全套单据也因进口商拒付而被代收行退回，我方最终无法收回整笔货。

问题：本案给予我们什么经验教训？

案例分析：本案中我方遭受货、款两失的惨况。在实际业务中，按照 CFR 贸易术语成交时，出口方需要特别注意在货物装船后应毫不延迟地向买方发出装船通知，以便买方及时办理货运保险手续。必要时，也可在合同中约定卖方发出装船通知的具体时间限制。一旦卖方没有及时向买方发出装船通知，致使买方未能投保，由此产生的损失均由卖方承担。因此，本案中卖方未及时发出装船通知，又未在合同中规定装船时间限制，这意味着货物在装运港越过船舷后风险并未转移给买方，这是我们在本案中应吸取的教训。在 FOB 合同下，卖方也同样要注意这样的问题。

任务一　贸易术语和与其有关的国际贸易惯例

贸易术语是在国际贸易的长期实践中形成的，它的出现推动了国际贸易的发展。但是，最初各国对贸易术语并没有统一的解释，为了减少分歧，陆续出现了一些有关贸易术语的解释和规则，这些规则在国际上被广泛采用，从而形成了一般的国际贸易惯例。

一、术语的含义和作用

1. 含义

国际货物买卖是在不同国家之间进行的，买卖双方相距遥远，且多数情况下双方并不直接接触，在卖方交货和买方接货的过程中涉及许多问题，如图 2-1 所示。

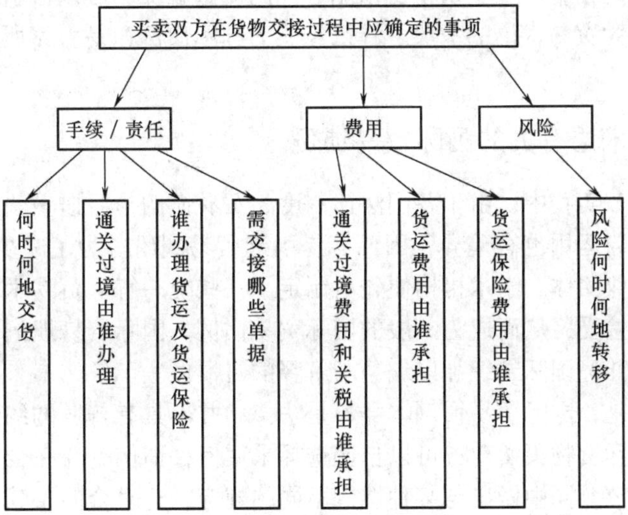

图 2-1　买卖双方在货物交接过程中应确定的事项

从图 2-1 中可以发现，如果每笔交易都要求买卖双方对上述手续、费用和风险逐项反复 磋商，将耗费大量的时间和费用，并影响交易的达成。为此，在国际贸易的长期实践中，逐渐形成了各种不同的贸易术语以解决上述的问题。

在图 2-1 中，交货地点是核心问题，交货地点不同，往往风险、责任和费用也不同。例 如：按装运港船上交货条件（FOB）成交与按目的港船上交货条件（DES）成交，由于交货地点不同，前者卖方在装运港船上交货，后者卖方在目的港船上交货，后者卖方承担的责任大、费用多、风险高，自然 DES 价格要比 FOB 价格高。所以贸易术语关系到商品的价格构成，采用不同的贸易术语成交，价格应该是不同的，这也是贸易术语也可称为价格术语的原因。

综上所述，国际贸易术语（Trade Terms），又叫作价格术语（Price Terms）、交货条件，用代表概念的几个英文字母缩写表示，表示价格的构成和买卖双方在货物交接过程中各自 承担的责任、费用和风险的划分。采用某种专门的贸易语，就能明确买卖双方在货物交接过程中有关的责任、费用和风险，即确定了交货条件。

2. 作用

贸易术语是在国际贸易的实践中产生的，它的出现推动了国际贸易的发展，其所起的作用体现在以下三个方面：

（1）有利于买卖双方洽商交易和订立合同。由于每种贸易术语都有其特定的含义，因此，只要买卖双方商定按何种贸易术语成交，即可明确彼此在交接货物方面所应该承担的责任、费用和风险。这就简化了交易手续，缩短了洽商交易的时间，从而有利于买卖双方迅速达成交易，订立合同。

（2）有利于买卖双方核算价格和成本。由于贸易术语表示价格构成的因素，所以买卖双方确定贸易术语时，必然要考虑采用的贸易术语中包含哪些从属费用，这就有利于买卖双方进行比价，加强成本核算。

（3）有利于买卖双方解决履约中的争议。买卖双方商定合同时，如某些合同条款规定不够明确，致使履约当中产生争议不能依据合同的规定解决，可以援引有关贸易术语的一般解释来处理。因为贸易术语的一般解释已经成为国际惯例，是大家所遵循的一种类似行为规范的准则。

二、与国际贸易术语有关的国际贸易惯例

在国际贸易业务实践中，由于各国法律制度、贸易惯例与习惯做法不同，国际上对同一贸易术语的理解与运用也有差异，因而容易引起贸易纠纷。为了减少纠纷和避免争议，某些国际组织、商业团体、学术机构便先后制定了一些统一解释贸易术语的规则，这些规则在国际上被广泛接受，从而成为一般的国际贸易惯例。国际贸易惯例是在国际贸易中经反复实践形成的，并经国际组织加以编纂与解释的习惯做法。

有必要指出的是，国际贸易惯例本身不是法律，并不具有普遍的约束力，对交易双方不具有强制性。国际货物买卖双方可以自愿选择采用何种惯例，并在合同中做出明确的规定。买卖双方也可在合同中做出与某种惯例不同的规定，这时合同条款的效力将超越惯例的规定，双方都要按合同的规定履约。但是，如果买卖双方在合同中既不排除，也不明确规定采用何种惯例，一旦双方事后发生争议而提交诉讼或仲裁，法院或仲裁机构往往引用某种公认的或影响较大的国际贸易惯例来判决。

有关贸易术语的国际贸易惯例主要有以下三种。

1. 1932 年华沙—牛津规则

《1932 年华沙—牛津规则》（Warsaw - Oxford Rules 1932）是由国际法协会专门为解释 CIF 合同而制定的。19 世纪中叶，CIF 贸易术语在国际贸易中被广泛采用，但是这一术语下买卖双方的具体义务没有统一的规定和解释。对此，国际法协会于 1928 年在波兰首都华沙开 会，制定了关于 CIF 合同的统一规则，称之为《1928 华沙规则》，其后，在 1932 年的牛津会议上，对此规则进行了修改，并改名为《1932 年华沙—牛津规则》，一直沿用至今。

该规则详细解释了 CIF 合同的性质，买卖双方所承担的责任、风险和费用的划分，以及货物所有权转移等问题。该规则只解释 CIF 这一个贸易术语。该规则在其总则中说明，这一规则供交易双方自愿采用，凡明示采用该规则者，合同当事人的权利和义务应该援引本规则的规定办理。经双方当事人明示协议，可以对本规则的任何一条进行变更、修改或

添加。如本规则与合同发生矛盾，应以合同为准。凡合同中没有规定的事项，应按本规则的规定办理。

2. 1941 年美国对外贸易定义修订本

《1941 年美国对外贸易定义修订本》（Revised American Foreign Trade Definitions 1941）是美国一些商业团体在《美国出口报价及其缩写条例》的基础上修订出版的。它一共解释了以下六种贸易术语：

（1）Ex（Point of Origin，产地交货）。

（2）FOB（Free on Board，在运输工具上交货）。

（3）FAS（Free Along Side，在运输工具旁边交货）。

（4）C&F（Cost and Freight，成本加运费）。

（5）CIF（Cost，Insurance and Freight，成本加运费加保险费）。

（6）Ex Dock（…named port of importation，……的港码头交货）。

《1941 年美国对外贸易定义修订本》主要在美洲国家有很大的影响力，由于它对贸易术语的解释，尤其是对 FOB 和 FAS 术语的解释与国际商会的《国际贸易术语解释通则》有明显的差异，所以，在同美洲国家进行交易时应加以注意，以减少双方的争端。

3. 国际贸易术语解释通则

《国际贸易术语解释通则》（以下简称《通则》）（International Rules for the Interpretation of Trade Terms，INCOTERMS）是国际商会为统一对各种贸易术语的解释而制定的。最早的《通则》产生于 1936 年，后来，为适应国际贸易实践业务发展的需要，国际商会先后于 1953 年、1967 年、1976 年、1980 年、1990 年、1999 年以及 2010 年进行了多次的修订和补充。

其中，1990 年国际商会为使贸易术语能适应日益广泛使用的电子数据交换（EDI）和不断革新的运输技术变化的需要，对该通则做了全面的修订。为使贸易术语更进一步适应世界上无关税区的发展、交易中使用电子信息的增多以及运输方式的变化，国际商会再次对通则进行修订，并于 1999 年 9 月公布了《2000 年国际贸易术语解释通则》，英文简称 INCOTERMS 2000（以下简称《2000 通则》）。《2000 通则》于 2000 年 1 月 1 日生效。

2010 年 9 月 27 日，国际商会在巴黎召开国际贸易术语解释通则 2010 全球发布会，正式推出其于近期刚刚完成修订的《2010 年国际贸易术语解释通则》，英文简称 INCOTERMS 2010（以下简称《2010 通则》）。这标志着被经贸界使用了近十年的《2000 通则》即将被新版本所取代。新版本于 2011 年 1 月 1 日正式生效。

虽然《2010 通则》于 2011 年 1 月 1 日正式生效，但是《2010 通则》实施之后并非《2000 通则》就自动作废。因为国际贸易惯例本身不是法律，对国际贸易当事人不产生必然的强制性约束力。国际贸易惯例在适用的时间效力上并不存在“新法取代旧法”的说法，即《2010 通则》实施之后并非《2000 通则》就自动废止，当事人在订立贸易合同时仍然可以选择适用《2000 通则》甚至《1990 通则》。

考虑到《2000 通则》仍然是未来几年国际货物买卖合同的主角，除非特别说明，本章有关贸易术语的内容仍然按《2000 通则》解释。

《通则》只适用于“有形货物”的销货合同中买卖双方的权利、义务及与交货有关的事项，如货物的进出口通关，谁承担装卸费用以及货物灭失或损坏的风险，保险合同或运输合同由谁来签订等。对于无形商品的贸易，《通则》并不适用。

《2000 通则》中的 13 种术语，按其共同特性归纳为 E、F、C、D 四组。贸易术语分类 列表如表 2－1 所示。

表 2－1　　《2000 年国际贸易术语解释通则》基本内容简表

组别特征	简称及含义（英文全称）	交货地点	风险转移	运输	运输保险	适用范围	海关清关手续
E 组内陆交货	EX 工厂交货 EXW Works	商品产地、所在地	货交买方	买方	买方	任何运输方式	进出口海关清关手续全由买方（进口方）承担
F 组装运合同主运费未付	FCA 货交承运人 Free Carrier	出口国内地、港口	货交承运人	买方	买方	任何运输方式	卖方办理出口清关；买方办理进口清关
	FAS 装运港船边交货 Free Alongside Ship	指定装运港口	货交船边后	买方	买方	海运、内河	同上
	FOB 装运港船上交货 Free on Board	指定装运港口船上	装运港船舷	买方	买方	海运、内河	同上
C 组合同主运费已付	CFR 成本加运费 Cost and Freight	指定装运港口船上	装运港船舷	卖方	买方	海运、内河	同上
	CIF 成本加保险费加运费 Cost、Insurance and Freight	指定装运港口船上	装运港船舷	卖方	卖方	海运、内河	同上
	CPT 运费付至…… Carriage Paid to…	出口国内地、港口	货交承运人	卖方	买方	任何运输方式	同上
	CIP 运费保险费付至…… Carriage、Insurance Paid to…	出口国内地、港口	货交承运人	卖方	卖方	任何运输方式	同上
D 组到货合同	DAF 边境交货 Delivered at Frontier	边境指定地点	货交买方	卖方	卖方	任何运输方式	同上
	DES 目的港船上交货 Delivered Ex Ship	目的港口	目的港船上	卖方	卖方	海运、内河	同上
	DEQ 目的港码头交货 Delivered Ex Quay	目的港口	目的港码头	卖方	卖方	海运、内河	同上
	DDU 未完税交货 Delivered Duty Unpaid	进口国内	货交买方	卖方	卖方	任何运输方式	同上
	DDP 完税后交货 Delivered Duty Paid	进口国内	货交买方	卖方	卖方	任何运输方式	进出口海关清关手续全由卖方（出口方）承担

知识链接

《2010年国际贸易术语解释通则》

国际商会新修订的《2010年国际贸易术语解释通则》（以下简称《2010通则》）于2011年1月1日正式生效。其与《2000通则》相比，发生了一些变化。

一、《2010通则》中的两组贸易术语

1. 适合水上运输的贸易术语，有以下四种：

FOB——Free On Board

CFR——Cost and Freight

CIF——Cost, Insurance and Freight

FAS——Free Alongside Ship

2. 适合任何运输方式的贸易术语，有以下七种：

EXW——Ex Works

FCA——Free Carrier

CPT——Carriage Paid to

CIP——Carriage and Insurance Paid to

DAP——Delivered At Place

DAT——Delivered At Terminal

DDP——Delivered Duty Paid

二、《2010通则》的主要变化

1. 贸易术语的数量由原来的13种变为11种。

2. 术语分类的调整：《2000通则》把13种贸易术语按E、F、C、D分为四组；《2010通则》把11种术语按适用范围分为两组。

3. 删除了《2000通则》D组的四个贸易术语，即DAF、DES、DEQ、DDU，只保留了DDP。

4. 《2010通则》中新增加了两种贸易术语，即DAP（Delivered at Place，指定目的地）和DAT（Delivered at Terminal，目的地或目的港的集散站交货）。

5. 《2010通则》取消了"船舷"的概念。在FOB、CFR、CIF条件下，卖方承担货物装上船为止的一切风险，买方承担货物自装运港装上船后的一切风险。

6. 在FAS，FOB，CFR和CIF等术语中加入了货物在运输期间被多次买卖（连环贸易）的责任义务的划分。

7. 使用范围的扩大。考虑到对于一些大的区域贸易集团内部贸易的特点，国际商会规定，《2010通则》不仅适用于国际销售合同，也适用于国内销售合同。

《2010通则》保留了《2000通则》中的E组、F组、C组贸易术语，对其解释基本没有变化。

三、对新增术语的解释

1. DAP

DAP（Delivered At Place，指定目的地交货）术语类似于取代了的DAF、DES和DDU

三个术语，指卖方在指定的目的地交货，只需做好卸货准备无须卸货即完成交货。术语所指的到达车辆包括船舶，目的地包括港口。卖方应承担将货物运至指定目的地的一切风险和费用（除进口费用外）。本语适用于任何运输方式。

2. DAT

DAT（delivered at terminal，目的地或目的港的集散站交货）术语类似于取代了的DEQ术语，指卖方在指定的目的地或目的港的集散站卸货后将货物交给买方处置即完成交货，术语所指目的地包括港口。卖方应承担将货物运至指定目的地或目的港的集散站的一切风险和费用（除进口费用外）。本术语适用于任何运输方式。

任务二 常用的六种贸易术语

在我国对外贸易中，经常使用的主要贸易术语为FOB、CFR和CIF。随着集装箱运输和多式联运业务的发展，采用FCA、CPT和CIP贸易术语的也日益增多。因此，熟悉这六种主要的贸易术语的含义、买卖双方的义务，以及在使用中应注意的问题，是特别重要的。

一、FOB

FOB（Free on Board，named port of shipment；装运港船上交货，指定装运港）是指卖方必须在合同规定的装运期内在指定装运港将货物装上买方指定的船上，并负担货物越过船舷为止的一切费用和货物灭失或损坏的风险。此术语只适用于海洋运输。

（一）买卖双方基本义务的划分

FOB术语也就是我们通常所说的“离岸价格”。按《2000通则》，在FOB术语下，买卖双方的主要义务如表2-2所示。

表2-2　　FOB术语中买卖双方的主要义务

	卖　方	买　方
责任	1. 出口国家规定的有关出口证件并办理出口手续； 2. 按时在指定装运港将符合合同规定的货物装上买方指定的船只，并给买方及时发出装船通知； 3. 负责提供商业发票和证明货物已交至船上的通常单据或相等的电子信息	1. 领取进口国家规定的有关进口证办理进口手续； 2. 负责租船或订舱、并将船名及装货日期及时通知卖方自办货运保险； 3. 收取卖方按合同规定交付的单据，支付价款，受领货物
费用	1. 货物在指定装运港越过船舷前的一切费用； 2. 出口报关费用和出口应缴纳的一切捐税	1. 货物在指定装运港越过船舷后的一切费用，包括运费和保险费； 2. 进口报关费用、进口关税及须经另一国过境时应缴纳的一切捐税
风险	货物在指定装运港越过船舷前的一切风险	货物在指定装运港越过船舷后的一切风险

（二）采用 FOB 术语成交需要注意的事项

在实际业务中采用 FOB 术语成交时，需注意以下几点。

1. 船货衔接及风险前移问题

按照 FOB 术语成交的合同属于装运合同，卖方的一项基本义务是按照规定的时间和地点完成装运，然而 FOB 条件下是由买方负责安排运输工具的，即租船订舱，所以存在一个船货衔接问题。买方应及时租船订舱，并将船名、装船地点和时间及时通知卖方，以便卖方及时备货，安排装船。按照有关法律和惯例，如果买方未能按时派船，这包括未经对方同意提前将船派到或延迟派到装运港，卖方都有权拒绝交货，而且由此产生的各种损失，如空舱费（Dead Freight）、滞期费（Demurrage）及卖方增加的仓储费等，均由买方承担。如果买方指派的船只按时到达装运港，而卖方却未能备妥货物，那么，由此产生的上述费用将由卖方承担。

2. 装船费用负担问题

采用班轮运输时，船方负责装卸，装卸费打入班轮运费中，因此 FOB 条件下采用班轮运输时买方已经支付了装卸费。但采用程租船运输时，船方一般不负责装卸费，这就要求买卖双方必须明确装船作业过程中的各项费用由谁承担。为了说明装船费用的负担问题，双方往往在 FOB 术语后加列附加条件，这就形成了 FOB 术语变形，常见的 FOB 变形如表 2 -3 所示。

表 2 -3　　FOB 术语的变形

英文名称	中文名称	含义
FOB Liner Terms	FOB 班轮条件	指装船费用如同以班轮装运那样由支付运费的一方（即买方）负担
FOB Under Tackle	FOB 吊钩下交货	指卖方将货物置于轮船吊钩可及之处，从货物起吊开始的装船费用由买方负担
FOB Stowed（FOBS）	FOB 包括理舱费	指卖方负担将货物装入船舱并支付包括理舱费在内的装船费用。理舱费是指货物入舱后进行安置和整理的费用
Fob Trimmed（FOBT）	FOB 包括平舱费	指卖方负担将货物装入船舱并支付包括平舱费在内的装船费用。平舱费是指对装进船舱的散装货进行平整所需要的费用
FOB Stowed and Trimmed（FOBST）	FOB 包括理舱费和平舱费	指卖方负担将货物装入船舱并支付包括理舱费和平舱费在内的各项装船费用

3. 美国对 FOB 术语的解释与《2000 通则》的规定不同

《1941 年美国对外贸易定义修订本》将 FOB 术语分为六种，其中前三种是出口国内陆指定地点的内陆运输工具上交货，第四种是在出口地点的内陆运输工具上交货，第五种是装运港交货，第六种是在进口国指定地点的内陆地点交货。在对北美国家的进口贸易中，使用第四、第五种时应特别注意。如合同中规定的贸易术语是“FOB San Francisco”，北美地区的出口方理解为在旧金山的内陆运输工具上交货；只有在合同中明确规定“FOB Vessel San Francisco”时，北美地区的出口方才会在旧金山港口船上交货。

即使都是在装运港船上交货，关于风险划分界限的规定也不完全一样。按照《1941年美国对外贸定义修订本》的解释，买卖双方划分分析的界限不是在船艇，而是在船上。另外，关于办理出口手续问题上也存在分歧。按照《2000通则》的解释，FOB条件下，卖方应"自负风险和费用，取得出口许可证或其他官方核准书，并负责办理货物出口所需的一切海关手续，支付有关的费用"。但是，按照美国《修订本》的解释，卖方只是"在买方请求并由其负担费用的情况下，协助买方取得由原产地及/或装运地国家签发的、为货物出口或在目的地进口所需的各种证件"。

二、CIF

CIF（Cost，Insurance and Freight，named port of destination；成本加保险费、运费，指定目的港）指卖方负责按通常的条件租船或订舱，支付从装运港到目的港的运费，并在合同规定的装运期内在装运港将货物装上船，负担货物越过船舷前货物灭失或损坏的风险，并负责办理货运保险，支付保险费。在CIF术语后需注明目的港名称，但它仍与FOB一样，是装运港交货的贸易术语。

（一）买卖双方基本义务的划分

按照《2000通则》，CIF术语下，买卖双方的主要义务如表2－4所示。

表2－4　　CIF术语中买卖双方的主要义务

	卖　方	买　方
责任	1. 领取出口国家规定的有关出口证件并办理出口手续； 2. 负责租船或订舱，按时将符合合同规定的货物在装运港装上订好的船只，并给买方及时发出装船通知； 3. 按合同规定办理货物运输保险； 4. 负责提供商业发票、保险单和货物运往约定港口的通常运输单据，或相等的电子信息	1. 领取进口国家规定的有关进口证件并办理进口手续； 2. 收取卖方按合同规定交付的单据，支付价款，受领货物
费用	1. 货物在指定装运港越过船舷前的一切费用； 2. 出口报关费用和出口应缴纳的一切捐税； 3. 货物运至指定目的港的正常运费及货运保险费	1. 货物在指定装运港越过船舷后的一切费用； 2. 进口报关费用、进口关税及须经另一国过境时应缴纳的一切捐税； 3. 支付除正常运费、保险费之外的有关货物在运输途中所产生的额外费用
风险	货物在指定装运港越过船舷后的一切风险	货物在指定装运港越过船舷后的一切风险

（二）采用CIF术语成交需要注意的事项

在实际业务中采用CIF术语成交时，需注意以下几点。

1. CIF合同属"装运合同"和"象征性交货"

尽管我们常称之为"到岸价"，指价格的构成，是由"成本＋运费＋保险费"构成，而不是指卖方也负责货物到岸为止的风险。卖方在合同规定的装运港将货物交付装运后，对货物之后可能发生的任何事不再承担责任。因此，采用这种术语订立的买卖合同均属

“装运合同”。在实际业务中，需注意在合同中只规定装运货物的时间，而不应规定抵达目的港的具体时间。

从交货方式上来看，CIF 属于象征性交货（Symbolic Delivery），所谓象征性交货是针对实际性交货（Physical Delivery ）而言的。前者是指卖方只要按期在约定的地点完成装运，并向买方提交合同规定的包括物权凭证在内的有关单证，就算完成了交货义务，而无须保证到货。后者则是指卖方要在规定的时间和地点内将符合合同规定的货物提交给买方或其指定的人，不能以交单代替交货。

但是，必须指出，按 CIF 术语成交，卖方履行其交单的义务只是得到买方付款的前提条件，除此之外，他还必须履行交货的义务。如果卖方提交的货物不符合合同的要求，买方即使已经付款，仍然可以根据合同的规定向卖方提出索赔。

2. 租船订舱问题

卖方只负责按照通常条件租船或订舱，使用适合装运有关货物的通常类型的轮船，经习惯行驶航线装运货物。因此，对于在业务中有时买方提出的关于限制船舶的国籍、船型、船龄、船级，以及指定装载某班轮公会的船只等要求，卖方均有权拒绝接受。但卖方也可放弃这一权利，他可根据具体情况给予融通。就是说，对于买方提出的上述要求，如果他能办到又不会增加额外开支，也可接受，一旦在合同中做出明确的规定，就必须严格照办。

3. 保险险别问题

CIF 价格中包含了保险费，从责任上来讲，卖方要负责办理货运保险。因此，卖方应按合同中规定的保险险别、保险金额等要求办理货运保险。但在 CIF 术语下，货物在装运港装船时越过船舷后的风险即由买方承担，而运输保险又是由卖方办理，因此，卖方是为了买方的利益代办保险的。如果合同中未能就保险险别等问题做出具体规定，《2000 通则》对于卖方办理保险责任做了如下规定：如无相反的明示协议，卖方只按《协会货物保险条款》或其他类似的保险条款中最低责任的保险险别投保，最低保险金额应当为合同规定价款的 110%，并以合同使用的币种投保。在实际业务中，为了明确责任，在采用 CIF 术语成交的合同中，买卖双方应对保险险别、保险金额和保险条款的适用等做出具体的规定。

4. 卸货费用的负担问题

采用班轮运输时，船方负责装卸，装卸费打入班轮运费中，因此 CIF 条件下采用班轮运输时卖方已经支付了装卸费。但采用程租船运输时，船方一般不负责装卸费，这就要求买卖双方必须明确货到目的港后的卸货费用由谁承担。为了说明卸货费用的负担问题，双方往往在 CIF 术语后加列附加条件，这就形成了 CIF 术语变形，常见的 CIF 术语变形如表 2－5 所示。

表 2－5　CIF 术语的变形

英文名称	中文名称	含义
CIF Liner Terms CIF Gross Terms	CIF 班轮条件	指卸货费用按班轮条件处理，由支付运费的一方（即卖方）负担

续表

英文名称	中文名称	含义
CIF Ex Ship' s Hold	CIF 舱底交货	指货物运达目的港后，买方负担将货物从舱底起吊卸到码头的费用
CIF Ex Tackle	CIF 吊钩下交货	指卖方负担将货物从舱底吊到船舶吊钩所及之处（码头或驳船上）的费用
CIF Landed	CIF 卸到岸上	指卖方负担将货物卸到目的港岸上的费用，包括驳船费和码头费

三、CFR

CFR（Cost and Freight，named port of destination；成本加运费，指定目的港），按照《2000 通则》的解释，采用这一贸易术语成交，卖方承担的基本义务是按通常的条件租船或订舱，支付从装运港到目的港的运费，并在合同规定的装运期内，在装运港将货物装上船，负担货物越过船舷前灭失或损坏的风险，并给买方及时发出装船通知。但从装运港到目的港的货运保险由买方负责办理，保险费由买方负担。

另外，CIF 情况下采用租船运输时，为了解决卸货费用负担问题而产生的贸易术语变形同样完全适用于 CFR 术语。

【课堂思考】

从风险、责任及费用的角度分析装运港交货的三个贸易术语的异同，将结果填入表 2－6。

表 2－6　　装运港交货的三个贸易术语的异同

贸易术语	风险	责任		费用	
	何方承担货物装上船后的风险	何方办理租船订舱	何方办理货运保险	何方支付到目的港的运费	何方支付货运保险费
FOB	买方	买方	买方	买方	买方
CFR	买方	卖方	买方	卖方	买方
CIF	买方	卖方	卖方	卖方	卖方

四、FCA

FCA（Free Carrier，named place；货交承运人，指定地点）是指卖方只要将货物在指定地点交给买方指定的承运人，并办理了出口清关手续，即完成交货。需要说明的是，交货地点的选择对于在该地点装货和卸货的义务会产生影响。若卖方在其所在地交货，则卖方应负责装货，若卖方在任何其他地点交货，卖方不负责卸货。

这里的承运人，既包括履行运输义务的实际承运人，也包括代为签订运输合同的运输代理人。FCA 术语适用于各种运输方式，特别是集装箱运输和多式运输。

按照《2000 通则》，在 FCA 术语下，买卖双方的主要义务如表 2－7 所示。

表 2-7　FCA 术语中买卖双方的主要义务

	卖　方	买　方
责任	1. 领取出口国家规定的有关出口证件并办理出口手续； 2. 按时在指定地点将符合合同的货物交至买方指定的承运人，并给买方及时发出通知； 3. 负责提供商业发票和证明货物已交至承运人的通常单据或相等作用的电子信息	1. 领取进口国家规定的有关进口证件并办理进口手续以及必要时经由另一国过境运输的一切海关手续； 2. 指定承运人，订立从指定地点承运货物的运输合同并通知卖方，自办货运保险； 3. 收取卖方按合同规定交付的单据，支付价款，受领货物
费用	1. 货物在指定地点交由承运人照管前的一切费用； 2. 出口报关费用和出口应缴纳的一切税费	1. 货物在指定地点交由承运人照管后的一切费用，包括运费和保险费； 2. 进口报关费用、进口关税及须经另一国过境时应缴纳的一切捐税
风险	承担货交承运人以前的一切风险	承担货交承运人以后的一切风险

五、CPT

CPT（Carriage Paid to，named place of destination；运费付至，指定目的地），是指卖方要订立将货物运往目的地指定地的运输契约，支付货物运至指定目的地的运费，并且负责按照合同规定的时间将货物交给承运人（在多式联运情况下，交给第一承运人）处置下，即完成交货义务。卖方在交货后要及时通知买方，买方自货物交付承运人处置时起承担货物灭失或损坏的风险。

FCA 术语条件下由买方订立从指定地点承运货物的运输合同及支付运费，而 CPT 术语条件下，这一义务则由卖方承担。与 FCA 相比，除运输责任和费用的划分不同之外，有关买卖双方其他的义务是一样的。

六、CIP

CIP（Carriage and Insurance Paid to，named place of destination；运费、保险费付至，指定目的地），是指卖方要订立将货物运往目的地指定地点的运输契约，支付货物运至指定目的地的运费，还须办理货物运输保险手续，订立保险合同，支付保险费。卖方仍然只需要按照合同规定的时间将货物交给承运人（在多式联运情况下，交给第一承运人）处置下，即完成交货义务。

按 CIP 术语成交，卖方除负有订立运输合同、支付运费的责任外，还需订立保险合同，并支付保险费。因此，与 CIF 一样，卖方除负有与 CPT 术语下同样的义务外，还须负责办理在运输途中应由买方承担风险的、为买方利益代办的保险。一般情况下，卖方应按合同中规定的保险险别、保险金额等要求办理货运保险。如果合同中未能就保险险别等问题做出具体规定，则由卖方按惯例投保最低的保险险别，最低保险金额应当为合同规定的价款的 110%，并以合同使用的币别投保。

综上所述，FCA、CPT、CIP 与 FOB、CFR、CIF 六种贸易术语对买卖双方的责任划分的基本原则是相同的，但也有区别，请在表2－8内归纳两组贸易术语的区别。

表2－8　　两组贸易术语的区别

贸易术语	适用的运输方式	交货地点	风险转移界限	运输单据	装卸费用的负担
FCA、CPT、CIP	任何运输方式	出口国内装运地	货交承运人	视运输方式不同而不同	由负责办理运输的一方承担
FOB、CFR、CIF	水上运输	装运港船上	装运港船舷	海运提单	租船情况下，根据双方采用的贸易术语变形来确定

任务三　其他七种贸易术语

除了前面介绍的六种贸易术语外，在《2000通则》中还有其他七种术语。这些术语虽然不常用，但在某些情况下，还是可以满足买方或卖方的特定要求的。因此，应当了解并灵活应用。

1. EXW

EXW（Ex Works，named place；工厂交货，指定地点），是指卖方在其所在处所（工厂、工场、仓库等）将货物提供给买方时，即履行了交货义务。除非另有约定，卖方不负责将货物装上买方备妥的车辆，也不负责出口清关。买方负担自卖方所在处所提取货物至目的地所需的一切费用和风险。因此，这个术语是卖方负担最少义务（Minimum Obligation）。本术语适用于任何运输方式。

如买方不能直接或间接地办理出口手续，则不应使用本术语，而应使用FCA术语。

2. FAS

FAS（Free Alongside Ship，named port of shipment；装运港船边交货，指定装运港），是指卖方要在约定的时间内将合同规定的货物交到指定的装运港买方所指派船只的船边，在船边完成交货。当买方所派船只不能靠岸时，要求卖方负责用驳船把货物运至船边，仍在船边交货。装船的责任和费用由买方承担，买卖双方负担的风险和费用均以船边为界。本术语只适用于海运或内河运输。

3. DAF

DAF（Delivered at Frontier，named place；边境交货，指定地点），是指卖方将货物运至边境指定的具体地点，办妥货物出口清关手续但不办理货物进口清关手续，在毗邻国家关境前的边境，将已运达的运输工具上尚未卸下的货物置于买方支配之下时，即履行了交货义务。“边境”一词可用于任何边境，包括出口国边境。因此，在这个术语中确切地指定有关边境的交货地和地点，是极为重要的。如我国东北地区从俄罗斯进口货物时可采用DAF方式在满洲里交货。

本术语主要用于铁路或公路货物运输，也可适用于其他任何运输方式。但当交货地点选定在进口国目的港时，根据《2000通则》的解释，建议采用DES或DEQ术语。

4. DES

DES（Delivered Ex Ship，named port of destination；目的港船上交货，指定目的港），是指卖方在指定的目的港船上将货物交给买方处置，但不办理进口清关手续，即完成交货义务。在此之前，卖方要将船名和船舶预计到达目的港的时间及时通知买方，以便买方做好接收货物的准备。卖方必须承担货物运至指定目的港的一切费用和风险，买方则承担船上货物交由其处置时起的一切费用和风险，其中包括卸货费和办理货物进口的清关手续。

本术语适用于海运、内河运输或多式联运在目的港码头交付货物的运输方式。前面提到 CIF 被习惯称为“到岸价”，但不是真正的到岸价，若海轮可以直接靠岸，DES 才是真正的到岸价。因为卖方要负责将货物安全送达目的港，在船上将货物实际交付买方才算完成交货。在 DES 条件下，卖方不仅要负担正常的运费、保险费，还要负担诸如转船、绕航等产生的额外费用，以及根据需要加保各种特殊附加险而支付保险费。由此可见，DES 方式与 CIF 方式在交货地点、风险划分界限、责任和费用的负担等问题上都有很大的实质性区别。

5. DEQ

DEQ（Delivered Ex Quay，named port of destination；目的港码头交货，指定目的港），是指卖方在指定的目的港码头将货物交给买方处置，但不办理进口清关手续，即完成交货义务。在此之前，卖方要将船名和船舶预计到达目的港的时间及时通知买方，以便买方做好接收货 物的准备。卖方必须负担货物运至指定目的港的一切风险和费用并承担码头卸货费，买方则 承担在目的港码头接收货物后的一切风险、责任和费用，包括办理货物进口的清关手续。

6. DDU

DDU（Delivered Duty Unpaid，named place of destination；未完税交货，指定目的地），是指卖方在指定的目的地将货物交给买方处置，但不办理进口清关手续，即完成交货义务。卖方必须承担货物运至指定目的地的一切费用和风险；买方必须负担办理货物进口所需的一切海关手续，包括支付关税、税捐和进口时所需支付的其他由当局收取的费用，且买方需负担由于己方未及时办理货物进口清关手续而引起的额外费用和风险。本术语可适用于各种运输方式。

7. DDP

DDP（Delivered Duty Paid，named place of destination；完税后交货，指定目的地），是指卖方将货物运至进口国的指定目的地交付给买方，并负责办理货物进口的清关手续，承担货物运至该处的风险和费用，包括关税、税捐和其他费用，才算完成了交货义务。本术语可适用于各种运输方式。如果卖方不能直接或间接地取得进口许可证，则不应使用本术语。

任务四　商品价格的核算

外贸业务员在推广自己的产品和寻找客户前或面对客户的询盘时，必须要熟悉自己的产品并熟练地核算价格，在面对客户的讨价还价时，还能熟练地核算盈亏并迅速判断是否可以按客户的还价成交。这是外贸业务员须掌握的技能之一。

一、出口盈亏核算

衡量一笔出口业务是否赢利，通常可以用出口换汇成本、出口盈亏额或出口盈亏率来反映。

（一）出口换汇成本的计算

出口换汇成本也称为出口换汇率，指商品出口后净收入每一单位外币所耗费的人民币成本，即某笔出口业务用了多少元人民币换取 1 个单位的外币（如 1 美元）。在出口业务中，我们常用出口换汇成本来衡量出口业务的盈亏。如果出口换汇成本高于当日银行外汇牌价（现汇买入价），说明该项业务亏本；反之，如果出口换汇成本低于当日银行外汇牌价（现汇实入价），说明该项业务赢利。出口换汇成本越低，赢利水平越高。

出口换汇成本的计算公式如下：

出口换汇成本 = 国内总成本（退税后）÷出口外汇净收入（即 FOB 外币价）

对出口换汇成本的计算公式需要做以下说明：

（1）国内总成本（退税后），其计算公式如下：

国内总成本（退税后）= 采购价（即含税价）+ 出口前的一切费用 - 出口退税

其中，①采购价，即从供货商处采购出口产品的价格，一般包含税收，即包含增值税。②出口前的一切费用包括：加工整理费用、包装费用、把货物从仓库运到装运港的运杂费、装船费、港口费、商检费、报关手续费、银行费用、出口关税等。此笔费用的计算比较复杂，为了计算的方便，也可以根据经验按采购价（即含税价）的一定百分比来估算此笔费用。即

出口前的一切费用 = 含税价 × 出口费用率

③出口退税，对于外贸公司来讲，出口退税额的计算方法如下：

出口退税 = 不含税价 × 出口退税率

（2）出口外汇净收入，即为扣除国际段运费和保险费之后的 FOB 外币价。

（二）出口盈亏额和出口盈亏率的计算

出口盈亏额的计算公式为

出口盈亏额 = FOB 外币价 × 银行外汇买入价 - 国内总成本（退税后）

或

出口盈亏额 =（银行外汇买入价 - 换汇成本）× FOB 外币价

出口盈亏率的计算公式为

出口盈亏率 = 出口盈亏额 ÷ 国内总成本（退税后）

或

出口盈亏率 =（银行外汇买入价 - 换汇成本）÷ 换汇成本

知识链接

出口退税是指在国际贸易中，对报关出口的应税货物退还或免征国内生产环节和流转环节按税法规定征收的增值税和消费税的制度。它是国际贸易中通常采用的、为各国接受

的、旨在鼓励本国出口货物公平竞争的一种税收措施。退税是出口贸易中的一项特殊制度，在核算业务成本时必须先掌握相关的税收知识和出口退税额的计算。

1. 出口货物退（免）增值税的方法

常用的出口货物退（免）增值税的方法有以下四种：

（1）“免、退”税，即对出口环节增值部分免税，对进项税额退税。该方法适用于外贸、物资、供销等商业流通企业。

（2）“免、抵、退”税，即对出口环节增值部分免税，进项税额准予抵扣的部分在内销货物的应纳税额中抵扣，不足抵扣的部分实行退税。该方法适用于生产型企业。

（3）“免、抵”税，即对销售环节增值部分免税，进项税额准予抵扣的部分在内销货物的应纳税额中抵扣。该方法适用于国家列名的钢铁企业销售“加工出口专用钢材”。

（4）免税，即对出口货物免征增值税。该方法适用于来料加工等贸易形式和出口有单项特殊规定的指定货物（如卷烟等），以及国家统一规定免税的货物等。

2. 含税价和不含税价的计算

外贸公司在向国内工厂采购货物时，支付的总金额是按含税价计算的，即采购价为含税价，而增值税专用发票列明的进项金额为不含税价。含税价和不含税价的换算公式推导过程为

$$\begin{aligned}\text{含税价} &= \text{不含税价} + \text{增值税额}\\ &= \text{不含税价} + \text{不含税价} \times \text{增值税税率}\\ &= \text{不含税价} \times (1 + \text{增值税税率})\end{aligned}$$

因此，

$$\text{不含税价} = \text{含税价} \div (1 + \text{增值税税率})$$

注意：大多数商品的增值税税率为17%。

3. 出口退税额的计算

外贸公司出口退税额的计算公式为

$$\begin{aligned}\text{出口退税} &= \text{不含税价} \times \text{出口退税率}\\ &= \text{含税价} \div (1 + \text{增值税税率}) \times \text{出口退税率}\end{aligned}$$

例如：

我国某公司向国内供应商采购一批商品出口，外销价为每件56.3美元FOB HUANGPU，而采购价（含17%增值税）为每件333.45元，出口前的一切费用为采购价的10%，此商品的出口退税率为9%，当时银行公布的美元现汇买入价为6.8元人民币/美元，请计算出口换汇成本、单位商品的盈亏额和出口盈亏率。

答题：

$$\text{出口退税} = 333.45 \div (1 + 17\%) \times 9\% = 25.65\text{（元）}$$

$$\text{国内总成本（退税后）} = 333.45 + 333.45 \times 10\% - 25.65 = 341.15\text{（元）}$$

$$\text{出口换汇成本} = 341.15 \div 56.3 = 6.06\text{（元人民币/美元）}$$

$$\text{出口盈亏额} = 56.3 \times 6.8 - 341.15 = 41.69\text{（元）}$$

$$\text{出口盈亏率} = 41.69 \div 341.15 = 12.22\%$$

二、进出口业务报价

在国际贸易中，不同的贸易术语表示其不同的价格构成因素，即包括不同的从属费

用。在我国进出口业务中，最常使用的贸易术语是 FOB、CFR 和 CIF 三种。FOB 价习惯被称为 成本价，掌握 FOB 价的价格构成及计算技巧乃是外贸从业人员的基本技能。在准确核算 FOB 价的基础上我们才能在对外贸易交易磋商过程中，根据客户的要求灵活地核算 CFR、CIF 价格。

（一）FOB 价格的计算方法

核算 FOB 价格，可以采用下面两种方法进行计算，业务员可以根据自己的习惯和实际 情况灵活采用其中的一种方法核算价格。

1. 按成本构成法计算

出口业务中，按 FOB 价格成交时，卖方的成本应是退税后的国内总成本，为了保证出口赢利，报价时我们需要加上一定的预期利润。所以，核算 FOB 价的公式应是

FOB 人民币价格 = 国内总成本（退税后）+ 预期利润

= 含税价 + 出口前的一切费用 – 出口退税 + 预期利润

在出口业务中，国外采购商往往要求我们按某一种外币报价和结算货款，因此我们需要把 FOB 人民币价格转换成以外币表示的价格，转换公式如下：

FOB 外币价格 = FOB 人民币价格 ÷ 外币汇率

例如：

A 进出口公司收到德国某公司求购 6 000 双牛粒面革腰高 6 英寸军靴（一个 40 英尺集装箱）的询盘，经了解每双军靴的进货成本为人民币 90 元（含增值税 17%），进货总价即为：90 × 6 000 = 540 000 元；出口包装费每双 3 元，国内运杂费共计 12 000 元，出口商检费 350 元，报关费 150 元，港区港杂费 900 元，其他各种费用共计 1 500 元，出口军靴的退税率为 14%，若 A 进出口公司的预期利润为成交额的 10%，核算价格的当天银行公布的美元现汇买入价为 6.8 元人民币/美元，请计算每双军靴的 FOB 美元价格是多少？

答题：

每双军靴出口前的一切费用 = 3 +（12 000 + 350 + 150 + 900 + 1 500）÷ 6 000

= 5.48（元人民币）

每双军靴的出口退税额 = 90 ÷（1 + 17%）× 14% = 10.77（元人民币）

每双军靴的人民币 FOB 价应为

FOB 价 = 90 + 5.48 – 10.77 + FOB 价 × 10%

FOB 价 ≈ 94.12 元人民币

FOB 美元价格 = 94.12 ÷ 6.8 = 13.84（美元）

可报每双军靴的 FOB 价 13.84 美元。

2. 通过确定出口换汇成本计算

根据前面的介绍可知，国内总成本（退税后）、出口换汇成本的计算公式如下：

国内总成本（退税后）= 采购价（含税价）+ 出口前的一切费用 – 出口退税

= 采购价（含税价）+ 采购价（含税价）× 出口费用率

– 采购价（含税价）+（1 + 17%）× 出口退税率

= 采购价（含税价）× {1 + 出口费用率 – 出口退税率 ÷（1 + 17%）}

出口换汇成本 = 国内总成本（退税后）÷ 出口外汇净收入（即 FOB 外币价）

$$= \frac{\text{采购价(含税价)} \times \{1 + \text{出口费用率} - \text{出口退税率} \div (1 + 17\%)\}}{\text{FOB 外币价}}$$

所以我们可以利用上述公式转换之后计算FOB外币价。在报价时，出口公司首先根据自己的赢利目标，确定一个比银行现汇买入价低的出口换汇成本，即

$$= \frac{\text{采购价(含税价)} \times \{1 + \text{出口费用率} - \text{出口退税率} \div (1 + 17\%)\}}{\text{出口换汇成本}}$$

其中对于公司来讲，一般根据经验按采购价（含增值税）的一定百分比来估算出口前的一切费用，出口费用率在一年内一般基本稳定不变；增值税绝大部分都是17%；而退税率对 于某类产品来讲只要政策不变，也可以是一个定值，这样，在对某类产品报价时，{1＋出口费用率－出口退税率÷（1＋17%）} 就可以作为一个“系数f”算出来把其固定。即

$$\text{FOB外币价} = \frac{\text{采购价(含税价)} \times f}{\text{出口换汇成本}}$$

从上述计算过程可知，第一种方法中的“出口前的一切费用”具有不稳定性，无法正确预算，计算过程相当麻烦，不太符合实际业务操作。第二种计算方法简单，只要在与客户进行谈判前正确计算系数“f”，在面对面的谈判中有助于业务员快捷地计算出FOB价格。

例如：

B公司出口一批牛仔裤、女士睡衣、婴儿服装到国外，公司从工厂的采购价格（含17%增值税）分别是：牛仔裤每条50元人民币，女士睡衣每套38元人民币，婴儿服装每套24元人民币。公司确定的出口费用率为8%，上述商品的出口退税率都为15%，目前中国银行外汇牌价美元现汇买入价为：1美元＝6.824 8元人民币，根据目前的市场情况，公司定出本次业务的出口换汇成本为6.35。请给国外客户报出上述商品的FOB美元价格。

答题：

$$f = 1 + 8\% - 15\% \div (1 + 17\%) \approx 0.952$$

每条牛仔裤的FOB价＝50×0.952÷6.35≈7.5（美元）

每套女士睡衣的FOB价＝38×0.952÷6.35≈5.7（美元）

每套婴儿服装的FOB价＝24×0.952÷6.35≈3.6（美元）

（二）FOB、CFR和CIF三种价格术语的换算

根据上述方法核算出FOB价之后，根据CFR、CIF的价格构成因素，我们可以在FOB、CFR和CIF三种价格术语之间进行灵活的换算。

其中下面公式中的国外运费（F）是指从装运港到国外指定目的港的国际段运费。

1. FOB价换算为其他价

在已知FOB价的情况下，可以根据以下公式换算成CFR价或CIF价。

CFR价＝FOB价＋国外运费（F）

CIF价＝FOB价＋国外运费（F）＋保险费（I）

＝（FOB价＋F）÷（1－投保加成×保险费率）

2. CFR价换算为其他价

在已知CFR价的情况下，可以根据以下公式换算成FOB价或CIF价。

FOB价＝CFR价－国外运费（F）

CIF价＝CFR价＋保险费（I）

＝CFR价＋（1－投保加成×保险费率）

3. CIF 价换算为其他价

在已知 CIF 价的情况下，可以根据以下公式换算成 FOB 价或 CFR 价。

FOB 价 = CIF 价 - 国外运费（F） - 保险费（I）

= CIF 价 ×（1 - 投保加成 × 保险费率） - 国外运费（F）

CFR 价 = CIF 价 - 保险费（I）

= CIF 价 ×（1 - 投保加成 × 保险费率）

以上 FOB、CFR 和 CIF 之间的换算关系同样适用于 FCA、CPT 和 CIP 之间的换算。

任务五 合同中的价格条款

在国际货物买卖中，货物的价格是买卖双方争议的焦点，是决定货物能否进入市场的重要因素，关系着买卖双方的切实利益。在实际业务中，报价时除了考虑成本因素外，还应综合考虑各种影响成交价格的因素，合理报价并在合同中订立合适的价格条款。

一、影响进出口商品成交价格的因素

为了正确掌握我国进出口商品价格，除应分析商品成本之外，还应充分考虑影响价格的各种因素，注意同一商品在不同情况下应有一定的差价。

1. 要考虑商品的质量和档次

在国际市场上，一般都贯彻按质论价的原则，即好货好价、次货次价，品质的优劣，档次的高低，包装装潢的好坏，式样的新旧，商标、品牌的知名度，都影响商品的价格。

2. 要考虑运输距离

国际货物买卖，一般都要通过长途运输。采用 CFR 或 CIF 术语成交时，运输距离的远近将影响运费和保险费的开支，从而影响商品的价格。因此，确定商品价格时，必须核算运输成本，做好比价工作，以体现地区差价。

3. 要考虑交货地点和交货条件

在国际贸易中，由于交货地点和交货条件不同，买卖双方承担的责任、费用和风险有别，在确定进出口商品价格时，必须考虑这些因素。例如，同一运输距离内成交的同一商品，按 CIF 术语成交同按 DES 条件成交，其价格应当不同。

4. 要考虑季节性需求的变化

在国际市场上，某些节令性商品，如赶在节令前到货，抢行应市，即能卖上好价。过了节令的商品，其售价往往很低，甚至以低于成本的“跳楼价”出售。因此，应充分利用季节性需求的变化，切实掌握好季节性差价，争取按对我方有利的价格成交。

5. 要考虑成交数量

按国际贸易的习惯做法，成交量的大小影响价格。即成交量大时，在价格上应给予适当优惠，或者采用数量折扣的办法；反之，如成交量过少，甚至低于起订量时，也可以适当提高出售价格。那种不论成交量多少，都采取同一个价格成交的做法是不当的，我们应当掌握好数量方面的差价。

6. 要考虑支付条件和汇率变动的风险

支付条件是否有利和汇率变动风险的大小，都影响商品的价格。例如，同一商品在其他交易条件相同的情况下，采用预付货款和凭信用证付款的方式下，其价格应当有所区别。同时，确定商品价格时，一般应争取采用对自身有利的货币成交，如采用不利的货币成交时，应当把汇率变动的风险考虑到货价中去，即适当提高出售价格或压低购买价格。

此外，交货期的远近，市场销售习惯和消费者的爱好等因素，对确定价格也有不同程度的影响，我们必须在调查研究的基础上通盘考虑，权衡得失，然后确定适当的价格。

二、计价货币的选择

计价货币是指合同中规定用来计算价格的货币，而支付货币是实际支付给卖方的货币。两者多为同一种货币，但有时不是同一种货币。国际贸易中用来计价的货币，可以是出口国的货币，也可以是进口国的货币或双方同意的第三国货币。

由于世界经济的波动，各国货币的币值频繁变动会直接影响进出口商的资金安全和经济收益。因此，在选用外国货币计价时，一定要慎重。既要考虑所使用货币的稳定性和安全性，又要考虑货币的可兑换性，以减少由于外汇汇率变动可能造成的损失。

在国际贸易中，在可能的情况下，出口时应争取使用币值坚挺或汇率有上浮趋势的"硬 币"；进口时应争取使用汇率有下浮趋势的"软币"。另外，在合同中可以订立外汇保值条款，一旦汇率发生变动时要重新折算。

例如：

（1）2010 年 1 月 13 日 B 公司订立出口 100 件某商品的合同，合同采用美元计价，价格为每件 100 美元 FOB SHANGHAI，B 公司 2010 年 3 月 17 日收回货款并结汇。请按结汇之日的汇率计算我方人民币的总收入。有关汇率如下：

1 月 13 日：100 美元 = 682.73 元人民币　　100 欧元 = 988.29 元人民币

3 月 17 日：100 美元 = 682.62 元人民币　　100 欧元 = 939.97 元人民币

（2）如上述例子中采用欧元计价和支付，当时可报价多少？我方 2010 年 3 月 11 日收回货款并结汇。请按结汇之日的汇率计算我方人民币的总收入。

答题：

1）按美元计价及支付，结汇时的人民币总收入为

$$100 \times 100 \times 6.8262 = 68\ 262\ (\text{元})$$

2）按欧元计价时，可报 69.08 欧元，计算过程如下：

$$100 \times 6.8273 \div 9.8829 = 69.08\ (\text{欧元})$$

结汇时的人民币总收入为

$$69.08 \times 9.3997 \times 100 = 64\ 933.13\ (\text{元})$$

从上述的汇率可知，美元与欧元相对而言，美元是"硬币"而欧元是"软币"。与采用美元计价相比，如采用欧元计价，我方在结汇日的人民币总收入将减少 3 328.87 元（68 262 − 64 933.13）。可见出口时采用币值坚挺或汇率上升的货币对出口商有利。

三、合同中的价格条款及作价方法

进出口业务绝大部分通过函电进行磋商，如果报价不规范，很容易造成误解或差错，

导致日后查询浪费钱财，也有损于企业形象。因此，必须正确掌握进出口商品价格的表示方法。

（一）合同中价格条款的内容

进出口合同中的价格条款，一般包括商品的单价和总值两项基本内容，单价通常由四个部分组成，即包括计量单位、单位价格金额、计价货币和贸易术语。总值（或称总价）是单价与数量的乘积，也就是一笔交易的货款总金额。

例如：

USD350 per M/T CIF New York（每吨 CIF 纽约 350 美元）。

HK Dollar 150 per set FOB Guangzhou（每套 150 港元 FOB 广州）

（二）进出 U 商品的作价方法

根据有关法律和国际惯例，贸易合同中的价格可以是明确规定的，也可以只规定作价的方法而不明确规定价格。进出口贸易中的作价方法，一般采用固定作价，即在磋商交易时把价格确定下来，事后无论发生什么情况均按确定的价格结算应付货款。但在实际业务中，有时也采用非固定作价方法。

1. 固定作价

固定作价是常见的作价方法，即在磋商交易时把价格确定下来，事后无论发生什么情况均按确定的价格结算应付货款。固定作价这种方法具有明确、肯定、便于结算的优点，我国进出口贸易合同中多采用这种方法。但另一方面，双方要承担从订约到结算期间价格变动的风险。所以这种方法主要适用于自身的价格波动不大，不属于价格敏感性商品及近期交货（即订约时间与结算时间相距较短）的买卖中。

合同中的价格条款为“USD 5 280 per set FOB Shenzhen”，此价格即为固定价格，如买卖双方对此没有其他特殊规定，双方必须按此价格结算货款，即使在订约后市价发生重大变化，任何一方不得要求变更原定价格。

2. 非固定作价

非固定作价又称“活价”，其具体做法又有以下几种：

（1）暂不固定价格。某些货物价格变动频繁且幅度较大，或交货期长，买卖双方对市场趋势难以预测但又有订约的意图，则可以采用暂不固定价格，而只是约定将来如何确定价格的方法。

合同中的价格条款如下：以××年××月××日纽约商品交易所的该商品的收盘价为基础加 2 美元作价。按此作价方法，双方都不需要承担市价变动的风险。

（2）暂定价格。对于某些价格变动较大，交货期比较长的合同，买卖双方可在订立合同时暂时规定一个价格。但这不是正式价格，只是参考价格。在合同中订立暂定价格，主要是为开立信用证，或作为初步结算货款的依据。待日后正式价格确定后，双方再进行一次最后的结算，多退少补。

合同中的价格条款如下：每件 200 港元 FOB 上海（备注：上述价格为暂定价格，于装运月份前 15 天再由买卖双方另行协商确定价格）。

（3）部分固定作价，部分不固定作价。即在订立合同时对于近期交货的部分可以固定价格，而远期交货部分暂不作价，这种做法适用于大批分批装运的货物买卖。

（4）滑动价格。进出口成套机器设备时，从订立合同到结算货款所需时间较长，为了避免因原材料、物价、工资的变化带来的风险，买卖双方可以在订立合同时规定一个基础价格，到交货前的一定时间或交货时再根据工资、物价等变动的情况进行调整，称为滑动价格。滑动价格的合同中，价格的调整通过“价格调整条款”进行。买卖双方可根据需要，选择不同的参数，制定不同的价格调整条款。

四、佣金和折扣

在价格条款中，有时也会有佣金和折扣的规定。从这个角度看，价格条款中所规定的价格，可分为包含有佣金和折扣的价格和不包含这类因素的净价。在实践中，除非事先另有约定，如有关价格条款中对佣金或折扣未作表示，通常理解为不含佣金或不给折扣的价格。

如价格中包含佣金或需要给予客户折扣的，应该在合同中做出明确的规定。

1. 佣金和折扣的含义

佣金（Commission）是指卖方或买方支付给中间商代理买卖或介绍交易的服务酬金。包含佣金的合同价格，称为含佣价。我国的外贸专业公司，在代理国内企业进出口业务时，通常由双方签订协议规定代理佣金比率，而对外报价时，佣金率不明示在价格中，这种佣金称之为“暗佣”。如果在价格条款中，明确表示佣金多少，称为“明佣”，在我国对外贸易中，主要出现在我国出口企业向国外中间商的报价中。

佣金的支付方法通常有两种：一种是由中间代理商直接从货价中扣除；另一种是在卖方收妥货款后，再按事先约定的期限和佣金率，另外支付给中间代理商。

折扣（Discount）是卖方在原价格的基础上给予买方的一定比例的价格减让。使用折扣方式减让价格，而不直接降低报价，使卖方既保持了商品的价位，又明确表明了给予买方的某种优惠，是一种促销手段、如数量折扣、清仓折扣、新产品的促销折扣等。

2. 佣金和折扣的表示方法

在价格条款中，佣金和折扣有不同的表示方法。

（1）用文字表示，例如：

USD 200 per M/T CIF New York including 3% commission.

HKD 355 per cubic meters FOBGuangzhou less 2% discount.

（2）用C表示佣金。可以在贸易术语后面加C和佣金率来表示佣金，折扣一般不用此法。例如：

USD 200 per M/T CIFC3% New York，或 USD 200 PER M/T CIFC3 New York。

（3）用绝对数表示，例如：

Pay ABC Company USD25 as commission per M/T.

Discount USD5 per M/T.

3. 佣金和折扣的计算

在规定佣金的条件下，不但佣金的高低会影响双方的实际利益，而且如何计算佣金也对双方的经济利益产生直接的影响。关于如何计算佣金可以有不同的方法，最常见的是以合同价格直接乘以佣金率，然后得出佣金额。例如，以CIFC3%每吨1 000美元条件成交时，每吨的佣金额为

$$1\ 000 \times 3\% = 30\text{（美元）}$$

但也可以规定以 FOB 值来计算佣金，这样计算佣金时，以 CIFC3% 的价格减佣金，再减运费、保险费求出 FOB 值，然后乘以 3%，得出佣金额。如上述例子中，运费为 50 美元，保险费为 8 美元，则按 FOB 值计算的每吨的佣金额为

$$(1\,000 - 1\,000 \times 3\% - 50 - 8) \times 3\% = 27.36\text{（美元）}$$

有关佣金的计算公式归纳如下：

$$\text{佣金} = \text{含佣价} \times \text{佣金率}$$

$$\text{净价} = \text{含佣价} - \text{佣金}$$

整理后得出含佣价和净价的关系是

$$\text{含佣价} = \text{净价} \div (1 - \text{佣金率})$$

思考与练习

一、单项选择题

1. 某公司与美国一家公司以 CFR EX Ship’ s Hold 的条件成交一笔生意，按照国际惯例，这批货物在目的港的卸货费用应由________。

A. 买方来承担　　B. 卖方来承担

C. 船方来承担　　D. 港务部门来承担

2. 采用 CIF 贸易术语成交，其运输方式适用________。

A. 海上运输（包括内河运输）　　B. 路上运输

C. 各种运输　　D. 航空运输

3. 按 CIF 贸易术语成交，买方应承担的主要责任是________。

A. 只承担货物越过船舷之后的风险

B. 只负责接受卖方提供的有关单据

C. 承担货物越过船舷之后的一切风险；接受卖方提供的各种合格单据并按合同支付货款；自负风险和费用，领取进口许可证并办理收货和进口手续

D. 只负责办理进口手续

4. 根据《2000 通则》的规定，不能适用于“门”到“门”或“站”到“站”运输方式的贸易术语是________。

A. FOB　　B. FCA

C. CIP　　D. CPT

5. 一般情况下，按 CFR 贸易术语成交的出口合同中，不应计入货物价格的是________。

A. 货物成本　　B. 国外运费

C. 保险费　　D. 各项出口税费

6. 按下列条件成交的合同中，不属于装运合同的是________。

A. CIF 东京　　B. FOB 上海

C. DES 雅加达　　D. CFR 伦敦

7. 在使用下列何种贸易术语进行交易时，卖方及时向买方发出“已装船通知”至关

重要，因为它将直接影响买卖双方对运输途中风险的承担________。

A. CIP　　B. DES

C. FCA　　D. CFR

8. 根据《2000 通则》的解释，以 CIF 汉堡成交，卖方对货物所承担的风险责任是________。

A. 货物在装运港装船越过船舷以前

B. 货物在装运港卸下卖方车辆以前

C. 货物在目的港卸货越过船舷以前

D. 货物在目的港装上买方车辆以前

9. CIF 贸易术语有多种变形，其目的是________。

A. 明确装货费由谁承担　　B. 明确卸货费由谁承担

C. 明确风险划分的界限　　D. 明确运费由谁承担

10. 采用 FCA 贸易术语，应由________。

A. 买方负责办理运输和保险

B. 卖方负责办理运输和保险

C. 买方负责办理运输，卖方负责保险

D. 卖方负责办理运输，买方负责保险

11. 在交货地点上，《1941 年美国对外贸易修订本》中对________的解释与《2000 通则》中对 FOB 的解释相同。

A. FOB Under Tackle　　B. FOB

C. FOB Vessel　　D. FOB Liner Terms

12. 象征性交货意指卖方的交货义务是________。

A. 不交货　　B. 既交单又实际性交货

C. 凭单交货　　D. 实际性交货

二、多项选择题

1. CIF 与 CIP 的区别有________。

A. 风险划分界限：前者是装运港船舷，后者是货交承运人

B. 性质：前者是装运合同，后者是到达合同

C. 适合范围：前者适用于水上运输，后者适用于任何运输方式

D. 承担的费用：前者承担至目的港的正常运费和保费，后者承担的除此之外，还 须承担在运输过程中产生的额外费用

2. 按 CIF 条件达成交易，如果卖方愿意承担卸货费用，可以选用________。

A. CIF LINER TERMS　　B. CIF EX TACKLE

C. CIF LANDED　　D. CIF EX SHIP' S HOLD

E. CIF GROSS TERMS

3. 以下对于贸易术语变形说法正确的是________。

A. 不改变费用的负担　　B. 不改变交货地点

C. 不改变风险划分界限　　D. 不改变支付条件

4. 使用集装箱海运的出口贸易中，卖方采用 FCA 贸易术语比采用 FOB 贸易术语更加

有利的具体表现是________。

A. 可以提前转移风险

B. 可以提早取得运输单据

C. 可以提早交单结汇，提高资金的周转率

D. 可以减少卖方的风险责任

5. 国际贸易惯例本身________。

A. 是法律　　B. 不是法律

C. 对贸易双方具有强制性　　D. 对贸易双方不具有强制性

E. 对贸易实践具有指导作用

6. 按照《2000 通则》的解释，FOB、CFR 与 CIF 的共同之处表现在________。

A. 均适合水上运输方式　　B. 风险转移均为装运港船舷

C. 买卖双方责任划分基本相同　　D. 交货地点均为装运港

三、判断题

1. 以 CIF 条件成交，卖方在装船后至交单这段时间内，如果货物发生灭失或损坏，应由卖方负责。(　　)

2. 我国从日本进口货物，如按 FOB 条件成交，需由我方派船到日本口岸接货；如按 CIF 条件成交，则由日方租船舶将货物运到中国港口。可见，我方按 FOB 进口承担的货物运输风险比按 CIF 进口承担的风险大。(　　)

3. 上海某公司以 CIF 条件从国外进口一批货物，货物在运输途中遭遇飓风全部损失，几天后，对方凭包括正本提单在内的全套合格单据要我方付款，我方以货物灭失为由拒绝付款，这种行为是合理的。(　　)

4. 我国某服装公司对日本出口一批服装，双方约定以 FOB 条件成交，但在合同中附列一条款规定我方公司负责租船定舱并承担运费。两个月后，我方公司在交货时，以 FOB 条件下通常由买方支付运费为由，向日方索要运费，我方公司的行为是合理的。(　　)

5. 以 CIF 价格成交的合同，当货物在运输途中受损后，卖方仍有权凭符合合同规定的全套单据向买方索取货款，而且事后买方没有索赔权。(　　)

6. 按 CFR 条件成交的双方，风险与费用的划分点均在装运港船舷。(　　)

7. 我国某工艺美术品公司对英国出口一批陶瓷，以 CIF London 条件成交，我方业务员将此理解为在伦敦交货，这种理解是正确的。(　　)

8. 按照 CIF Landed 术语成交的一批货物，货物由船上卸至码头上的费用，包括驳船费、码头费应由买方承担。(　　)

9. 采用 EXW（工厂交货）贸易术语成交时，卖方在自己的工厂把货物交给买方，但仍须负责货物安全运至装运港装船（即风险责任划分界限在装运港船舷）。(　　)

10. 卖方甲地 A 公司与买方乙地 B 公司以 CIF 条件成交一批货物，该批货物从甲地到乙地（甲、乙两地分为装运港与目的港）运输途中的风险由 B 公司承担。(　　)

11. FOB、CFR、CIF 都属于装运港交货的贸易术语，但对卖方来讲，采用 CIF 承担的费用多，风险也大。(　　)

12. 我方某一公司出口一批煤炭到澳大利亚，需采用租船运输方式，双方商定以 FOB Trimmed 条件成交，此时我方需负责将货物装入船舱并支付包括平舱费在内的装船费用。

(　　)

13. 当采用集装箱运输时，采用货交承运人的三种术语 FCA、CPT、CIP 比较适合，此时的风险划分界限则以货物在指定地点交由第一承运人照管为界。(　　)

14. 在实际业务中，习惯上将 CIF 价格称为“到岸价”，也就是说。按 CIF 术语成交，卖方要承担货物到达目的港之前的一切责任、费用和风险。(　　)

15. 按 CFR、CIF 术语成交，合同中只规定装运期或交货期，而按 CPT、CIP 术语成交，合同中不但要规定装运期，还要规定货物到达目的地的期限。(　　)

案例分析

1. 我国某出口公司与外商按 CIF 成交一批出口货物，货物在合同规定的时间和装运港装船。受载船只在航行途中触礁沉没。当该公司凭提单、保险单、发票等单据要求国外进口商支付货款时，进口方以货物已全部损失，不能得到货物为由，拒绝接受单据和付款。

请分析出口方有无权利凭规定的单据要求进口方付款。为什么？

提示：出口方有权凭规定的单据要求进口方付款。按《2000 通则》的解释，采用 CIF 贸易术语成交，卖方只需按规定的时间和装运港把符合合同的货物装上船舶，并提交包括物权凭证在内的单据，就算完成了交货义务，而无须保证到货。且有关货物的风险已经在货物装船时越过船舷之后转移给买方承担，所以买方不得以货物损失为由，拒绝接受单据和付款。

2. 有一份 CFR 合同，买卖一批蜡烛，货物装船时，经公证人检验合格，符合合同的规定。货到目的港，买方发现有 20% 的蜡烛有弯曲现象，因而向卖方索赔。但卖方拒绝，其理由是：货物装船时，品质是符合合同规定的。事后又查明，起因是货交承运人后，承运人把该批货物装在靠近机房的船舱内，由于舱内温度过高而造成的。

试问在上述情况下，卖方拒赔的理由是否成立？为什么？

提示：卖方拒赔理由成立。因为货物装船时，品质是符合合同规定的，按 CFR 贸易术语成交，有关货物的风险已经在货物装船时越过船舷之后转移给买方承担，买方可以向承运人索赔。

实操训练

（一）出口报价与盈亏核算实训

1. 我方 A 公司拟出口一批裙子、裤子和衬衫，业务员根据公司的实际情况和赢利目标，给客户报每条裙子、每条裤子和每件衬衫的 FOB HUANG PU 价格，有关资料如下：

我公司的购货成本：裙子，CMY 70. 2/PC（含税价）；裤子，CNY50/PC（含税价）；衬衫，CMY 65/ PC（含税价）。全部商品的出口退税率都为 13%；公司 2010 年度的费用率定为 8%；目前中国银行外汇牌价美元买入价为 1USD = 6. 8248CNY，公司定出本次业务的出口换汇成本为 6. 25CNY/USD。

提示：　　f = 1 + 费用率 - ［退税率 ÷（1 + 增值税率）］

= 1 + 8% -（13% ÷ 1.17）

= 0.968889

≈ 0.969

（1）裙子的 FOB HUANGPU 价为

FOB = 工厂购买的价格（含税价）× f/ 出口换汇成本

= 70.2 × 0.969 ÷ 6.25 ≈ 10.88（美元）

（2）裤子的 FOB 价为

50 × 0.969 ÷ 6.25 ≈ 7.75（美元）

（3）衬衫的 FOB 价为

65 × 0.969 ÷ 6.25 ≈ 10.10（美元）

2. 如客户对裙子还价 USD10.30/PC，请判断我方是否还有赢利？

提示：　　出口换汇成本 = 工厂购买的价格（含税价）× f / FOB

= 70.2 × 0.969 ÷ 10.30 = 6.6043（人民币/ 美元）

出口换汇成本低于目前的银行牌价，还有赢利，但是利润微薄。

3. 客户最终向我公司采购 3 000PCS 裙子，按 USD10.70/PC FOB HUANGPU 成交，请在本笔业务完成后根据实际发生的费用核算实际利润并请填写表 2 - 9。

（1）商品包装（Packing）：Gross weight：13kg/carton，Net weight：11kg/carton，Measurement：55 × 50 × 45cm/carton，20PCS/carton。

（2）出口发生的实际费用：内陆运输费 CNY80/CBM；出口商检费 350 元，报关费 150 元，港区港杂费 900 元，其他各种费用共计 1 500 元；银行的结算费用按出口实际成交金额的 0.13% 计算，最低 CNY200；结算当天的美元买入价为 1USD = 6.8150RMB。

表 2 - 9　　出口业务利润核算表

项　目	单位（CMY）
出口合同总金额	218 761.50
采购总成本	210 600.00
内陆运费	1 485.00
银行费用	284.39
商检、报关费	500.00
港区杂费	900.00
其他费用	1 500.00
退税收入	23 400.00
总利润	26 892.11

提示：裙子按 USD10.70/PC FOB HUANGPU 成交时，核算实际利润，如上表计算结果。

（二）FOB 价格术语下船货衔接

2015 年 11 月，我国 H 省粮油进出口公司与巴西某公司签订一份出口油籽的合同。合同采用FOB价格术语，买方需于2016年2月份派船到厦门港接货。合同还规定："如果在此期间内不能派船接货，卖方同意保留28天，但仓储、利息、保险等费用皆由买方承担。"

2016年3月1日，卖方在货物备妥后电告买方应尽快派船接货。但是，一直到3月28日，买方仍未派船接货。于是卖方向买方提出警告，声称将撤销合同并保留索赔权。买方在没有与卖方进行任何联系的情况下，直到2016年5月5日才将船只派到厦门港。这时卖方拒绝交货并提出损失赔偿，买方则以未订到船只为由拒绝赔偿损失，双方争议不能和解、卖方将争议起诉到法院。

法院经取证调查，认为买方确实未按合同规定的时间派船接货、因此法院判决：卖方有权拒绝交货，并提出赔偿请求。后经双方协商，卖方交货，但由买方赔偿仓储、利息、保险等费用。

本案例是涉及FOB价格术语下船货衔接的问题。按照FOB术语成交的合同属于装运合同，这类合同中卖方的一项基本义务是按照规定的时间和地点完成装运。然而，由于FOB条件下是由买方负责安排租船订舱，所以，就存在一个船货衔接问题，处理不当，自然会影响到合同的顺利执行。根据有关法律和惯例，如果买方未能按时派船，卖方有权拒绝交货，而且由此产生的各种损失均由买方负担。因此，在FOB术语下成交的合同，对于装运期和装运港要慎重规定，订约之后，有关备货和派船事宜，双方要加强联系，密切配合，保证船货衔接。

在此案例中，我方作为卖方尽到了自己的责任。在装运期临近时，卖方电告催促买方派船接货，但买方仍没有及时派船接货。根据《联合国国际货物销售合同公约》的规定，卖方有解除合同之权利，并要求买方赔偿损失。

本案中我方公司据理力争，维护自身合法权益的做法是值得提倡的。后来从有利于交易的角度出发，我方公司未行使解除合同之权而继续履行合同义务也是适当的。如果行情发生了变化或其他原因使履行合同给我方带来损失时，我方当然可断然行使解除合同之权。

国际贸易中如何进行船货衔接？写出注意问题和方法。

项目三 国际货物买卖合同的商订

学习目标

通过本章的学习，要求学生掌握交易磋商的一般程序，以及利用《联合国国际货物销售合同公约》的有关规定解决合同是否有效成立的争议，并学会在交易磋商的基础上签订合同。

导入案例

带有附加条件的接受是否为有效的接受

某年6月27日，我国甲公司应荷兰B公司的请求，报出C514某初级产品200吨，每吨CIF鹿特丹1 950美元即期装运的发盘。但对方接到发盘后一味地请求甲公司增加数量和 降低价格，并延长有效期。甲方将数量增至300吨，价格从每吨CIF鹿特丹减至1 900美元，有效期延至7月25日。B公司7月22日来电接受该盘。但甲公司在接到对方的接收电传后，发现因巴西受冻灾而影响该商品的产量，国际市场价格猛涨，从而拒绝成交，并复电称："由于世界市场的变化，货物在接到接收电传前已经售出。"但B公司不同意这一说法，认为他是在发盘有效期内接收，坚持要按发盘的条件执行合同，并提出要么执行合同，要么赔偿差价损失23万美元，否则提交仲裁解决。这项纠纷经过多次往返函电，争论十分激烈，最后以我国甲公司承认合同成立事实告终。有关双方往来的主要函电如下：

（1）6月27日甲公司发盘：你26日电C514 200吨，CIF鹿特丹每吨1 950美元，不可撤销即期信用证付款，立即装船，请即复。

（2）7月2日B公司复电：你27日电C514 200吨，我最后买主确实有兴趣，恐怕谈判时间比较长，请求延长发盘有效期10天，如有可能请求增加数量，降低价格，请电复。

（3）7月17日甲公司去电：你2日电C514 300吨，CIF鹿特丹每公吨1 900美元，同意延至7月25日。

（4）7月22日B公司来电：你17日电C514 300吨，CIF鹿特丹每吨1 900美元，不可撤销即期信用证付款，即期装船，按装船净重计算。除提供通常装船单据外，需提供卫生检疫证明书、产地证、磅码单（以装船重量为基础），需提供良好适合海洋运输的包装。

（5）7月24日甲公司去电：你22日电悉。C514由于世界市场变化，在收到来电前，我货已售出。致良好问候。

(6) 7月25日B公司来电：你24日电悉，C514 300吨已经售出，我方对此不同意。你17日电已将发盘延至今日，即25日才到期，我坚持你已接受我方的订单。撤回一项有效的发盘是违反国际贸易规则的。假如你欲提高价格，我可再次向我的顾主商量，但不能保证有结果。望电复。

(7) 7月29日甲公司去电：你25日电，前报300吨C514，我确实已售出，深表歉意。但应你的请求，我尽最大努力又取得200吨货源，并报你200吨每吨2 650美元CFR欧洲主要港口，9月份装船，7月31日复到有效。

问题：

（1）荷兰B公司7月22日来电是否为一份有效的接受？如我方不想合同成立，7月24日去电时应如何回复对方？

（2）我国甲公司在此次磋商过程中存在哪些问题？

案例分析：

（1）荷兰B公司7月22日的来电是一项接受，但它是一份带有非实质性变更条件的接受。我方公司如不想成交，完全可以利用《联合国国际货物销售合同公约》上述的规定在7月24日的复电中表示不同意受盘人的变更。如我方这样做，对方7月22日的来电将不构成一份有效的接受。而在案例中，我方很显然缺乏对《联合国国际货物销售合同公约》相关规定的认识，本来可以利用其附加条件这一点加以策略运用，以争取主动的机会。

（2）我国甲公司在此次磋商过程中同时存在很多的问题，比如：

1）对市场调查研究重视不够。本案所涉及的商品是国际性的大商品，世界市场价格经常处于变动之中，甲公司应密切注意影响价格变动的各种新因素。但是当该商品的重要产地巴西出现冻灾，严重影响了产量，完全有可能刺激该商品价格上涨时，甲公司却对这一敏感性消息一无所知。直至国际市场价格猛涨，荷兰商人来电表示接受时才发现问题，但为时已晚。

2）在处理问题的策略方面很不妥当。首先，当甲公司发现市场价格猛涨，就企图撤盘以挽回损失。但有无可能撤盘？应采取何种理由和方式处理才比较妥当呢？甲公司对这些问题都未做认真的研究，而轻率地在7月24日的去电中以市场变化、货已售出为理由，拒绝成交。这封去电等于告诉对方，拒绝成交的唯一理由是市场价格上涨，这一理由不仅不能撤盘，而且做法上也是很不妥当的。其次，7月25日荷兰B公司来电，一方面坚持合同已成立，必须按原发盘执行；另一方面又以试探的口吻，欲摸清甲方的货源和价格的底细。甲公司对荷兰B公司的这一意图毫无戒备，于7月29日的去电中不假思索地以获得新货源为由又重新给对方报出200吨，价格调高至2 650美元（CFR）。这就等于告诉对方，我方不仅有货，而且欲提高价格。荷兰B公司掌握这一情况后，在后来的来电中坚持要按发盘的条件执行合同，并提出要么执行合同，要么按前后报盘的差价赔偿损失23万美元，否则提交仲裁解决。由此我方甲公司在这一争议中完全处于被动地位。

任务一　交易磋商

交易磋商是买卖双方对交易的各项条件进行协商以达成交易的过程，通常称为谈判。在国际贸易中，这是一项十分重要的环节，因为它是签订合同的基础，没有交易磋商就没有买卖合同。交易磋商工作的好坏，直接影响到合同的签订及以后合同的履行，关系到双方的经济利益，必须认真做好这项工作。.

一、交易磋商的形式

交易磋商（Business Negotiation）可以采取口头（By Word of Mouth）的或书面（By Writing）的两种形式。口头磋商可通过邀请客户来访、派遣出国推销组、参加各进出口公司举办的专业性小型交易会、参加中国进出口商品交易会或国际博览会等，由出口企业外销人员同国外客户当面直接磋商交易。书面磋商包括由交易双方通过信函、电报、传真、电子邮件等往来磋商交易。

这两种形式有时也可以交叉结合使用。目前，为了积极扩大出口贸易，企业采取走出去、请进来的形式日益增多，但是日常的交易仍然以书面磋商形式为主。无论是当面洽谈或是通过函电洽商，都是买卖双方各自提出自己的交易条件以及各自的想法，经过一再协商，取得一致意见，从而达成交易。

二、交易磋商的内容

交易磋商的内容涉及拟签订买卖合同的各项条款，包括品名、品质、数量、包装、价格、装运、保险、支付以及商检、索赔、仲裁和不可抗力等。从理论上来讲，只有就以上条款逐一达成一致意见才能充分体现“契约自由”的原则。然而在实际业务中，并非每次磋商都需要把这些条款一一列出，逐条商讨，因为在普遍的商品交易中一般都使用固定格式的合同，对商检、索赔、仲裁和不可抗力等一般交易条件，事先已做成一份书面文件，或印在书面合同的背面，或在老客户之间已经形成一些习惯做法，只要对方没有异议，这些条件即成为双方进行交易的共同基础而不必每次重复磋商。

三、交易磋商的一般程序

每笔交易磋商的程序不完全相同，但在通常情况下，交易磋商主要包括询盘、发盘、还盘及接受。其中，发盘和接受是达成交易和合同成立必不可少的两个环节。

（一）询盘

询盘（Inquiry）又叫作询价，也称为邀请发盘（Invitation to Offer），通常是买方或卖方准备购买或销售某种商品，向对方口头或书面询问买卖该商品的有关交易条件的过程。询盘可只询问价格，也可询问一项或几项其他交易条件，如价格、规格、品种、数量、包装、装运以及索取样品等。询盘往往是交易的起点，它对买卖双方都没有约束力，接受询盘的一方可以给予答复，亦可不做回答。询盘可分为买方询盘和卖方询盘两种。

1. 卖方询盘

卖方询盘是卖方向买方发出的征询其购买意见的行为。卖方向国外客户发出询盘大多在交易会后，依据在交易会上得到的客户资料主动联系客户，寻找潜在的交易机会。

2. 买方询盘

买方询盘是买方主动发出的向潜在的供货人寻购所需货物的业务行为。在实际业务中，询盘多为买方向卖方发出。

案例3－1

佛山奇飞进出口贸易有限公司（本章示范中，以下简称出口方）参加广交会后，于6月5日通过电子邮件给潜在的客户 BOLTITI CORONAS. A.（本章示范中，以下简称进口方）发出询盘（如示范3－1所示）。进口方收到出口方的询盘后，于6月21日通过电子邮件发来询盘（如示范3－2所示），就某些型号的产品要求我方给予报价。

示范3－1　卖方询盘

FOSHANQIFEI I/E TRADE CO.，LTD
NO. 187 ZHONGSHAN ROAD，FOSHAN CHINA
TEL：0086－757－83512680　FAX：0086－757－83512683

TO：BOLTITI CORONAS. A.
FM：FOSHAN QIFEI I/E TRADE CO.，LTD
DATE：JUNE 5，2010

Dear Sirs，

Through the Canton Fair we notice that you are interested in doing business with us.

We manufactured a wide range hand－made leather shoes and gloves. To give you a general idea of our products，a copy of our catalogue and price list（for reference only）is being sent to you today，with samples of our products.

We hope the samples will reach you in good time and look forward to your order.

Yours faithfully，

Feifei Zhao（Mr）Chief Seller

示范3－2　买方询盘

BOLTITI CORONAS. A.
ARTURO PRAT 476SANTIAGO，CHILE

TO：FOSHAN QIFEII/E TRADE CO.，LTD
FM：BOLTITI CORONAS. A.
DATE：JUNE 21，2010

Dear Mr. Zhao，

We are pleased to receive your e－mail of June 5，and are satisfied with your samples.

Please quote us Art No. HMS12（500 pairs），HMS26（300 pairs），HMS29（600 pairs），HMG12（1 000 pairs），HMG18（800 pairs）in your catalogue with indication of packing，August shipment，CIF San Antonio.

We await your early reply.

Yours sincerely，

Tony Smith（Mr）

Chief Buyer

（二）发盘

发盘（Offer）又称为发价，是卖方或买方向对方提出一定的交易条件，并愿意按照这些条件达成交易的一种肯定表示。发盘可以是应对方的询盘做出的答复，也可以在没有询盘的情况下直接向对方发出。在业务中，由卖方发出的发盘称为售货发盘（Selling Offer），由买方发出的发盘称为购货发盘（Buying Offer）或递盘（Bid）。

发盘是对发盘人（Offeror）具有法律约束力的“要约”，发盘人在发盘的有效期限内不得任意撤销或修改发盘的内容。发盘一经对方在有效期限内表示无条件地接受，发盘人将受约束并承担按发盘条件与对方签订合同的法律责任。

案例3-2

6月22日，出口方给进口方通过电子邮件发出发盘（如示范3-3所示），对进口方询价的产品进行报价。发盘中列有具体的交易条件，包括品名、规格、数量、价格、包装、支付方式、装运，并规定了本发盘的有效期至6月30日截止，以出口方所在地时间为准。

示范3-3　卖方发盘

FOSHAN QIFEII/E TRADE CO., LTD

NO. 187 ZHONGSHAN ROAD, FOSHAN CHINA

TEL: 0086-757-83512680　FAX: 0086-757-83512683

TO: BOLTITI CORONA S. A.

FM: FOSHAN QIFEI I/E TRADE CO., LTD

DATE: JUNE 22, 2010

Dear Mr. Smith,

We are glad to receive your e-mail of June 21 asking to offer our products.

Now we offer you at your request as follows:

Name of Commodity	Quantity Pairs	Unit price CIFSan Antonio
hand-made leather shoes		
HMS12	500	USD12.25
HMS26	300	USD9.65
HMS29	592	USD8.16
hand-made leather gloves		
HMG12	1 072	USD2.30
HMG18	800	USD1.95

1. Packing.

(1) Hand-made leather shoes: to be packed in a box, 24 pairs in a carton.

(2) Hand-made leather gloves: 12 pairs to be packed in a box, 12 boxes in a carton.

2. Payment: by irrevocable sight L/C.

3. Shipment: From Guangzhou to San Antonio, Chile before the end of August, 2010.

Our offer remains effective until June 30, 2010 our time.

Looking forward to your early reply.

Yours faithfully,

Feifei Zhao (Mr) Chief Seller

完整准确地拟写发盘函，可以避免争议，缩短交易时间，有利于双方尽快达成协议。为了敦促对方早下订单和防止日后争议，发盘中应明示报价的有效期或其他约束性条件。另外对外报价时最好说明该价格的数量基础。

《联合国国际货物销售合同公约》对发盘的相关规定如下。

1. 构成一项有效发盘的条件

构成一项有效发盘需要满足以下四项条件：

（1）发盘要有特定的受盘人。发盘必须是向特定的人提出，只有发盘中特定的人才能作为受盘人对有关发盘表示接受从而成立合同。特定的受盘人可以是自然人也可以是法人，可以是一个人也可以是多个人，但泛指广大公众时不可以。比如有的商家在报纸杂志或其他媒体做的商业广告，即使内容完整，由于没有特定的受盘人，也不能构成有效的发盘，只等同于邀请发盘。

（2）发盘的内容必须十分确定。发盘的内容确定是指发盘的条件是完整的、明确的、终局性的。按照《联合国国际货物销售合同公约》的规定，一项发盘至少包括三个要素：①标明货物的名称。②明示或默示地规定货物的数量或规定数量的方法。③明示或默示地规定货物的价格或规定确定价格的方法。上述《联合国国际货物销售合同公约》的规定只是对构成发盘的基本要求。在实际业务中，如发盘所列的交易条件太少或过于简单，会给合同的履行带来困难，甚至引起争议。因此，在对外发盘中，最好将品名、品质、数量、包装、价格、交货时间、地点和支付方法等主要交易条件一一列明。

（3）表明发盘人受其约束。发盘人表示，经受盘人的有效接受，双方即可按发盘的内容订立合同。

（4）发盘必须送达受盘人。因为受盘人必须在收到发盘时才能决定是否可以接受，所以发盘必须在到达受盘人时才能生效。这里的“送达受盘人”是指将发盘内容通知对方或送交对方本人或其营业场所或通信地址。

课堂互动3-1

我国某出口公司对日本一潜在客户发出一封信函，信函中明确列出出口货物的名称、数量、价格、交货时间及地点、支付方式。但我方在信函中说明“本发盘需以我方最后确认为准”(This offer is subject to our final confirmation)。

试问此信函是否是一份有效的发盘？

提示：发盘是订立合同的建议，这个意思应当体现在发盘中，如发盘人只是就某些交易条件建议同对方进行磋商，而根本没有受其约束的意思，则此项建议不能被认为是一项发盘。例如，发盘人在其提出的订约建议中加注诸如“仅供参考”（for reference only）、“需以我方的最后确认为准”（subject to our final confirmation）或其他的保留条件，这样的订约建议就不是发盘，而只是邀请对方发盘，也即是一项询盘而已。

2. 发盘的有效期

发盘的有效期，是发盘人受发盘约束的期限，在此期限内不得任意撤销发盘；也是受盘人表示接受的期限，在此期限内作出答复，才算有效。在国际贸易中，发盘通常都规定有效时间。如规定"本发盘限6月6日复到此地"或"本发盘有效期为6天"。如发盘中未具体列明有效期时，受盘人应在合理时间内接受才能有效。所谓"合理时间"，国际上并没有明确的规定和解释，需根据具体情况而定。

3. 发盘的撤回与撤销

如果一项发盘还没有到达受盘人，发盘人为了使该项发盘不发生效力，以一种更快捷的通信方式将撤回通知先于发盘送达受盘人或同时到达，取消原发盘的效力，这种行为称为发盘的撤回。如果一项发盘已经到达受盘人，但受盘人在有效期内未表示接受前，发盘人为了使该项已生效的发盘失去效力而通知受盘人取消原发盘的效力，该行为则称为发盘的撤销。

关于发盘的撤回，《联合国国际货物销售合同公约》第15条第2款规定：一项发盘，即使是不可撤销的也可以撤回，如果撤回的通知在发盘到达受盘人之前或同时到达受盘人，即发盘可以撤回或修改。也就是说只要发盘还未生效，发盘对发盘人就没有约束力，所以发盘是可以撤回的。

关于发盘的撤销，世界各国的法律在规定上存在较大的差异，而《联合国国际货物销售合同公约》采取了折中的办法，第16条规定：在发盘已送达受盘人，即发盘已经生效，但受盘人尚未表示接受之前这一段时间内，只要发盘人及时将撤销通知送达受盘人，仍可将其发盘撤销。一旦受盘人发出接受通知，则发盘人无权撤销该发盘。但下列情况下，发盘不得撤销：①该发盘中写明了发盘的有效期或以其他方式表明发盘是不可撤销的。②受盘人有理由信赖该发盘是不可撤销的，并已本着对发盘的信赖行事，如寻找客户、组织货源等。

4. 发盘效力的终止

任何一项发盘，其效力均可在一定条件下终止。发盘效力终止的原因，一般有以下几个方面：

（1）在有效期内未被接受或在合理时间内未被接受。

（2）被受盘人拒绝或还盘。

（3）发盘被成功撤回或撤销。

（4）发盘人发盘后，发生了不可抗力事件。

（5）发盘人或受盘人在发盘被接受之前丧失行为能力。

（三）还盘

所谓还盘（Counter Offer）是受盘人对发盘内容不同意或不完全同意而做出相应的修改或变更的意思表示。还盘可以是针对价格，也可以是针对商品的品质、数量、交货的时间和地点、支付方式等主要条件提出修改意见。

案例3-3

2010年6月24日，进口方给出口方通过电子邮件发出还盘（如示范3-4所示），要求我方对所有规格的产品降价，并在还盘中提出了新的成交价格。

示范3－4　买方还盘

BOLT1TI CORONA S. A.

ARTURO PRAT 476SANTIAGO，CHILE

TO：FOSHAN QIFEII/E TRADE CO.，LTD

FM：BOLTITI CORONAS. A.

DATE：JUNE 24，2010

RE：COUNTER－OFFER FOR SHOES AND GLOVES

Dear Mr. Zhao，

Thanks for your E－mail about the offer of the shoes and gloves.

Although we appreciate the quality of your products，their price is too high to be acceptable. We find other Asian manufacturers can supply the very excellent products，but their prices are 10% ～15% lower than yours. Such being the case，we have to ask you to consider if you can reduce your prices as follows. Otherwise we have to shift to the other suppliers for our similar request.

Name of Commodity	Quantity Pairs	Unit price CIFSan Antonio
hand－made leather shoes HMS12 HMS26 HMS29	 500 300 592	 USD11. 50 USD9. 25 USD7. 70
hand－made leather gloves HMG12 HMG18	 1072 800	 USD2. 15 USD1. 75

We hope you can give us your reply as soon as possible.

Yours truly，

Tony Smith（Mr）Chief Buyer

需要注意的是，还盘是对发盘的拒绝，也是受盘人以发盘人的地位所提出的新发盘。因此，一方的发盘经对方还盘以后即失去效用，发盘人不再受原发盘约束。

一方还盘，另一方如对其内容不同意，可以进行再还盘。同样，一方的再还盘，另一方如对其内容不同意，也可以再进行还盘。一笔交易有时不经过还盘即可达成，有时要经过还盘甚至往返多次还盘才能达成。

课堂互动3－2

根据示范3－4的内容，进口方已于6月24日还盘。如进口方又于6月28日给出口方发来函电表示“接受你方6月22日发盘”。但此时由于原材料价格上涨，出口方复电拒绝。

试问出口方这样做是否可以，理由何在？

提示：我方6月22日发盘经买方6月24日还盘已经失效。买方6月28日给我方发来的函电表示“接受你方6月22日发盘”，对我方来讲是一项新的发盘，我方可以接受当然也可以拒绝。

（四）接受

接受（Acceptance）在法律上称为“承诺”，是交易的一方完全同意对方发盘或还盘后同意对方提出的交易条件，愿意与对方达成交易，并及时以声明或行为表示出来。

发盘和接受是达成交易的两个不可缺少的环节。一方的发盘或还盘经另一方接受，交易即告达成，合同亦即成立，双方即应分别履行其所承担的义务。

案例3－4

出口方收到进口方的还盘后，经过慎重考虑，为增强进口经销商的竞争力，于6月30日给进口方通过电子邮件发出函电表示接受（如示范3－5所示）。并表示随后会给进口方寄出销售确认书，要求进口方在销售确认书上签名。

示范3－5　卖方接受

FOSHAN QIFEII/E TRADE CO., LTD

NO. 187 ZHONGSHAN ROAD, FOSHAN CHINA

TEL: 0086 －757－83512680　FAX: 0086－757－83512683

TO: BOLTITI CORONA S. A.

FM: FOSHAN QIFEI I/E TRADE CO., LTD

DATE: JUNE 30, 2010

Dear Mr. Smith,

We believe our price is quite realistic. In order to assist you to complete with other dealers in the market, after due consideration, we decide to accept your price.

We will send you our sales confirmation for your signature.

Thank you for your cooperation.

Yours faithfully,

Feifei Zhao (Mr) Chief Seller

《联合国国际货物销售合同公约》对有关接受的规定如下。

1. 构成一项有效接受的条件

一项有效的接受，必须同时满足以下四个条件：

（1）接受必须是由特定的受盘人做出。发盘是向特定的人做出的，因此，只有特定的人才能对发盘做出接受，而不能是其他人。其他人即使是通过某个途径了解了发盘的内容而向发盘人表示接受，合同也不能成立。这种接受只能被认为是其他人向原发盘人发出了一项新的发盘。

（2）接受必须以某种方式表示出来。根据《联合国国际货物销售合同公约》的规定，受盘人对发盘表示接受，既可以通过口头或书面方式向发盘人声明接受，也可以通过其他实际行动表示接受，沉默或不行动本身并不等于接受。因此，从法律责任来看，受盘人一般并不承担对发盘必须进行答复的义务。

（3）接受必须在发盘的有效期内传达到发盘人。《联合国国际货物销售合同公约》采用“到达生效”的原则，在第18条第2款中规定：接受于到达发盘人时生效。如果接受未在发盘有效期内或者如发盘未规定有效期，未在合理的时间内到达发盘人，接受即为无效。对口头发盘必须立即表示接受。

（4）接受时必须无条件即无保留地全部同意发盘的全部内容。只接受发盘中的部分内容，或对发盘条件提出实质性的修改，均不能构成接受，而只能视作还盘。但在国际贸易实践中，受盘人在表示接受时，往往对发盘做出某些添加，限制或其他变更。为了不影响合同的成立，尽量促成交易的达成，《联合国国际货物销售合同公约》将接受中对发盘条件所做的变更分为实质性变更和非实质性变更两类。受盘人对货物的价格、付款、品质、数量、交货时间和地点、一方当事人对另一方当事人的赔偿责任范围和解决争端的方法等条件提出的添加或更改，均视为实际性变更发盘条件，构成对原发盘的拒绝，即构成还盘，原发盘失效。但接受中含有非实质性添加、限制或更改的条件时，如要求提供重量单、装箱单、商检证和产地证等单据，或要求分两批装运等，除非发盘人在合理的时间内及时表示不同意受盘人的变更外，将构成有效的接受，合同得以成立，并且合同的条件以该项发盘的条件以及接受中所作的变更为准。

2. 逾期接受

逾期接受是指接受通知到达发盘人的时间已经超过了发盘所规定的有效期，或在发盘未规定有效期时，已超过了合理的时间。逾期接受在一般情况下无效，只能认为是新的发盘，但为了有利于双方合同的成立，对逾期接受《联合国国际货物销售合同公约》采取了一些灵活的处理方式，使它在符合某些条件的情况下，仍然具有接受效力。《公约》第21条第1款规定：如果发盘人毫不迟延地用口头或书面的方式将此确认有效的意见通知受盘人，逾期接受仍有接受的效力。如果发盘人对逾期接受表示拒绝或沉默，则该项逾期接受无效，合同不能成立。

但是，一项接受由于传递不正常而未能及时送达发盘人，造成延误，《公约》在第21条第2款中作出规定：如果载有逾期接受的信件或其他书面文件表明，依照当时寄发情况，只要传递正常，它本来是能够及时送达发盘人的，则此项逾期接受应当有效，除非发盘人毫不迟延地用口头或书面的方式通知受盘人，认为其发盘因逾期接受而失效。以上表明，逾期接受是否有效，关键要看发盘人如何表态。

课堂互动3－3

我方某一公司对意大利ABC公司发出一项发盘，其中发盘规定“限10月25日复到有效”。意大利ABC公司的接受通知于10月26日上午到达我方。

对此我方公司应如何处理？

提示：这是一项迟到的接受，根据《公约》的规定，迟到的接受原则上无效，但如果我方愿意达成这笔交易，也可及时回电确认，承认对方的逾期接受有效。如我方不愿达成此笔交易，可通知对方逾期接受无效，当然也可保持沉默。

3. 接受的撤回

按照《联合国国际货物销售合同公约》“送达生效”的原则，接受在送达受盘人时才产生法律效力，故关于接受的撤回，《联合国国际货物销售合同公约》第22条规定：如果撤回通知先于原接受通知送达发盘人或与原接受通知同时送达发盘人，则接受得以撤回。

接受通知一旦送达发盘人即不能撤销。因为接受一经生效，合同即告成立，如果允许撤销，无异于允许毁约的行为。

任务二　买卖合同的订立

在交易磋商过程中，一方的发盘经另一方有效接受以后，合同即告成立。但在这里需要说明的是，合同成立与合同生效是两个不同的概念。合同成立的依据是接受是否生效，而合同生效是指合同是否具有法律上的效力。依法成立的合同，具有法律约束力，合同自成立时生效。

一、合同有效成立的条件

合同成立后，并不意味着此项合同一定生效。根据各国合同法规定，一项合同还须具备以下条件，才是一项有效的合同，才能得到法律的保护。

1. 当事人必须在自愿和真实的基础上达成协议

各国法律都认为，商订合同必须是双方自愿的，当事人的意思表示必须是真实的才能构成一项有约束力的合同，否则这种合同无效。我国合同法明确规定：当事人依法享有自愿订立合同的权利，任何单位或个人不得非法干预。合同法还明确规定：一方以欺诈、胁迫的手段或者乘人之危，使对方在违背真实意思的情况下订立的合同，受害方有权请求人民法院或者仲裁机构变更或撤销。

2. 当事人应具有相应的行为能力

即双方当事人应具有商订国际货物买卖合同的合法资格，具体的要求是：作为自然人应该是成年人，并且需有固定住所；神志不清、未成年人等不具有签订合同的合法资格。作为法人，应是已经依法注册的合法组织，有关业务应当属于其合法单位的法定经营范围之内，负责磋商及签约者应当是其法人的法定代表人或其合法授权人。

3. 合同的标的和内容必须合法

合同的标的，是指交易双方买卖行为的客体。签订合同时，合同的标的和内容必须符合双方国家法律的规定，才是有效的合同。关于“合同内容必须合法”的解释，许多国家的法律都规定不得违反法律，不得违反公共秩序或公共政策，以及不得违反善良风俗或道德三个方面。

4. 合同必须有对价或约因

英美法认为，对价（Consideration）是指当事人为了取得合同利益所付出的代价。法国 法认为，约因（Cause）是指当事人签订合同所追求的直接目的。按照英美法和法国法的规定，合同只有在有对价或约因时，才是法律上有效的合同，无对价或无约因的合同，是得不到法律保障的。

5. 合同形式必须符合法律规定的要求

世界上大多数国家，只对少数合同才要求必须按法律规定的特定形式订立，而对大多数合同，一般不从法律上规定应当采取的形式。我国《合同法》第 10 条规定：当事人订立合同，有书面形式、口头形式和其他形式。法律、行政法规规定采用书面形式的，应当采用书面形式。当事人约定采用书面形式的，应当采用书面形式。

二、书面合同的签订

目前关于合同的形式主要采取“不要式原则”，即不规定任何特定的形式要求，交易双方无论是采用口头的或是书面的方式，还是其他方式来订立合同，都被认为是合法有效的。但是，通过口头磋商成立的合同，一旦双方出现纠纷，举证将存在许多困难，而书面形式签订的合同是证明双方存在合同关系的一种最有效、最简便的方法，也可作为仲裁员和法官进行裁决的一个有力证据。因此，在国际货物买卖中，双方最好能签订书面的合同。

（一）书面合同的形式

国际上，买卖双方既可采用正式合同（Contract）、确认书（Confirmation）、协议（Agreement），也可采用备忘录（Memorandum）等形式。

在我国进出口业务中，书面合同主要采用两种形式。

1. 正式合同

正式合同包括销售合同（Sales Contract）和购货合同（Purchase Contract）。这类合同除了商品的名称、规格、包装、装运港和目的港、交货期、付款方式、运输标志、商品检验等条件外，还有异议索赔、仲裁、不可抗力等条件。它条款完备、内容全面，适合大宗商品或成交额较大的交易。

2. 简式合同

简式合同包括销售确认书（Sales Confirmation）和购货确认书（Purchase Confirmation）。这类合同的条款比销售合同简单，适用于金额不大、批数较多的小土特产品和轻工产品，或者已订有代理、包销等长期协议的交易。合同无论采取哪种形式，法律上都具有同等效力。

在我国进出口业务中，一般均由我们根据双方同意的条件制成一式两份的正式合同或成交确认书，先在上面签字，然后寄给对方。对方经审核无误并签字后，保留一份，将另一份寄还给我们。如对方未按要求将其中一份签字退回，这并不影响双方已经达成的协议的效力。但是，如果对方在签回的合同或成交确认书上更改或附加条款，与原达成的协议内容有抵触时，我们应及时加以拒绝。

除了上面常用的合同形式外，订单和委托订购单有时也被采用。订单（Order）是指由进口商或实际买主拟制的货物订购单；委托订购单（Indent）是指由代理商或佣金商拟制的代客购买货物的订购单。业务中，国外客户往往将订单或委托订购单寄来一式两份，要求我方签署后退回一份。这种经磋商成交后寄来的订单或委托订购单，是国外客户的购货合同或购货确认书。但是对未经磋商客户径自寄来的订单或委托订购单，我方应按照内容区别其是发盘还是询盘，研究是否与其交易，并及时答复对方。

（二）书面合同的内容

书面合同的内容一般由三部分组成。

1. 约首

约首是合同的序言部分，包括合同名称、合同号码、缔约日期、缔约地点、订约双方当事人的名称和地址（要求写明全称），除此之外，合同序言部分还常常写明双方订立合同的意愿和执行合同的保证。

2. 本文

本文是合同的主体部分，包括品名、规格、数量、价格、包装、交货条件、运输与保险条件、支付方式以及检验、索赔、不可抗力和仲裁条款等。

3. 约尾

约尾是合同的结尾部分，包括合同文字和份数以及缔约双方的签字。

案例3－5

出口方根据双方磋商的结果拟定了一份销售确认书（一式两份，如示范3－6所示），签名后于7月2日通过快递方式寄送给进口方。同时，出口方通过电子邮件方式给进口方发出函电（示范3－7所示），告知进口方已寄出合同并要求其在合同上签名后寄回一份。

示范3－6　销售确认书

佛山奇飞进出口贸易有限公司

FOSHAN QIFEI I/E TRADE CO.，LTD

TEL：0086－757－83512680　　FAX：0086－757－83512683

SALES CONFIRMATION

NO：10QFIE0702

DATE：JULY 2，2010

Seller：FOSHAN QIFEI I/E TRADE CO.，LTD

Address：NO. 187 ZHONGSHAN ROAD，FOSHAN CHINA

Buyer：BOLTITI CORONA S. A.

Address：ARTURO PRAT 476 SANTIAGO，CHILE

兹经买卖双方确认根据下列条款订立本合同。

This contract is made out by sellers and buyers as per following terms and conditions mutually conformed.

Name of Commodity	Quantity Pairs	Unit price CIFSan Antonio	Amount
hand－made leather shoes			
HMS12	500	USD11. 50	USD5 750. 00
HMS26	300	USD9. 25	USD2 775. 00
HMS29	592	USD7. 70	USD4 558. 10
hand－made leather gloves			
HMG12	1072	USD2. 15	USD2 304. 80
HMG18	800	USD1. 75	USD1 400. 00
Total	3264		USD16 788. 20

1. 总值

Total Value：SAY U. S. DOLLARS SIXTEEN THOUSAND SEVEN HUNDRED AND EIGHTY EIRHT POINT TWENTY ONLY.

数量及总值允许有＿5＿%的增减。由卖方决定。

5 % more or less both in amount and quantity allowed at Seller' s option.

2. 包装

Packing

（1）Hand－made leather shoes：to be packed in a box，24 pairs in a carton.

(2) Hand - made leather gloves: 12 pairs to be packed in a box, 12 boxes in a carton.

3. 装运期

Time of Shipment: fromGuangzhou to San Antonio, Chile before the end of August, 2010.

4. 保险条款

Insurance: To be effected by the seller covering all risks and war risks for 110% of the invoice value.

5. 付款条件

Terms of Payment

买方须于2010年07月15日前开给卖方100%不可撤销即期付款信用证，并须注明可在上述装运期后15天内在中国议付有效，信用证须注明合同号码。

By 100% confirmed, irrevocable of Credit in favor of the Sellers, to be available by sight draft, to be opened and to reach China before 15TH july, 2010 and to remain valid for negotiation in China until 15th days after the aforesaid Time of Shipment. L/C must mention this contract NO.

6. 检验索赔

Inspection and claims

以装运地出入境检验检疫局签发的品质检验证书作为信用证项下议付所提交单据的一部分。买方对于装运货物的任何索赔，须于货物到达目的港后90天内提出，并须提供经卖方同意的公证机构出具的公证报告。

The certificates of Quantity issued by China Exit and Entry Inspection and Quarantine Bureau at the Port of shipment shall be a part of the documents to be presented for negotiation under the relevant letter. Any claim by the Buyers regarding the goods shipped shall be filed within 90 days after arrival of the goods at the port of destination, and supported by a survey report issued by a surveyor approved by the Sellers.

卖方　　　　　　　　　　　　买方

The Sellers: 赵飞飞　　　　　　　　The Buyers:

示范3-7　卖方寄出合同函

FOSHAN QIFEII/E TRADE CO., LTD

NO. 187 ZHONGSHAN ROAD, FOSHAN CHINA

TEL: 0086 -757 - 83512680　FAX: 0086 - 757 - 83512683

TO: BOLTITI CORONA S. A.

FM: FOSHAN QIFEI I/E TRADE CO., LTD

DATE: JULY 2, 2010

Dear Mr. Smith,

We are pleased to come to a deal with you on hand - made leather shoes and gloves. Enclosed you will find our Sales Confirmation No. 10FQIE0702 in duplicate. Please countersign and return one copy to us for our file. We trust you will open the relative L/C at an early date.

We look forward to receiving your enquiries.

Yours faithfully,

Feifei Zhao (Mr) Chief Seller

思考与练习

一、单项选择题

1. 一项发盘，经过还盘后，则该项发盘________。

A. 失效　　B. 仍然有效

C. 对原发盘人有约束力　　D. 对还盘人有约束力

2. 根据《联合国国际货物销售合同公约》的规定，合同成立的时间是________。

A. 接受生效的时间　　B. 交易双方签订书面合同的时间

C. 在合同获得国家批准时　　D. 当发盘送达受盘人时

3. 某项发盘于某月12日以有效形式送达受盘人，但在此前的11日，发盘人以传真通知受盘人，发盘无效，此行为属于________。

A. 发盘的撤回　　B. 发盘的修改

C. 一项新发盘　　D. 发盘的撤销

4. 在发盘生效后，发盘人以一定方式解除发盘对其的效力，这在法律上属于发盘的________。

A. 撤回　　B. 撤销

C. 改发　　D. 取消

5. 在接受迟到的情况下，决定接受是否有效的主动权在________。

A. 受盘人　　B. 邀请发盘人

C. 发盘人　　D. 询盘人

6. 根据《联合国国际货物销售合同公约》的规定，发盘和接受生效采取________。

A. 投邮生效原则　　B. 签订书面合约原则

C. 口头协商原则　　D. 到达生效原则

7. 我方6月10日向国外某客商发盘，限6月15日复到有效，6月13日接到对方复电称：你10日电接受，以获得进口许可证为准。该函电________。

A. 属于有效接受

B. 相当于还盘

C. 在我方缄默的情况下，则视为有效接受

D. 属于一份非实质性改变发盘的接受

8.《联合国国际货物销售合同公约》对发盘内容“十分确定”的解释________。

A. 明确规定合同的有效期　　B. 明确货物、规定数量和价格

C. 规定责任范围和解决争端的办法　　D. 规定交货地点和时间

二、多项选择题

1. 在对外贸易洽商中，达成一笔交易必不可少的两个环节是________。

A. 询盘　　B. 发盘

C. 还盘　　D. 接受

2. 构成发盘必须具备的条件是________。

A. 向一个或一个以上的特定人提出B. 表明订立合同的意思

C. 发盘的内容必须十分确定　　D. 发盘的内容必须真实

E. 发盘人必须是卖方

3. 根据《联合国国际货物销售合同公约》发盘不能撤销的情况有________。

A. 发盘已送达受盘人　　B. 发盘已表明订立合同的意思

C. 发盘中注明了有效期　　D. 在发盘中使用了"不可撤销"字样

E. 受盘人有理由信赖该发盘是不可撤销的并采取了一定行动

三、判断题

1. 买方来电表示接受发盘，但要求将 D/P 即期改为 D/P 远期，卖方缄默，此时合同成立。(　　)

2. 我某一公司对外做出一项发盘，其中规定"限 8 月 15 日复到"。外商接受通知于 8 月 17 日上午到达我方。根据《联合国国际货物销售合同公约》，如我公司同意接受并立即予以确认，合同仍可成立。(　　)

3. 一项发盘在尚未送达受盘人之前，亦即尚未生效之前，发盘人可将其撤回，但撤回的通知必须于发盘到达受盘人之前或同时到达受盘人。(　　)

4. 国际货物买卖交易磋商中的接受，应以声明或行动表示出来。(　　)

5. 发盘必须明确规定有效期，未规定有效期的发盘无效。(　　)

四、简答题

1. 什么是交易磋商，它的形式和内容是什么?

2. 交易磋商的一般程序是什么?

3. 构成一项有效发盘需要满足哪四项条件?

4. 什么是发盘的有效期?

5. 为什么说还盘是对发盘的拒绝，也是受盘人以发盘人的地位所提出的新发盘?

6. 为什么发盘和接受是达成交易的两个不可缺少的环节?

7. 什么是逾期接受，它的法律效果如何处理?

8. 合同有效成立的条件是什么?

9. 什么是合同的标的?

10. 书面合同的形式和内容是什么?

案例分析

1. 进口商甲收到出口商乙就某商品的发盘，其中写明"Packing in sound - bags"。在发盘的有效期内，甲复电称："Refer to your telex first accepted packing in new bags"。乙收到复电后，即着手备货。数日后该商品的国际市场价格猛增。甲又来电称："我方对包装条件做了变更，你方未确认，合同并未成立。"而乙则坚持认为合同已经成立，双方发生争执。

请问此案如何处理?

提示：甲的第一次复电可使合同成立。根据《公约》的规定，受盘人对货物的价格、付款、品质、数量、交货时间和地点、一方当事人对另一方当事人的赔偿责任范围和解决争端的方法等条件提出的添加或更改，均视为实际性变更发盘条件。受盘人对发盘作实际性的添加或变更，就构成对原发盘的拒绝，即构成还盘，原发盘失效，原发盘人就不再受其约束。而本案中，甲公司在接受通知中，表示对原包装条件的变更，并不构成实际性变更发盘条件，除非发盘人在合理的时间内及时表示不同意受盘人的变更，否则，该接受仍具有效力。乙公司对甲公司非实际性的变更并没有提出异议，而且已经着手备货。所以甲公司的接受通知生效，双方合同关系成立。

2. 甲公司拟进口一批货，请乙公司发盘。5 月 1 日乙公司发盘，对该货报价每箱 2 美元，限 5 月 31 日前答复。对此，甲公司做出还盘，提出货物价格每箱 1.8 美元，并要求乙公司 5 月 20 日前答复。至 5 月 20 日乙公司一直未予回复。由于该货物的价格看涨，甲公司 5 月 22 日又去电，表示愿意接受对方 5 月 1 日发盘。

请问此接受是否有效？乙公司的发盘有效期未过，对乙公司是否还有约束力？

提示：在上述情况下，乙公司原报价不能继续约束乙公司至 5 月 31 日。因甲公司已对乙公司 5 月 1 日的发盘做出还盘，乙公司的原发盘就失去法律效力，对乙公司就无约束力。所以甲公司 5 月 22 日电，不是一项有效的接受，而是一项新的发盘。

实操训练

1. 两人一组，分别作为谈判的双方，模拟谈判过程的各个阶段，并撰写一份销售（或购货）确认书。

2. 没有书面合同，向谁追讨货款。

案情介绍

国内出口企业 A 和 B 自 2007 年 6 月起累计向以色列买家 C 公司出运价值 70 万美元的冬季服装，支付方式分别为 OA（赊账）90 天和 OA 60 天。C 公司收货后，未按合同约定付款。由于投保了出口信用险，A、B 两家公司遂以买家拖欠货款为由向中国信保通报出险情况，同时委托中国信保介入调查追讨。

中国信保经调查发现，A、B 两家公司分别自 1999 年及 2001 年与 C 公司建立贸易关系，其后一直合作良好。考虑到涉案金额较大，买家拖欠动机不明，中国信保接到出险通知后，立即委托以色列律师进行调查。律师介入后，C 公司亦委托其律师向中国信保出具书面声明，全盘否认与 A、B 两家公司之间的贸易关系，声称其只与另外一家中国 D 公司存在贸易关系。

据 A、B 两公司介绍，C 公司是一家以色列家族企业，资金实力较强，每年均保持赴中国采购 2 ~ 3 次的频率。C 公司在中国的采购过程，每次均由 D 公司带领其直接到 A 和 B 公司看样、下单，A 和 B 公司一直认为 D 公司即 C 公司在中国地区的采购代理。因此，对于 C 公司完全否认贸易关系，A 和 B 两公司均感意外。另据了解，除 A 和 B 公司外，C 公司还通过 D 公司向中国多家出口企业采购，目前拖欠货款总额达 100 多万美元。

根据买卖双方提供的信息，结合双方历史交易记录，中国信保初步推测，C 公司之所以一反常态、否认交易，很可能是其经营和资金出现了严重问题。而进一步的调查，初步验证了中国信保的判断：由于以色列2006年下半年气候反常、冬季推迟，C公司从中国采购的冬季服装严重滞销，加之一个重要客户突然倒闭，导致C公司大量应收账款无法收回，元气大伤。至此，C公司通过否认交易以达到逃避到期债务的企图逐渐浮出水面。

A、B两公司虽然与C公司有多年交易历史，但一直未曾签订正式的贸易合同。虽然提单、发票等单据资料可以一定程度上佐证或还原贸易事实，但作为证明A、B与C公司存在合同债权债务关系的直接证据，法律效力有限。因此，如何确立A、B两公司与C公司的合同债权，成为本案后续追偿工作的难点。

A、B两公司与C公司在未签订任何书面合同的情况下保持了多年的贸易关系，这种表面上的"风平浪静"往往容易造成出口商的麻痹大意，从而忽视了潜在的交易风险。一旦买家的偿付能力或偿付意愿发生恶化，出口商通常只能"哑巴吃黄连"，付出惨重的代价。以此为鉴，建议出口商从以下两方面入手，事先防范交易风险：

（1）密切跟踪买家资信变化，时刻警惕交易风险。企业的经营和资金状况不是一成不变的，良好的交易历史只能作为保持合作关系的参考，但不能作为未来付款的保证。对于合作多年的生意伙伴，偶尔的付款延迟或质量纠纷往往被视为"瑕不掩瑜"，难以引起出口商足够的重视，而日积月累的问题可能成为未来灾难总爆发的隐患，类似的案例屡见不鲜。因此，出口企业无论对"初相识"，还是"老朋友"，均要保持风险的敏感度，密切跟踪其资金状况和付款行为的变化，以便及时采取有效的应对措施。

（2）规范合同范本，善于运用法律武器维护自身权益。此案中，A、B两公司仅凭几面之缘，即与国外买家保持了多年的正常交易，应该说已属幸运。在未发生风险时，似乎更多的体现了节省时间和精力的有利之处。还有些出口企业虽然有书面订单或合同，但条款极其宽泛、简单，尤其是缺乏一些关键的、有针对性的条款，比如争议解决条款，或特殊商品的质量标准条款等。这些经常被当作可有可无的形式或程序，往往具有"养兵千日，用兵一时"的制胜作用。因此，建议出口企业在日常业务操作和管理中养成规范各种法律文件（包括合同和贸易单据等）和保存有效书面证据的良好交易习惯。

项目四 落实及审核信用证

学习目标

信用证付款是国际贸易中常见的一种支付结算方式。凭信用证支付的交易中，落实信用证是进出口双方履行国际货物买卖合同不可缺少的重要环节。进口方需要按合同约定的期限把信用证开到出口方所在地，而出口方在使用信用证前需要对信用证的条款进行审核。

通过本项目学习，学生需要了解信用证业务的特点，熟悉信用证的内容与种类，掌握信用证的业务流程，把握信用证审核与修改中的要点，并能够在相关案例背景下利用理论知识对问题进行分析及提出解决方法。

导入案例

信用证的付款性质

华夏出口公司收到日本一家银行开来的一份信用证，证中规定："Credit amount USD85000, according to invoice value: 75% to be paid at sight, the remaining 25% to be paid at 60 days after shipment arrival." 华夏公司在信用证有效期内通过议付行向开证行提交了单据，单证相符。开证行即付75%货款，但货到60天后，日本的开证行以开证申请人声称货物品质欠佳为由，拒付其余25%的货款。

问题：日本开证行的拒付合理吗？为什么？

案例分析：日本开证银行以申请人声称货物品质欠佳为由拒付余款，华夏公司可以对此提出异议。货物品质纠纷属于买卖双方合同履行中发生的争议，只要华夏公司提交符合信用证要求的单证，日本开证行就要履行付款责任。

任务一 金融票据

国际贸易的货款结算可以使用的支付工具有货币和票据，以现金货币结算货款的方式较少，大多数业务都是通过票据进行结算。

在国际贸易中，由于很难同时实现一方交货另一方付款，必然要有一方先履行义务，这一方即为债权人，而另一方则成为债务人。这种债权债务关系的解除可以通过票据的使用得以实现。例如，合同规定买方在卖方发货后两个月付款，则卖方发货后可出具一张远期汇票，经买方承兑后，买方就成为汇票的债务人，承担到期向汇票持有人付款的责任。在这里，通过票据的使用，买卖双方得以完结一笔贸易。

简单而言，票据就是指以支付一定金额为目的，可以自由流通转让的证券。票据有汇票、支票和本票三种。

一、汇票

汇票（Bill Of Exchange）是出票人签发的并委托付款人在见票时或者在指定日期无条件支付确定金额给收款人或持票人的票据。简而言之，它是一方开给另一方无条件支付的一种票据。汇票样本见示范4－1。

示范4－1　汇票

BILL of EXCHANGE

Exchange for　USD 5，600.00　GUANGZHOU，　15TH JULY，2010

At 30 DAYS AFTER sight of this FIRST of exchange

（Second of the same tenor and date being unpaid）.

Pay to the order ofBANK OF CHINA GUANGZHOU BRANCH

The sum ofU. S. DOLLARS FIVE THOUSAND SIX HUNDRED ONLY.

Drawn underSUMITOMO BANK LTD. OSAKA JAPAN

Letter of Credit No. G/F －7756908 dated 6TH MAY，2010

To：SUMITOMO BANK LTD.

OSAKA JAPAN

For：GUANGZHOU AGRICULTURAL MACHINERY CO. LTD.

（一）汇票的当事人

从汇票的定义中我们可以看出，在汇票这种支付工具下涉及三个当事人，即出票人、付款人和收款人。

（1）出票人，即签发汇票的人，一般是出口方或其指定的银行。

（2）付款人，又称受票人，即接受支付命令付款的人，一般是进口方或其指定的银行。

（3）收款人，又称受款人，即受领汇票所规定金额的人。

（二）汇票的内容

各国票据法对汇票内容的规定不同，一般认为应包括以下基本内容：

（1）表明“汇票”字样。在国际贸易中，一般使用英文，在汇票上我们可以看到“Exchange”字样。

（2）无条件的支付命令。用英文的祈使句来表示，常常可以看到“Pay to the order of”的表示方法。

（3）出票地点和日期。

（4）付款时间。有即期和远期之分。

（5）大写和小写的货币名称和确定的金额。

(6) 付款人。

(7) 收款人。

(8) 出票人的名称及签字盖章。

(三) 汇票的种类

根据出票人、承兑人、付款时间及有无随附单据的不同，汇票可分为四类。

1. 按出票人分类

按出票人的不同，分为银行汇票和商业汇票。

银行汇票（Banker' s Draft）是银行对银行签发的汇票，一般多为光票。在国际结算中，银行签发汇票后，一般交汇款人寄交国外收款人向指定的付款银行取款。出票银行将付款通知书寄国外付款银行，以便其在收款人持票取款时核对，核对无误后付款。此付款方式中的票汇使用的就是银行汇票。

商业汇票（Commercial Draft）是企业或个人向企业、个人或银行签发的汇票。商业汇票通常由出口人开立，向国外进口人或银行收取货款时使用，多为随附货运单据的汇票，在国际结算中，使用较多。

2. 按承兑人分类

按承兑人的不同，分为商业承兑汇票和银行承兑汇票。

商业承兑汇票（Commercial Acceptance Draft）是企业或个人承兑的远期汇票，托收方式中使用的远期汇票即属于此种汇票；银行承兑汇票（Banker' s Acceptance Draft）是银行承兑的远期汇票，信用证中使用的远期汇票即属于此种汇票。

3. 按付款时间分类

按付款时间不同，分为即期汇票和远期汇票。

即期汇票（Sight Draft，Demand Draft）是持票人提示付款人立即付款的汇票；远期汇票（Time Draft，Usance Draft）是在未来的特定日期或一定期限付款的汇票。

远期汇票的付款时间主要有四种规定方法：

(1) 见票后若干天付款（at... days after sight）（业务中最常见）。

(2) 出票后若干天付款（at... days after date）。

(3) 提单签发日后若干天付款（at ... days after date of Bill of Lading）。

(4) 指定日期付款（Fixed date）。

4. 按有无附属单据分类

按有无附属单据的不同，分为光票和跟单汇票。

光票（Clean Draft）是不附带货运单据的汇票，常用于运费、保险费、货款尾数及佣金的收付；跟单汇票（Documentary Draft）是附带货运单据的汇票，它除了人的信用外，还有物的保证。

(四) 汇票的使用

汇票的使用就是汇票的处理手续，其使用程序随其是即期汇票还是远期汇票而有所不同。即期汇票主要经过出票、提示和付款几个程序；远期汇票则还需要承兑，如需转让，还要经过背书，如遭拒付，则有追索环节。

1. 出票

出票（Issue，Draw）是指出票人在汇票上填写付款人、付款金额、付款日期、付款地点，以及收款人等项目，签字后将其交给收款人的行为。通过“出票”设立债权，出票人成了票据的主债务人，它担保汇票被付款人承兑或付款，倘若付款人拒付，持票人可向出票人追索票据，出票人就得自行清偿债务。

2. 提示

提示（Presentation）是持票人向付款人出示汇票要求其承兑或付款的行为。付款人见到汇票，即为见票（Sight）。

提示分为付款提示（Presentation of Payment）和承兑提示（Presentation of Acceptance）两种。付款提示是指即期汇票或到期的远期汇票的持有人要求付款人付款的提示。承兑提示是指远期汇票的持有人要求付款人承诺到期付款的提示。不论是承兑提示还是付款提示，均应在规定的时间内进行，否则丧失追索权。

当持票人交给受票人的汇票是即期汇票时，受票人见票即付，也就是提示后立即付款。当持票人交给受票人的汇票是远期汇票时，第一次提示时受票人应立即承兑，当汇票到期了，再一次提示时应立即付款。

3. 承兑

承兑（Acceptance）是远期汇票付款人在持票人作承兑提示时，明确表示同意按出票人的指示付款的行为。承兑包括两个动作：一是付款人在汇票上写“承兑”（Accepted）字样、并注上日期和签名；二是把承兑的汇票交还持票人或另制承兑通知书交给持票人。付款人收到汇票后3日内承兑。远期汇票一经承兑，付款人成为承兑人，是汇票的主债务人，而出票人则退居为从债务人。持票人可将汇票在市场上背书转让，使其流通。

4. 付款

付款（Payment）是即期汇票的付款人和远期汇票的承兑人接到付款提示时，履行付款义务的行为。持票人获得付款时，应在汇票上签收，并将汇票交给付款人存查。汇票一经付款，汇票上的债权债务即告结束。

5. 背书

在国际市场上，汇票是一种流通工具，可以流通转让。背书（Endorsement）是转让票据权利的一种法定手续，即持票人在汇票背面签上自己的名字或再加上受让人的名字，并把汇票交给受让人的行为。背书后，原持票人成为背书人，担保受让人所持汇票得到承兑和付款，否则，受让人有权向背书人追索清偿债务。与此同时，受让人成为被背书人，取得了汇票的所有权，可以再背书再转让，直到付款人付款把汇票收回。

对于受让人来说，在他前面的所有背书人和出票人都是他的“前手”；对于出让人来说，在他后面的所有受让人都是他的“后手”。后手有向前手追索的权利。汇票转让次数越多，为汇票权利作担保的人也越多。

背书的方式主要有三种：①限制性背书，即不可转让背书。②空白背书，也称不记名背书，票据背面只有背书人名称而无受让人签名，此类背书只凭交付即可转让。③记名背书，指汇票背面既有背书人签名，又有被背书人签名，这种背书受让人可继续背书将汇票转让。

6. 拒付与追索

拒付（Dishonour）是持票人提示汇票要求承兑或付款时遭到拒绝承兑或付款的行为，又称退票。付款人破产、死亡、避而不见，也属此范围。遭到拒付后，持票人有权通知其前手，直至通知到出票人，这种行为被称为拒付通知。并由公证人做出证明拒付事实的文件，这个文件被称为拒绝证书。持票人不能提供拒绝证书的，则丧失对其前手的追索权。

追索权（Right of Recourse）是汇票遭到拒付时，持票人对背书人、出票人及其他票据债务人行使请求偿还汇票金额、利息及费用的权利。

二、本票

本票（Promissory Note）是出票人签发的，承诺自己在见票时无条件支付确定金额给收款人或者持票人的票据。本票是一种支付承诺，是自己出票、自己付款，出票人同时也是付款人。本票的基本内容有：确定的金额、收款人名称、出票日期、出票人签章。本票样本见示范 4 -2。

示范 4 -2 本票

GBP5 000. 00 London，20th June 2010

We promise to pay ABC Company or order the sum of five thousand pounds only.

For Bank of Europe，London

Signature

本票按出票人的不同分为一般本票和银行本票两种。出票人是企业或个人的称为一般本票或商业本票，一般本票有即期和远期之分；出票人是银行的称为银行本票，它只有即期。在业务中，应将客户寄来的本票送银行核对，防止假票或透支。

本票与汇票的区别主要体现在以下几个方面：

（1）当事人：汇票有三个当事人，即出票人、付款人、收款人。本票只有两个当事人，即出票人和收款人。

（2）份数：汇票可开成一式多份（银行汇票除外）。本票只能一式一份，不能多开。

（3）承兑：远期汇票需经付款人承兑。本票的出票人就是付款人，无须承兑。

（4）付款责任：汇票承兑前，出票人负主要责任；承兑后，由承兑人负主要责任。而本票的出票人始终承担第一性的付款责任。

三、支票

支票（Cheque，Check）是出票人签发的，委托银行在见票时无条件支付确定金额给收款人或持票人的票据。支票的出票人按照签发的支票金额承担付款责任。支票的基本内容有：确定的金额、付款人名称、出票日期、出票人签章。

支票分为一般支票、划线支票、记名支票、不记名支票、保付支票和银行支票六种。使用支票要注意三点：一是支票金额不得超过其存款金额。二是支票到手并不意味着货款到手，有时也有突发事件。如客户被当局冻结了银行账户，支票被付款行拒付退回；或者买方向出票银行声称支票丢失，银行也会停止付款。三是支票付款即使到账也不能算资金收妥，因为，支票付款后一般都有 7 ~ 10 天的退单期，退单期内出票人要求退回支票款均有效。

支票与汇票、本票存在以下的区别：

（1）当事人：支票和汇票有三个，本票有两个。

（2）性质：支票和汇票属于委托支付证券，本票属于自付证券。

（3）到期日：支票为见票即付，汇票和本票除此之外，还有定日付款、出票后或见票后定期付款等。

（4）承兑：汇票需承兑，本票无须承兑，支票均为即期，无须承兑。

（5）出票人与付款人的关系：汇票的出票人与付款人之间无资金关系；本票的出票人与付款人是同一个人；支票的出票人与付款人之间有资金关系，即出票人在付款人处有存款。

任务二 信用证的含义、性质与使用流程

信用证（Letter of Credit，L/C）支付方式是随着国际贸易的发展，在银行和金融机构参与国际贸易结算的过程中逐步形成的。由于银行资金雄厚、信誉度高，由银行开出的信用证容易被人们接受。信用证支付方式因此被人们普遍采用，成为国际贸易中一种主要的支付方式。

一、信用证的含义

信用证是进口方所在地银行（开证行）根据进口方（开证申请人）的申请，向出口方（受益人）开立的一种有条件的书面付款保证。开证银行保证在收到出口方交付的符合信用证规定的各种单据的条件下，向其或其指定人履行付款责任。简而言之，信用证是一种银行开立的有条件的承诺付款的书面文件。

在使用信用证支付的国际贸易中，银行不仅提供金融服务，而且承担首要的付款责任，将原先应该由进口人履行的付款责任转由银行来履行，以银行信用替代商业信用，对国际贸易的发展起着重大的推动作用。

1. 信用证一定程度上解决了进出口方之间互不信任的矛盾

在国际贸易中，“一手交钱一手交货”的货款支付结算方式比较困难，单纯的商业信用不能提供足够的信任作用，卖方担心先交货不能收到货款或根本收不到货款；买方担心付款后不能按时、按量、按质取得货物。通过信用证的使用，银行作为双方的担保人，保证买方付款后可以收到货物，卖方交货后可以取得货款。这样，在一定程度上解决了进出口双方互不信任的矛盾。

2. 信用证业务有利于买卖双方获得资金融通的便利

在信用证支付方式下，进出口方可以分别获得银行资金融通的便利。出口方发货后到银行交单议付，即可取得货款。进口方对出口方的发货不必立即付款，对议付行的垫款不必马上支付，直到单据到达进口地银行，才付款赎单。进口方在远期信用证下还可以向开证银行开立出信托收据借单，以此做进口押汇。

二、信用证业务的性质

信用证支付方式具有以下三个显著的性质和特点。

1. 信用证支付是一种银行信用

所谓银行信用是指开立信用证的银行以自己的信用做出付款保证。一般而言，银行的

信誉和稳定性比商业企业更高，银行信用要优先于商业信用。在信用证支付方式下，开证银行承担第一性的付款责任，对受益人独立承担责任，只要受益人提交的单据符合信用证条款规定，开证银行保证履行付款责任。

2. 信用证是独立于合同之外的一种自足文件

信用证的开立是以买卖合同为依据，因此信用证与合同有一定的逻辑关系，但信用证一经开出就成为独立于合同之外的另一种契约。这意味着，信用证即使有与合同不符合之处，除非及时提出修改，否则就要以信用证条款为准。信用证不受买卖合同的约束，买卖合同是进出口方之间的契约，只对进出口双方有约束力。信用证是开证银行与受益人之间的契约，开证银行、受益人以及其他参与信用证业务的当事人均受信用证约束。

3. 信用证是一项纯单据买卖业务

信用证业务依据的是凭单付款的原则，信用证业务处理的是单据，而不是货物或服务。只要受益人提交符合信用证条款的单据，开证银行就应承担付款责任，受益人结汇单据要严格符合“单证一致”和“单单一致”原则。提交的相应单证文件大致包括以下几种：

（1）商业发票。不同于国内有关部门统一印发的税务发票，这是由卖方编制的文件，列明货物的名称、数量、单价和总值。

（2）装箱单。这也是由卖方编制的文件，列明货物的包装、箱数、重量和体积等信息。

（3）提单。由货运公司出具的提货凭证。海运提单同时具有物权凭证的效力。

（4）品质/数量证书。由相应商检机构验货后出具的文件，证明货物的品质和数量符合信用证要求。

（5）原产地证。由官方相应机构出具用以证明货物的产地，可以据此享受相应进出口优惠关税。

（6）其他可能需要的文件。如装船通知、受益人证明等。

课堂互动4－1

我某出口公司按CIF条件，即期信用证方式询某外商出售一批货物。外商按合同规定开来的信用证经我方审核无误。我出口公司在信用证规定的装运期限内将货物在装运港装上开往目的港的海轮，并在装运前向保险公司办理了货物运输保险。但装船后不久，海轮起火爆炸沉没，该批货物全部灭失，外商闻讯后来电表示拒绝付款。

我出口公司应如何处理？

提示：我公司备妥相关单证，向银行交单议付即可。买方拒付是不合理的，因为CIF贸易术语下买方需要承担货物越过装运港船舷后的一切风险、损害和灭失。信用证支付方式下，我方直接向银行交单议付即可。

三、信用证的当事人

信用证的当事人通常包括以下几种。

1. 开证申请人

开证申请人（Applicant）又称开证人（Opener）是指向银行申请开证的人，一般是买方。他要在规定的时间内开证，交开证押金并及时付款赎单。

2. 开证行

开证行（Opening Bank，Issuing Bank）是指开立信用证的银行。它承担保证付款的责任，一般为进口地银行，有权收取开证手续费，需正确及时开证，一旦付款一般无追索权。

3. 受益人

受益人（Beneficiary）是指有权使用信用证的人。一般是卖方，他有按时交货、提交符合要求的单据的义务，也有索取货款的权利，又有对持票人保证汇票被承兑和付款的责任。

4. 通知行

通知行（Advising Bank，Notifying Bank）是指受开证行委托，将信用证转递给受益人的银行。一般是出口地银行，它通常是开证行的代理行（Correspondent Bank）。卖方通常指定自己的开户行作为通知行，它负责鉴别来证的表面真实性。由于银行间建有签印、密押关系，经由通知行检验信用证的真实性有利于保护受益人的权益。

5. 议付行

议付行（Negotiating Bank）是指根据开证行的授权买入或贴现受益人提交的符合信用证规定的票据的银行。如遭拒付，它有权向受益人追索垫款。

6. 付款行

付款行（Paying Bank，Drawee Bank）是指信用证上指定的付款银行，又称为受票银行。它一般是开证行，也可以是开证行的付款代理，代开证行验收单据并对受益人承担付款的责任，付款后，无权向受益人追索。

7. 偿付行

偿付行（Reimbursing Bank），它也是开证行的付款代理，但它不负责审单，只是代替开证行偿还议付行垫款的第三国银行。当开证行收到单据发现不符而拒绝付款时，可向索偿行（一般是议付行）追索。

8. 保兑行

保兑行（Confirming Bank）是指应开证行请求在信用证上加具保兑的银行。它具有与开证行相同的责任和地位。它对受益人独立负责，在付款或议付后，不能向受益人追索。

9. 转让行

转让行（Transferring Bank）是指应受益人的委托，将信用证转让给信用证的第二受益人的银行。一般可由通知行、议付行、付款行或保兑行承担。

四、信用证的使用流程

使用信用证时，会涉及开证申请人、开证行、通知行、受益人、议付行等当事人。信用证的一般使用流程如图 4－1 所示。

（1）买卖双方订立合同。双方对信用证的种类和开证时间做出明确规定。

（2）进口商申请开立信用证。进口方填写开证申请书并提供押金（Margin）或担保，支付开证费用，要求银行向出口商开出信用证。

（3）开证行开立信用证。开证行按照开证申请书规定开证，并将信用证邮寄，或用电讯方式通知出口地银行。

（4）通知行通知信用证。通知行收到信用证核对签字与密押后，将信用证通知或转递

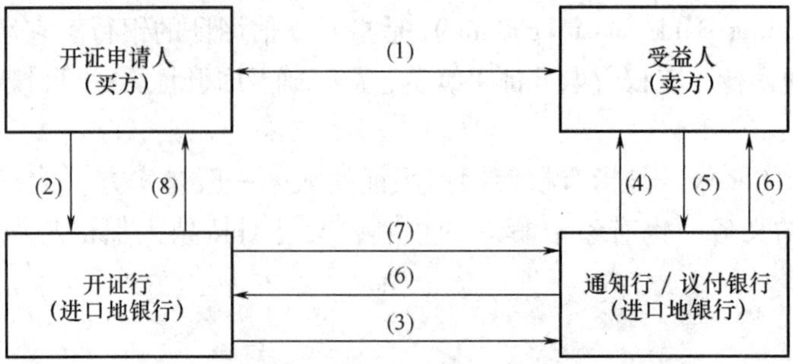

图 4－1　跟单信用证使用流程图

给出口商。

（5）出口商审证、发货、交单。出口商收到信用证后，认真审核，如有差错，通知买方改证，买方同意的话，就向开证行提交申请，开证行据以做出修改，改证通知书函寄或电告通知行，并由其转交受益人。收到开证行改证后，审核无误即可发货，遂备齐规定的各种单据，提交银行议付。

（6）议付行议付、索偿。议付行收到单据后，与信用证核对相符，即按汇票金额扣除从议付之日起到预计收款日为止的利息和手续费后，付给出口商，这一过程称为"议付"。议付后，向开证行索偿，即将单据连同汇票和索偿证明分次航邮寄给开证行或指定银行。如信用证指定偿付行，开证行应向其发出偿付授权书，议付行一面将单据寄往开证行一面向偿付行发出索偿书，说明该证单据已作议付，请按指定方法偿付。偿付行收到索偿书后，只要索偿金额不超过授权金额，即向议付行付款。凡信用证规定有电汇索偿条款的（T/T Reimbursement），议付行就可以用电子方式向开证行或指定银行索偿。

（7）偿付。偿付是指开证行或被指定银行向议付行付款的行为。开证行或其指定银行收到单据后，核验认定与证相符，即将票款偿付议付行。如有不符可以拒付，但应在收到单据次日起 5 个营业日内通知议付行。

（8）付款、赎单、提货。开证行偿付后，通知买方付款赎单。买方如果发现单证不符也可拒绝赎单。如果审核无误，付款或扣减开证押金后，即可取得全套货运单据提货。

课堂思考 4－1

议付与付款有何不同？

提示：议付是指指定银行在相符交单下，在其应获偿付的银行工作日当天或之前向受益人预付或者同意预付款项，从而购买汇票（其付款人为指定银行以外的其他银行）及/或单据的行为。

任务三　信用证的内容与种类

信用证的开立形式有信开和电开两种。信开信用证是指开证行以航邮将信用证寄给通知行，再由通知行转递给受益人。电开即由开证行将信用证加注密押后以电讯方式通知受益人所在地的通知行，请其转递受益人。电开又分为SWIFT开证和电传开证。

目前，各国银行之间的信用证业务主要使用SWIFT开证。SWIFT是“全球银行金融电讯协会”（Society of Worldwide Interbank Financial Telecommunication）的简称。该协会设有自动化的国际金融电讯网，协会的成员银行可以通过该电讯网办理开立信用证以及外汇买卖、证券交易、托收等业务。通过SWIFT系统传递信用证的信息，即通过SWIFT开立或通知的信用证称为SWIFT信用证，也称“全银电协信用证”。

SWIFT在互联网上有专用服务器，各银行也有相应的电脑软硬件，用于登录、收发SWIFT电子文件。这种SWIFT电子文件与一般的电子邮件不同，有专用的格式——Message Type，简称MT，其中用于信用证开证的格式代码为MT700和MT701，用于修改信用证的格式代码为MT707。

一、信用证的编写

出口方拿到通知银行打印的信用证电文稿，往往是排版密集且全英文罗列，专业术语和名词较多，看上去比较复杂。我们需要了解信用证的编写规律，才能够看懂信用证，明白信用证的内容。

信用证电文由抬头、正文和结尾三个部分组成，其中抬头和结尾主要供银行间收发SWIFT电文用，与出口方关系不大。出口方需要看明白的是正文带编码的条款。编码的条款结构由三个部分构成：条款名称+条款编码+条款内容。条款编码和名称是固定的，内容则根据实际情况有所变化。

例如：

CURRENCY CODE，AMOUNT：32B：USD30 000.00

条款名称　　　　编码　条款内容

信用证结算货币和金额：32B：3万美元

有些条款内容较多或分为几个部分罗列，此时该条款通常会用“1，2，3”或“+”等符号进行分段，但只要是在一个编码下，都属于同一个性质的内容。

信用证编码对应的条款内容需要我们掌握，表4－1是信用证编码对应的条款内容。

表4－1　信用证编码内容简表

编码	条款名称	含义	性质
20	Documentary Credit Number	信用证号码	必选项
23	Reference to Pre－advice	预先通知号码	可选项
27	Sequence of Total	页次	必选项
31C	Date of Issue	开证日期	可选项
31D	Date and Place of Expiry	信用证有效期与到期地点	必选项
32B	Currency Code，Amount	信用证结算货币与金额	必选项
39A	Percentage Credit Amount Tolerance	信用证金额允许浮动范围	可选项
39B	Maximum Credit Amount	信用证最大限制金额	可选项，不能与39A同时出

续表

编码	条款名称	含义	性质
39C	Additional Amounts Covered	额外金额	可选项
40A	Form of Documentary Credit	跟单信用证形式	必选项
40E	Applicable Rules	信用证依据法则	必选项
41A	Any Bank	自由议付	必选项，与41D二选一
41D	Available With…By…	指定银行及信用证兑付方式	必选项
42A	Drawee	汇票付款人	可选项，必须与42C配合使用
42C	Drafts at	汇票到期日	可选项，必须与42A配合使用
42M	Mixed Payment Details	混合付款条款	可选项
42P	Deferred Payment Details	迟期付款条款	可选项
43P	Partial Shipments	分装条款	可选项
43T	Transshipment	转运条款	可选项
44A/E	Loading on Board	装船地点	可选项
44B/F	For Transportation to…	最终目的地	可选项
44C	Latest Date of Shipment	最迟装船期	可选项，不能与44D同时出现
44D	Shipment Period	船期	可选项，不能与44C同时出现
45A/B	Description of Goods	货物描述	可选项
46A/B	Documents Required	单据要求	可选项
47A/B	Additional Conditions	附加条款	可选项
48	Period for Presentation	交单期	可选项
49	Confirmation Instructions	保兑指示	必选项
50	Applicant	开证申请人	必选项
51A/D	Applicant Bank	开证银行	可选项
53A/D	Reimbursement Bank	偿付银行	可选项
57A	Advise Through Bank	通知银行	可选项
59	Beneficiary	信用证受益人	必选项
71B	Charges	费用情况	可选项
72	Sender to Receiver Information	附言	可选项
78	Instruction to the Paying /Accepting/ Negotiating Bank	给付款行、承兑行、议付行的指示	可选项

二、信用证的基本内容

信用证正文的基本内容有以下几个部分：

（1）信用证本身的说明：①信用证的类型（Form of Credit）。②信用证号码（L/C Number）。③开证日期（Date of Issue）。④信用证金额（L/C Amount）。⑤有效期和到期地点（Expiry Date and Place）。⑥开证银行（Issuing / Opening Bank）。⑦通知银行（Advising / Notifying Bank）。⑧开证申请人（Applicant）。⑨受益人（Beneficiary）。⑩单据提交期限（Documents Presentation Period）。

（2）关于汇票的说明：①出票人（Drawer）。②付款人（Drawee）。③付款期限（Tenor）。④出票条款（Drawn under Clause）。

（3）关于交付单据的要求：①商业发票（Commercial Invoice）。②提单（Bill of Lading）。③保险单或保险凭证（Insurance Policy or Certificate）。④产地证明书（Certificate of Origin）。⑤其他单据（Other Documents）等。

（4）关于货物的描述：①品名、货号和规格（Commodity Name，Article Number and Specification）。②数量和包装（Quantity and Packing）及单价（UnitPrice）。

（5）关于运输安排：①装货港（Port of Loading / Shipment）。②卸货港或目的地（Port of Discharge or Destination）。③装运期限（Latest Date of Shipment）。④可否分批装运（Partial Shipment Allowed / Not Allowed）。⑤可否转船运输（Transshipment Allowed / Not Allowed）。

（6）其他说明：①特别条款（Special Condition）。②开证行对议付行的指示（Instructions to negotiating bank）。③背批议付金额条款（Endorsement Clause）。④索汇方法（Method of Reimbursement）和寄单方法（Method of Dispatching Documents）。⑤开证行付款保证（Engagement / Undertaking Clause）。⑥惯例适用条款（Subject to UCP clause）。⑦开证行签字（Signature）。

案例 4－1

BOLTITICORONA S. A.（以下简称进口方）根据与佛山奇飞进出口贸易有限公司（以下简称出口方）所签订的合同（示范 3－6）的要求，按时向开证行（BANCO DE CHILE）申请开证，开证行于 7 月 15 日开立一张以出口方为受益人的不可撤销信用证，信用证号码为 329898871232（示范 4－3 所示），并通过 SWIFT 系统把信用证传递给通知行，请其把信用证内容通知受益人。

示范 4－3　信用证

Own Address：COMMCNSELXXXX BANK OF COMMUNICATIONS，FOSHAN CITY BRANCH

No. 23 JIHUA ROAD，FOSHAN

CHINA

Output Message Type：700 ISSUE OF A DOCUMENTARY CREDIT

Send by：BANCOCHILEXXX BANCO DE CHILE

HUERFANOS 1175，SANTIAGO

CHILE

Output Date/Time: 20100715/1422
SEQUENCE OF TOTAL: 27:   1/1

FORM OF DOCUMENTARY CREDIT	: 40A:	IRREVOCABLE
DOCUMENTARY CREDIT NUMBER	: 20:	329898871232
DATE OF ISSUE	: 31C:	20100715
DATE AND PLACE OF EXPIRY	: 31D:	20100915 BENEFICIARIES' COUNTRY
APPLICANT	: 50:	BOLTITI CORONAS. A. ARTURO PRAT 476 SANTIAGO, CHILE
BENEFICIARY	: 59:	FOSHAN QIFFI I/E TRADE CO. , LTD NO. 187 ZHONGSHAN ROAD, FOSHAN, CHINA
CURRENCY CODE AMOUNT	: 32B:	USD 16, 788. 20
AVAILABLE WITH…BY…	: 41D:	ANYBANK IN CHINA BY NEGOTIATION
DRAFTS AT…	: 42C:	AT SIGHT
DRAWEE	: 42A:	ISSUING BANK
PARITIAL SHIPMENTS	: 43P:	NOT ALLOWED
TRANSSHIPMENT	: 43T:	ALLOWED
LOADING ON BOARD	: 44A:	GUANGZHOU, CHINA
FOR TRANSPORTATION TO	: 44B:	SAN ANTONIO, CHILE
LATEST DATE OF SHIPMENT	: 44C:	20100831
DESCRIPTION OF GOODS	: 45A:	HAND - MADE LEATHER SHOES AND GLOVES DETAILS AS PER S/C NO: 10QFIE0702 DATED JULY 2, 2010 CIF SAN ANTONIO
DOCUMENTS PEQUIRED	: 46A:	

+ ORIGINAL SIGNED COMMERCIAL INVOICE IN DUPLICATE

+ ORIGINAL PAKCING LIST IN DUPLICATE

+ FULL SET CLEAN ON BOARD MARINE BILL OF LADING CONSIGNED TO THE ORDER OF BANCO DECHILE MARKED FREIGHT PREPAID AND NOTIFY APPLICANT, NAME OF SHIPPING AGENT INSANTIAGO WITH FULL ADDERSS AND TELEPHONE NUMBER, INDICATING THIS L/C NUMBER.

+ ORIGINAL CERTIFICATE OF QUALITY ISSUED BY ENTRY - EXIT INSPECTION ANG QUARANTINE OF P. R. CHINA.

+ INSURANCE POLICY OR CERTIFICATE IN DUPLICATE ENDORSED IN BLANK FOR 110% OF THE INVOICE VALUE COVERING ALL RISKS AND WAR RISKS AS PER PICC DATDE 1/11981. CLAIM IF ANY, PAYABLE IN THE CURRENCY OF THE DRAFT.

+ CERTIFICATE OF CHINESE ORIGIN.

ADDITIONAL CONDITIONS : 47A:

+ A DISCREPANCY FEE OF USD50.00 WILL BE IMPOSED ON EACH SET OF DOCUMENTS PRESENTED FOR NEGOTIATION UNDER THIS L/C WITH DISCREPANCY. THE FEE WILL BE DEDUCTED FROM THE BILL AMOUNT.

CHARGES : 71B: ALL BANK CHARGES OUTSIDE CHILE INCLUDING REIMBURSING BANK COMMISSION AND DISCREPANCY FEE (IF ANY)
ARE FOR BENEFICIARIES' ACCOUNT.

PERIOD OF PERSENTATION : 48: ALL DOCUMENTS MUST BE PRESENTED WITHIN 15 DAYS AFTER DATE OF SHIPMENT

CONFIRMATION INSTRUCTIONS : 49: WITHOUT

INSTRUCS TO PAY/ACCPT/NEGOT BANK : 78: DOCUMENTS TO BE DISPATCHED IN ONE SET BY COURIER
ALL CORRESPONDENCE TO BE SENT TO
BANCO DE CHILE HUERFANOS 1175, SANTIAGO, CHILE

三、信用证的种类

信用证基本形式为即期跟单信用证，它的使用比较简单。外国进口商申请开证，开证行开出信用证，出口方根据信用证条款出货后，向开证行或付款行提交跟单汇票及（或）装运单据，银行立即付款。即期信用证中，开证行一般都允许受益人向银行先议付货款。如开证行允许受益人向任何一家银行交单议付的（negotiation by any bank），称为公开议付信用证；如开证行指定受益人只能向某指定的银行交单议付的（negotiation by ××× bank only），称为限制议付信用证。

外贸业务中实际情况往往比较复杂，一方面，进口方往往要求收到货物后延期支付货款，减轻其风险和资金压力；另一方面，出口方如果是中间商，国内采购支付与国外销售收款往往时间上不能衔接，又不希望国外进口商直接将信用证开给国内工厂，从而减少中间利润。此时就需要将信用证适当变形，通过付款时间和单证操作改变信用证的形式。

（一）远期信用证

远期信用证（Usance L/C）是指开证行或付款行收到符合规定的单据后，不立即付款，而是到信用证到期日时再付款的信用证。在远期信用证付款条件下，出口方先交单，银行后付款，实际上是出口方向进口方提供信贷的一种方式，有利于进口方资金周转。远期信用证可分为下列几种。

1. 承兑信用证

承兑信用证（Acceptance L/C）是以开证行作为远期汇票付款人的信用证。受益人开立以开证行作为付款人的远期汇票连同单据交议付行，议付行审核单据无误，将汇票、单据寄给开证行，开证行签章加具承兑，待到期时再付款。如果出口商需要资金，可以先行贴现汇票，贴现银行把扣除贴息后的余款交给出口商，汇票到期时，由贴现银行向开证行索汇。

知识链接

贴现与贴息计算：

贴现是远期汇票承兑后，持票人在汇票到期前到银行兑换现款，银行从票面金额中扣贴现利息后付给持票人余款的行为。

$$贴现利息 = 汇票金额 \times 贴现天数 \times 年贴现率 \div 360$$

实例：面额为10 000美元的见票后90天付款的汇票，6月20日得到付款人的承兑，该汇票应于9月18日到期，持票人于6月30日持汇票去银行要求贴现，银行核算计息天数（7~8月份各31天，9月份18天，共计80天）。如果贴现年利率为10%，按欧美算法，一年按360天计算，则

$$贴现利息 = 汇票金额 \times 贴现天数 \times 年贴现率/360$$
$$= 10\ 000 \times 80 \times 10\%/360 = 222.22\text{（美元）}$$
$$银行向持票人净付款 = 汇票金额 - 贴现利息$$
$$= 10\ 000 - 222.22 = 9\ 777.78\text{（美元）}$$

银行受让汇票后，于9月18日向付款人提示，收取十足票款10 000美元。

2. 延期付款信用证

延期付款信用证（Deferred Payment Credit）是指受益人不用开具汇票，开证行保证货物装船后或收单后若干天付款的信用证。此种信用证出口商不能利用贴现市场资金，只能自行垫款或向银行借款。

3. 假远期信用证

假远期信用证（Usance L/C Payable at Sight）是指要求受益人开立远期汇票，但规定所有贴现和承兑费用由进口人负担。这种信用证表面上看是远期信用证，对出口人而言却可即期收款。对进口人来说，可以等到汇票到期时才向付款行支付货款。所以，人们把这种信用证又称为买方远期信用证（Buyer' s Usance L/C）。

（二）可转让信用证

可转让信用证（Transferable L/C）是指信用证规定受益人（第一受益人）可以将使用信用证的权利转让给其他人（第二受益人）的信用证。可转让信用证主要用于受益人是中间商，他要从实际供货方那里先买进货物，然后才向买主交货。然而中间商又没有足够的资金向供货方付款，又不愿让供货方与实际买主拉直关系，为了赚取利润，他要求买方开立可转让信用证，这样，中间商能够把转售货物得来货款的大部分转让给实际供货人，余下的就是他的利润。

可转让信用证只能按原证条款转让，但信用证金额、单价、到期日、交单日及最迟装运日期可减少或缩短，投保加成比例可以增加，信用证申请人可以变动。信用证只能转让一次，但允许第二受益人将信用证重新转让给第一受益人。如果信用证允许分批装运（支款），则将信用证金额按若干部分分别转让给几个第二受益人（总和不超过信用证金额），

该项转让的总和被视为一次转让，手续由转让银行办理。第二受益人如果不能按时交货或者单据有问题，原出口商仍要承担合同义务。

信用证默认是不可转让的，如需转让，需要在 40A 条款中加上“Transferable”（可转让）字样。

（三）循环信用证

循环信用证（Revolving L/C）是指信用证被全部或部分使用后，其金额又恢复到原金额，可再次使用，直至规定的次数或规定的总金额用完为止。信用证手续费用不低，对于交易批次较多，货量均匀稳定，持续时间较长的客户，开立循环信用证可免去多次开证麻烦，节省开证费用，同时也简化了手续，利于合同的履行。

循环信用证与普通即期信用证的区别在于规定信用证使用后自动恢复效用，直至达到规定的次数或约定的总金额为止。

（四）背对背信用证

背对背信用证（Back to Back L/C）又称转开信用证，是指受益人要求原证的通知行或其他银行以原证为基础，另开一张内容相似的新信用证。背对背信用证的内容除开证人、受益人、金额、单价、装运期限、有效期限等可有变动外，其他与原证相同，如需修改，应得到原证开证人的同意。

背对背信用证的开立，通常是中间商转售他人货物，从中图利。此时，如果中间商要求进口方开立“可转让”信用证，等于告诉对方出口方为中间商，相应单据上也会表明实际供货方的信息。如果顾忌这一点，就可以做成背对背信用证。

（五）保兑信用证

保兑信用证（Confirmed L/C）是指开出的信用证，由另一家银行保证对符合信用证条款规定的单据履行付款义务。该银行成为保兑行，与开证行承担一样的第一性付款责任。这种具有“双保险”的信用证对出口商最有利。

（六）备用信用证

备用信用证（Standby L/C）是开证行根据开证申请人的请求向受益人开立的保证承担某项义务的凭证。如果开证申请人没有履约，由开证行负责支付；如果开证申请人已经履约，则此证不必使用。

备用信用证具有一般商业信用证的基本性质，但二者仍有区别。首先，跟单信用证在受益人履约时使用；备用信用证则在申请人违约时才能使用。其次，跟单信用证只用于货物的买卖；备用信用证可适用于货物以外的多方面的交易（如投标、借款等）。最后，跟单信用证凭符合信用证条款的单据付款；备用信用证则只凭开证申请人违约证明付款。

课堂互动 4 -2

我国某公司向国外 A 商出口一批货物。A 商按时开来即期信用证，该证由设在我国境内的外资 B 银行通知加保兑。我公司在货物装运后，将全套合格单据送交 B 银行议付，收妥货款。但 B 银行向开证行索偿时，得知开证行因经营不善已宣布破产。于是，B 银行要求我公司将货款退还，并建议我方可委托其向 A 商直接索取货款。

对此，你认为我公司应如何处理？为什么？

提示：我公司应拒绝 B 银行的建议，因为保兑行的付款责任和开证行是一样的，都具有第一性的付款责任，因此对已收取的货款不应退回。B 银行建议我公司委托其向买方收取款项也不能接受，因为这样做，B 银行无疑是想将信用证支付方式变为托收，B 银行推卸付款责任，使我方的风险上升。

四、合同中的信用证支付条款

凭信用证支付时，合同中的支付条款应包括以下内容：受益人、开证行、开证日期、信用证种类、金额、信用证的有效期和到期地点。

【例 1】即期信用证支付条款

买方应于装运月份前××天通过卖方可接受的银行开立并送到卖方不可撤销的即期信用证，有效期至装运月份后 15 天在中国议付。

The buyer shall open through a bank acceptable to the sellers an Irrevocable Sight Letter of Credit to reach the sellers ×× days before the month of shipment, valid for negotiation in China until the 15th day after the month of shipment.

【例 2】远期信用证支付条款

买方应于××年××月××日前（或接到卖方通知后××天内或签约后××天内）通过××银行开立以卖方为受益人的不可撤销的见票后××付款的银行承兑信用证，信用证承兑有效期延至装运月份后 15 天内到期。

The buyer shall arrange with ×× bank for opening an irrevocable letter of credit in favor of the sellers before ×× (or within ×× days after receipt of seller' s advice; or within ×× days after signing of this contract). The said letter of credit shall be available by draft at ×× days after sight and remain valid for acceptance until 15th days after the aforesaid time of shipment.

五、信用证适用的国际惯例

为了减少因解释和习惯不同而引起的争端，国际商会制定了《跟单信用证统一惯例》，于 1933 年正式公布，并经历多次修改。最新的版本是 2007 年修订，全称《跟单信用证统一惯例（2007 年修订本）》国际商会第 600 号出版物，简称《UCP600》。

必须指出的是，虽然《UCP600》是国际惯例，获得了世界范围内的普遍采用，但是它不具有强制性，只有在当事人同意使用时，才对该当事人具有约束力。如当事人愿意受《UCP600》的约束，可在信用证中增加“40E”选项，条款内容标明“UCP LATEST VERSION”，则该信用证适用《UCP600》。即“This credit is subject to Uniform Customs and Practice for Documentary Credit 2007 Revision, ICC Publication NO. 600”。SWIFT 网络传递和开列的信用证都自动适用 UCP，如果当事人不愿使用 UCP，则须在 SWIFT 信息中明确宣称“此证不适用跟单信用证统一惯例”。

任务四 信用证的审核与修改

审核信用证是指出口方收到国外客户开来的信用证之后，对来证的各项条款逐一核对和审查，对不符合出口合同规定或无法办到的信用证条款要及时提请开证申请人进行修改，尽量避免因单证不符导致货款被拒付或延期收汇的情况发生。

信用证的付款原则是“单单相符，单证相符”，如果受益人提交的单据不能做到严格相 符，就会遭到开证银行的拒付。实际业务中，由于种种原因，例如，国外客户或开证银行的工作疏忽、电文传递的错误、贸易习惯的不同或国外买方有意利用开证的主动权加列对其有利条款等，常常出现信用证条款与合同不符的情况。

一、审核信用证的要求

审核信用证的依据主要是买卖合同、《UCP600》规定以及业务实际情况。在实际业务中，银行和出口方共同承担审核信用证的任务。银行侧重于政策性和信用证真实性的审核，如开证行的政治背景、资信能力、付款责任和索汇路线等；出口方侧重审核信用证条款。

出口方应对信用证中的以下事项进行认真审核。

1. 检查信用证的基本要素是否正确

如需要检查开证申请人与受益人的名称地址、信用证金额、币值、货物描述等基本要素是否与合同相符。

（1）信用证开证申请人与受益人的名称、地址要与合同相符。信用证时常有将开证申请人、受益人相互混淆，或名称拼写错误的情况。如合同上出口方为“China National Textiles Import & Export Corporation，Guangzhou Branch”，信用证中受益人为“China National Textiles Import & Export Corporation”，前者是“中国纺织品进出口公司广州分公司”，后者为“中国纺织品进出口公司”，两者是完全不同的概念。

（2）信用证金额、币制要与合同相符。检查信用证金额是否正确、大小写是否一致。如果合同规定允许数量上可以有一定幅度的伸缩，信用证在金额支付上也应允许有一定幅度的伸缩。如果在信用证金额前使用了表示约量的词语，例如“about”，其意义是允许金额有10%的伸缩。《UCP600》第30条b款规定：除非信用证规定数量不得有增减，在信用证未以包装单位件数或货物自身件数的方式规定货物数量时，货物数量允许有5%的增减幅度，只要总支取金额不超过信用证金额。

（3）货物描述说明是否与合同一致。货物描述说明包括商品品名、数量、包装、规格、价格术语等，这些是贸易合同中的重要条款，也是出口商交货的重要依据，出口商需要对信用证中的品名、数量、包装、规格、价格术语和合同条款一一对照，看是否符合合同的规定。

2. 检查相关期限的规定是否合理

信用证对期限的规定主要有三个：最晚装船日、交单期和信用证截止日。最迟装船日是指出口方要在此日期前出货，运输单据日期不能晚于此日期。交单期规定出口方必须在提单日期后若干天内把全套单证提交银行。信用证截止日顾名思义是指信用证在此日期前有效用，过期作废。审核该项内容时应注意以下几点：

（1）卖方能否在信用证规定的最晚装运日前备妥有关货物并按期出运。如果收到信用证时距离最晚装运日太近，无法按期装运，应及时与客户联系，要求延展信用证的装运期和截止日。

（2）交单期的规定与最晚装运日相距不能太短。业务中一般为装船后7～15天交单，如果信用证没有规定交单期，按《UCP 600》的规定则为运输单据日后21天内交单。需要注意的是，开展东南亚近洋贸易时，客户往往将交单期规定得较短，因为货轮只要三五天就能够到达目的港，如果出口方太迟交单，货物到达目的港后进口方由于没有正本提单而无法 提货，货物将在目的港码头堆放，增加进口方的仓储费用。

（3）信用证截止日是否与最晚装运日之间留有足够时间，以便交单议付。正常情况下，信用证截止日就是最后装运日加上交单期，但有时也会出现矛盾，例如，信用证规定最晚装运日为10月1日，交单期为10天，则信用证截止日应为10月11日，如果信用证中规定的截止日也为10月1日，则使最晚装运日形同虚设，即“双到期”。进出口业务中，信用证的截止日最好晚于最晚装运日半个月到一个月。

（4）注意信用证到期地点应在出口方所在地。如果是在国外到期，意味着出口方需要把单证从中国快递到国外，寄单时间和准确性，出口方往往无从掌握。业务中通常要求信用证到期地点为“IN CHINA”。

课堂互动4-3

我国某外贸公司出口货物一批，数量为1 000公吨，价格条件为每公吨USD65 CIF ROTTERDAM，国外买方通过开证行按时开来信用证，该信用证规定：信用证总金额不超过USD65 000，有效期为7月31号，信用证内注明按《UCP600》办理。该外贸公司于7月4日将货物装船完毕，取得提单，签发日期为7月4日。

（1）外贸公司最迟应该在什么时候将单据送交银行议付？为什么？

（2）本批货物最多、最少能交多少公吨？为什么？

提示：

（1）最迟于7月25日交单。《UCP600》第14条c款规定：须由受益人或其代表在不迟于本惯例所指的发运日之后的二十一个日历日内交单，但是在任何情况下都不得迟于信用证的截止日。

（2）交货数量幅度为950~1000公吨。根据《UCP600》第30条b款规定：除非信用证规定数量不得有增减，在信用证未以包装单位件数或货物自身件数的方式规定货物数量时，货物数量允许有5%的增减幅度，只要总支取金额不超过信用证金额。

课堂思考4-2

国外来证规定有效期和到期地点是“Oct. 31th，2009 place NEW YORK”，装运期是“not later than Oct. 31th，2009”。

为保障出口方的利益，我出口方应如何修改此证？

提示：把有效期和到期地点最好改为“Nov. 15th，2009 place China”。

3. 检查信用证运输、保险条款是否与合同相符

（1）审核运输条款。审核信用证对于起运港、目的港规定是否与合同一致，是否特别规定运输方式、运输路线、运输工具。例如，特别规定要求出具轮船船龄证明等，出口方应及时与承运方联系，如不能办到应及时提出修改。

还需审核信用证是否允许分批装运和转船。如信用证规定允许分批装运，并限定了每一批装运的时间和数量，此时需要注意其规定是否合理。按《UCP600》的规定，信用证规定了每一批装运的数量和时间，受益人每一批都必须按时按量装运，当任何一批货物未按规定出运，信用证对该批及以后各批均告失效。此外，除非信用证另有规定，允许分批装运和转运。

（2）审核保险条款。审核信用证要求的保险单据是否合理。例如，以 FOB 贸易术语出口，进口方负责租船和办理保险，信用证不应要求出口方提供保险单据，或者海运提单中不应要求标明运费预付“Freight Prepaid”。以 CIF 贸易术语出口则应比照合同检查保险险别、保险金额是否正确。

4. 检查信用证是否包括“软条款”

信用证“软条款”是指削弱了信用证付款保证的完整性和可靠性，赋予开证申请人或开证行单方面撤销付款责任权利，置受益人于不利地位的弹性条款。受益人放任“软条款”的结果是往往难以满足这些条款的要求而不能安全收汇。一旦审核发现“软条款”，出口方理应提请删除。信用证“软条款”主要有两大类：

（1）信用证对受益人提交的单据附加不合理要求。例如：商检证书必须获得进口方或其指定第三方签章确认方可生效；受益人必须提交进口方签发的货物收据，其签章必须与开证行或通知行持有的样本相符；受益人必须提交相关承运人声明或是开证申请人声明，表明已经按照某种要求进行了相关操作。

（2）信用证对付款责任的不合理规定。例如：规定只有在货物清关后或由主管部门批准进口后才付款；信用证暂不生效，只有等进口方申请到许可证并通知受益人后方可生效；对背信用证下规定只有原信用证项下货款收妥后才付款等。

二、信用证的修改

通过对信用证的全面审核，对发现的问题应分情况及时处理。对于影响安全收汇的条款必须要求国外进口方进行修改。

1. 信用证修改的一般程序

修改信用证的程序是：受益人审核信用证发现问题→受益人向开证申请人提出修改→开证申请人向开证行提出修改申请→通知行传递修改通知书→受益人重新审核→决定接受或拒绝并发出通知。

修改通知书和信用证一样也是条款格式，列出各项修改的内容。根据《UCP600》第 10 条 c 款规定：在受益人告知通知修改的银行其接受该修改之前，原信用证（或含有先前被接受的修改的信用证）的条款对受益人仍然有效。受益人应提供接受或拒绝修改的通知。如果受益人未能给予通知，当交单与信用证以及尚未表示接受的修改的要求一致时，即视为受益人已做出接受修改的通知，并且从此时起，该信用证被修改。

也就是说受益人收到修改通知书后有权决定是否接受，接受的可按照原信用证和修改后的内容出货制单结汇，不接受的可以重新提出修改，放弃修改的也可以按原信用证要求制单结汇。

2. 信用证修改要点

关于信用证的修改应掌握以下原则和注意事项：

（1）凡未经开证行、保兑行（如果有）以及受益人同意，信用证既不能修改也不能撤销。

（2）涉及信用证多处修改的应该将修改要求集中一次向开证申请人提出，避免多次修改信用证。

（3）对于修改内容要么全部接受，要么全部拒绝，部分接受修改通知书的内容是无效的。

（4）有关信用证修改必须通过原通知行传递才真实有效，通过开证申请人直接寄送的修改申请书或复印件不是有效的修改。

课堂互动4－4

某公司出口货物一批，国外开来信用证规定：红小豆10吨，单层新麻袋装，准许分批装运。该公司即致电进口方，要求将“红小豆10吨”按合同规定改为“红小豆10公吨”。后来我方收到信用证修改书，修改后信用证规定：红小豆10吨，单层新麻袋装，不准分批装运。公司认为“不准分批装运”条款不符合同规定，仍按原计划分批装运。

请问该公司的做法是否合理？

提示：对于信用证修改通知书，我方可接受也可拒绝。根据《UCP 600》第10条c款规定：在受益人告知通知修改的银行其接受该修改之前，原信用证（或含有先前被接受的修改的信用证）的条款对受益人仍然有效。所以，我方仍可按原证条款装运，也即我方拒绝了修改。我方的做法是合理的。

任务五　其他结算方式

国际贸易的支付方式除信用证外，还有汇款、托收、银行保函等。

一、汇款

汇款（Remittance）又称汇付，是付款人委托所在国银行，将款项以某种方式支付给收款人的结算方式。在汇款方式下，结算工具（委托通知或汇票）的传送方向与资金的流动方向相同，因此称为顺汇。

（一）汇款涉及的当事人

汇款方式下涉及的当事人主要有四个：

（1）汇款人：付款人，合同中的买方或其他经贸往来中的债务人。

（2）汇出行：汇出款项的银行，买方所在地银行。

（3）汇入行：解付汇款的银行，汇出行的代理行，卖方所在地银行。

（4）收款人：合同中的卖方或其他经贸往来中的债权人。

（二）汇款的种类和业务流程

汇款可分为电汇、信汇和票汇三种方式。

1. 电汇

电汇（Telegraphic Transfer，T/T）是汇出行以电报、电传或SWIFT（全球银行金融电讯协会）等电讯手段向汇入行发出付款委托的一种汇款方式。使用电汇时，汇出行根据汇款人的申请，拍发加押电报、电传或SWIFT给另一国的代理行（汇入行）。汇入行核对密押后，通知收款人取款，收款人收取款项后出具收据作为收款凭证。汇入行解付汇款后，将付讫借记通知书寄给汇出行转账，一笔汇款业务得以完成。电汇费用高，但交款迅速，业务中广泛使用。

2. 信汇

信汇（Mail Transfer，M/T）是以航空信函向汇入行发出付款委托的一种汇款方式。使用信汇时，汇款人向汇出行提出申请，并交款付费给汇出行，取得信汇回执。汇出行把信汇委托书邮寄汇入行，委托汇入行解付汇款，汇入行凭以通知收款人取款。收款人取款时在“收款人收据”上签字，交给汇入行，汇入行凭以解付汇款，同时将付讫借记通知书寄给汇出行，使双方的债权债务得到清算。信汇费用低廉，但收款时间长，业务中较少使用。电汇、信汇的业务流程如图 4 - 2 所示。

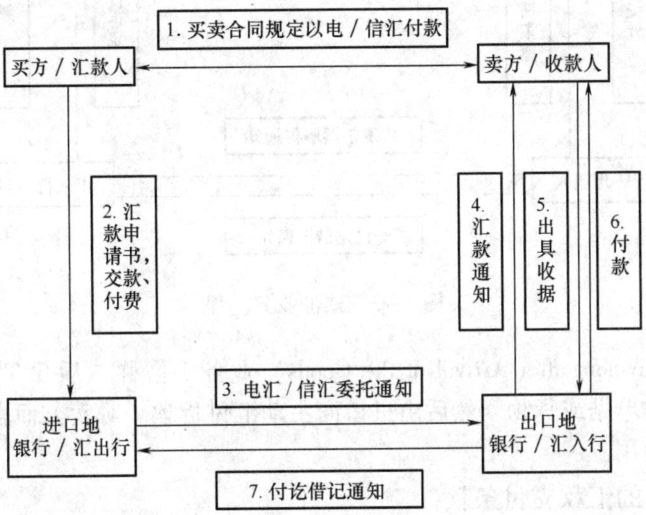

图 4 - 2　电汇、信汇业务流程

3. 票汇

票汇（Remittance by Banker' s Demand Draft，D/D）是以银行即期汇票作为支付工具的汇款方式。使用票汇时，汇款人填写申请，并交款付费给汇出行。汇出行开立银行汇票交给汇款人，由汇款人自行邮寄给收款人。同时汇出行将汇票通知书或称票根（Advice or Drawing）邮寄给汇入行。收款人持汇票向汇入行取款时，汇入行验对汇票与票根无误后，解付票款并把付讫借记通知书寄给汇出行，以结清双方的债权债务。票汇的业务流程如图 4 - 3 所示。

（三）汇款的使用

利用汇款方式结算货款，银行只提供服务，不提供信用，货、款能否结清，完全取决于买卖双方的商业信用。业务中汇款主要用于预付货款、货到付款及货款尾数、佣金、运费的结算。

预付货款（Payment in Advance）业务中俗称“前 T/T”，是指在订货时或交货前汇付货款，对卖方而言资金压力和风险较小，比较有利。预付货款中，进口商为了减少预付风险，可以采用凭单付汇（Remittance Against Documents）的方法，即进口商先将货款汇给出口地银行，指示其凭出口人提供的指定单据和装运凭证付款。

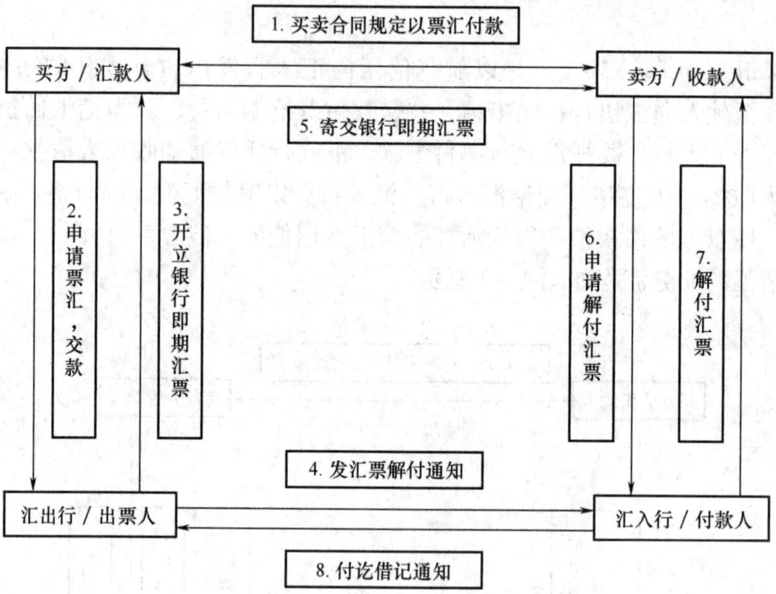

图 4－3　票汇业务流程

货到付款（Payment after Arrival of the Goods）业务中俗称“后 T/T”，指出口方收到货款以前，先交出单据或货物，然后由进口商主动汇付货款。对卖方而言资金压力和风险都很大，要谨慎使用。

（四）合同中的汇款支付条款

采用汇款方式支付，买卖双方应在合同中规定采用何种汇款方式以及买方何时付款。支付条款范例如下。

【例 1】采用电汇方式支付

买方应于 5 月 12 日前将 30% 货款电汇至卖方，其余货款在收到正本提单传真后 2 日内支付。

The buyers shall pay 30% of the sales proceeds by telegraphic transfer not later than 12th May. The remaining 70% will be paid within 2 days against faxed B/L.

【例 2】采用票汇方式支付

买方应不迟于 10 月 20 日将 100% 的货款用票汇预付给卖方。

The buyers shall pay 100% of the sales proceeds in advance by Demand Draft to reach the sellers not later than 20th Oct.

二、托收

托收（Collection）是出口人委托银行向进口人收取货款的一种支付方式。卖方发货后，将装运单据和汇票通过卖方的代理行送交进口商，进口商履行付款或承兑后，银行才交出单据。托收项下汇票的传递方向与资金流向相反，所以人们称其为逆汇。

（一）托收方式涉及的当事人

托收方式主要涉及以下四个当事人：

(1) 委托人。开具汇票并委托银行向国外付款人收款的出票人，通常为卖方。

(2) 托收行。接受委托人的委托，代其向付款人收款的银行，通常为出口商所在地银行。

(3) 代收行。接受托收行委托，代其向付款人收款的银行，通常为进口商所在地银行。

(4) 付款人。根据托收指示进行付款，通常为买方。

(二) 托收的种类与业务流程

托收可分为光票托收和跟单托收，光票托收是出口商只开汇票，不随附货运单据的托收，一般用于样品、货款尾数的收付。跟单托收是出口商将汇票连同货运单据一起交给银行委托代收货款的方式。国际贸易中主要使用的是跟单托收。根据交单条件的不同，跟单托收可分为付款交单和承兑交单。

1. 付款交单

付款交单 (Documents Against Payment, D/P) 是出口人的交单以进口人的付款为条件。按照支付时间不同又可分为即期付款交单和远期付款交单两种。

(1) 即期付款交单 (D/P at Sight)：出口方开具即期汇票，通过银行向进口人提示付款，进口人见票时立即履行付款手续，领取货运单据。即期付款交单业务流程如图 4 - 4 所示。

(2) 远期付款交单 (D/Pafter Sight)：出口方开具远期汇票，通过银行向进口方提示，进口人见票时承兑，待汇票到期时，买方付款领取货运单据。其业务流程与图 4 - 4 不同之处在于买方对汇票先承兑，到期后再付款领取货运单据，其余基本相同。

2. 承兑交单

承兑交单 (Documents against Acceptance, D/A) 是出口人的交单以进口人的承兑为条件。即进口人承兑汇票后即可领取货运单据，待汇票到期时再付款。其业务流程与图 4 - 4 不同在于买方审单后无须付款，只要对远期汇票承兑即可取得货运单据，待汇票到期再付款。

业务中还有 D/P · T/R，即“付款交单凭信托收据借单”。其具体做法为：由进口人承兑汇票后出具信托收据向代收行借取货运单据，以代收行受托人身份代为提货、报关、存仓、转售，并承认货物所有权仍归银行，货物售出后所得货款应归银行，保证在汇票到期日向银行付清款项。若此种做法为买卖双方事先约定，则发生汇票到期不能收回货款的风险与代收行无关，由卖方自行承担；若此种做法由代收行自行决定，则代收行应承担汇票到期不能收回货款的责任。付款交单凭信托收据借单对出口方风险大，要求进口方资信情况较好，或由进口方提供适当担保，方可借单。

(三) 托收的特点

托收支付方式具有以下三个特点：

(1) 托收是先发货，后收款，出口方能否收回货款，取决于进口人的资信，因此属于商业信用。

(2) 银行办理托收业务，只按委托人的指示办事，并不检查单据的内容，没有保证进口方付款的责任。如果进口方拒付，除非另有约定，银行没有代管货物的义务。

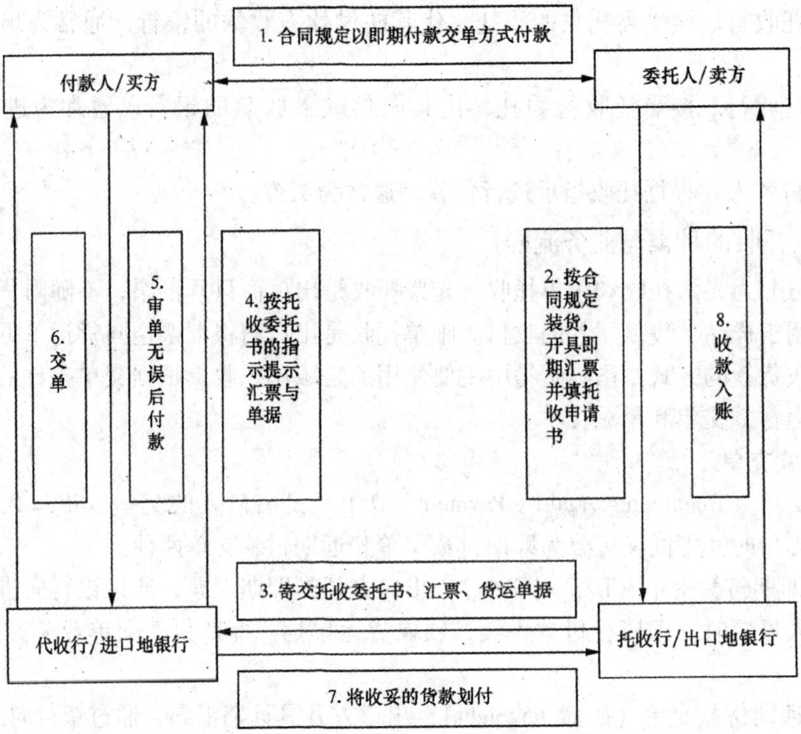

图 4-4　即期付款交单业务流程

（3）托收对出口方来说风险较大，其中 D/A 比 D/P 风险更大。

课堂互动 4-5

我国某外贸公司向日本商人以 D/P 见票即付方式推销某商品，对方答复如我方接受 D/P 见票后 90 天付款条件，并通过日本商人指定的 A 银行代收货款则可批量采购。

请分析日本商人提出此项要求的出发点是什么？

提示：

（1）提出将 D/P 即期改为 D/P90 天远期，目的在于推迟付款，以利于资金周转。

（2）日本商人指定 A 银行作为代收行，目的在于方便其向该银行借单，提早取货转售。

（3）我方如果同意日本商人的要求，实质是给了日本商人一笔长达 90 天的无息贷款。

（四）使用托收应当注意的问题

和信用证方式相比较，托收的费用低廉，制单要求较宽松，只要客户赎单迅速，货款的收回也比较快。但是如果进口商不能很好地合作，待货物出运甚至抵达后提出降价甚至拒绝付款赎单，就会使出口商非常被动。采用托收方式付款其实是出口商向进口商提供信用和资金融通，对出口商来讲虽然可以起到吸引客户、调动其经营积极性、从而扩大出口的作用，但同时也面临着较大的风险。一般来讲，如果双方是长期的合作伙伴，进口方一直很守信用，或者收货人为本公司在国外设立的分公司或办事处，可以采用托收方式结算。其他情况下采用托收方式结算，应注意以下问题。

1. 调查进口人的资信情况、经营能力和经营作风

根据调查的情况确定授信额度、成交金额与交货进度，避免买方借资金紧张等故延期付款。国外代收行的选择要经过托收行的同意。尽量不使用承兑交单。

2. 争取使用 CIF 或 CIP 价格成交

采用 CIF 或 CIP 术语，提货前货物如果受损，买方拒付，我方可凭保险单向保险公司索赔；如果必须由买方保险，则出口商除应在货物装运后及时通知对方投保外，还可以投保“卖方利益险”，以防货物遇险，买方未投保又不付款赎单时，可由我方向保险公司索赔。

3. 明确付款到期日

北欧和拉美许多国家习惯把“单到”付款或承兑，视为“货到”付款或承兑，这样会拖延付款时间，对我方不利，因此要明确规定。

4. 了解进口国有关规定

欧洲有些国家不做远期 D/P，拉美国家则把远期 D/P 当成 D/A 处理。另外，有时货到单据未到，需要存仓、保险。有些国家海关规定货物进仓 60 天后无人提货即公开拍卖。因此，我们应了解进口国关于远期 D/P 的习惯做法及进口国货物存仓管理办法等。

5. 采用托收方式，最好与其他方式结合使用

（1）与电汇（T/T）方式结合使用。为了预防风险，出口商可以要求进口商先采用 T/T 方式预付部分货款（最好不低于 30%），其余货款采用 D/P 方式。只要市场不出现剧烈变动，客户一般不会宁可损失预付货款而不去银行赎单。

（2）与信用证方式结合使用。一般做法是：50% 的货款采用即期信用证（L/C at Sight）方式支付，另外 50% 货款采用即期付款交单（D/P at Sight）方式支付，且全套货运单据必须随附在 D/P 项下。

6. 采取一定的措施转移收款的风险

如需要采用承兑交单（D/A）、远期付款交单（D/P after Sight）或“后 T/T”方式支付，出口商应投保出口信用险或开展出口保理业务，将收款的风险转移给保险公司或保理公司。

7. 遭到拒付后应及时采取合理的措施

如遭到拒付，出口方应及时了解拒付的原因和货物的状况，在货物未到港之前尽快联系客户或新的买家；在 D/P 条件下，货款未收回而货物被提走了，应追究代收行的责任；如果货物已经到港而买方拒不付款赎单，出口方应及时处理货物或组织运回，尽量减少损失。

知识链接

国际保理与出口信用保险

一、国际保理

国际保理（Factoring），即国际保付代理，简称保理，在托收、赊账（Open Account, O/A）等情况下，保理商（Factor）向出口商提供的一项包括对买方资信调查、百分之百

的风险担保、催收应收账款、财务管理以及融通资金等综合性财务服务。

出口保理业务是出口商以商业信用方式（如 D/A，D/P after Sight，O/A 等）出售商品前通过保理商调查进口方资信，与保理商签订保理协议确定授信额度，在保理额度内与进口商签订出口合同，装运后将发票等收账凭据转让给保理商，取得保理商资金融通的业务。保理对出口人的最大好处是收款无后顾之忧，但对货物品质、数量、交货期等问题引起进口商不付货款，保理商则不承担这一风险。

开展保理业务的大多是商业银行等金融机构。各国保理机构建立了“国际保理商联合会（Factor Chain International，FCI）”，通过该组织，各国保理商互换进口商资信信息。目前我国已有中国银行、交通银行、招商银行等多家银行从事出口保理业务。

二、出口信用保险

出口信用保险（Export Credit Insurance），是指国家设立专门保险机构承保本国出口商以商业信用方式出口时，因境外商业风险或政治风险造成的损失。

出口信用保险承保的商业风险包括法院宣告买方破产、财产已被接管、接收，买方收货后 6 个月未付款，买方拒收货物并拒付货款等。政治风险包括买方国家禁止货款汇出，撤销进口许可证，发生战争、动乱、不可抗力事件。出口信用保险赔付最高金额一般为实际损失的 90%，其余 10% 由出口企业自己承担。

出口信用保险是将出口商的收汇风险转嫁到保险人身上，为出口商开拓海外市场提供坚强的后盾。出口信用保险与一般的出口货物运输保险不同，它有着强烈的政策性，由国家设立专门的机构出面担保，开办此项业务的资金均由国家财政拨付。中国的官方出口信贷担保机构为“中国出口信用保险公司（China Export Credit Insurance Corporation）”于 2001 年成立，总部设在北京，官方网址是“www. sinosure. com. cn”。

（五）合同中的托收支付条款

采用托收方式支付时，其支付条款范例如下。

【例 1】即期付款交单

买方根据卖方开具的即期跟单汇票，于见票时立即付款，付款后交单。

Upon first presentation the Buyer shall pay against documentary draft drawn by the seller at sight. The shipping documents are to be delivered against payment only.

【例 2】远期付款交单

买方根据卖方开具的见票后 60 天付款的跟单汇票，于提示时承兑，并在汇票到期时付款，付款后交单。

The buyer shall duly accept the documentary draft drawn by the sellers at 60 days after sight upon first presentation and make payment on its maturity. The shipping documents are to be delivered against payment only.

【例 3】承兑交单

买方根据卖方开具的见票后 90 天付款的跟单汇票，于提示时承兑，并在汇票到期时付款，承兑后交单。

The buyer shall duly accept the documentary draft drawn by the sellers at 90 days after sight upon first presentation and make payment on its maturity. The shipping documents are to be delivered against acceptance.

三、银行保函

银行保函（Banker's Letter of Guarantee，L/G）是银行开立的担保履行某项义务、有条件承担经济赔偿责任的书面承诺文件。银行保函是银行以自己的信用代替客户的信用向受益人提供的担保。

（一）银行保函涉及的当事人

银行保函涉及的当事人主要有三个：

（1）委托人：保函的申请人，一般是合同的债务人。

（2）担保人：保函的开立人，一般是银行。

（3）受益人：通过保函取得赔偿的人。

（二）银行保函的使用流程

银行保函的使用流程如图4-5所示。

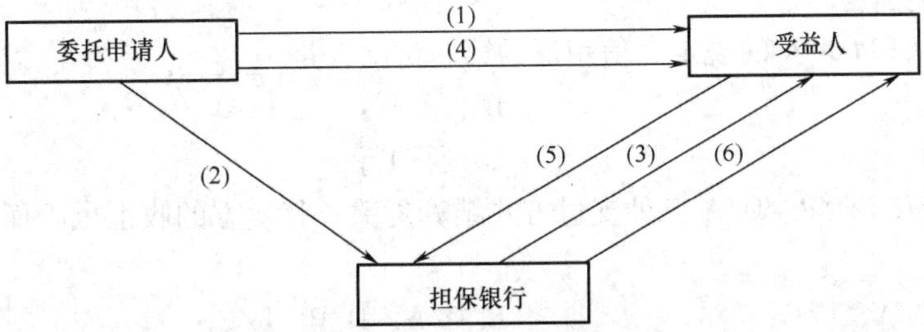

图4-5　银行保函业务流程

图4-5中包含以下内容：

（1）申请人与受益人签订货物买卖或工程项目合同，并约定由第三方出面担保。

（2）申请人请担保人出具保函。

（3）担保人开具保函。

（4）申请人对受益人违约。

（5）受益人因申请人违约而向担保人提出索赔。

（6）担保人兑现其担保责任，赔付担保金额。

（三）银行保函的种类

按使用的用途不同，银行保函通常可分为投标保函、履约保函、还款保函。

1. 投标保函

投标保函（Tender Guarantee），是银行应投标人的申请向招标人（受益人）发出的保证书。保证投标人在开标前绝不中途撤标或片面修改投标条件，中标后签约和交付履约保证金。否则，由银行赔偿招标人的损失。

2. 履约保函

履约保函（Performance Guarantee）在货物进出口业务中使用时，可分为进口履约保函和出口履约保函。前者是银行对进口人必须付款所做的保证，后者是银行对出口人必须交货所做的保证。

3. 还款保函

还款保函（Repayment Guarantee），又称预付款保函或定金保函。是银行应合同一方的申请，向另一方开立的保证书。如申请人不履行合同义务，不退还受益人预付、支付的款项，则由银行向受益人退还或支付款项。也是外国贷款人要求借款人提供的到期还款的银行保证。

课堂思考4-3

银行保函业务与信用证业务中银行的付款责任是否相同？

提示：不同。信用证下银行付款责任是第一性的；银行保函业务下银行的付款可能是第二性的，在委托人拒不履约给受益人造成损失时，银行履行付款责任。

思考与练习

一、单项选择题

1. 根据《UCP600》的规定，信用证的第一付款人是________。

A. 进口人　　B. 开证行

C. 议付行　　D. 通知行

2. 使用L/C、D/P、D/A三种支付方式结算货款，就卖方的收汇风险而言，从小到大依次排序为________。

A. D/P、D/A、L/C　　B. D/A、D/P、L/C

C. L/C、D/P、D/A　　D. 风险一样大

3. 信用证是根据买卖合同开立的，出口商要保证安全收汇，其所提供的单据必须做到________。

A. 与买卖合同规定相符

B. 与信用证规定相符

C. 与所交货物之间相符

D. 在信用证与买卖合同不一致时，应以买卖合同的规定为主，适当参照信用证的有关规定

4. 在贸易实践中，装运期和结汇期的确定最好是________。

A. 不可同一日期　　B. 结汇期应该早于装运期

C. 装运期应该早于结汇期　　D. 可以在同一日期

5. 信用证的基础是买卖合同，当信用证与买卖合同不一致时，受益人应要求________。

A. 开证行修改　　B. 开证申请人向开证行申请修改

C. 通知行修改　　D. 议付行修改

6. 信用证规定到期日为2009年5月31日，而未规定最迟装运期，通常按业务习惯可理解为________。

A. 最迟装运期为2009年5月10日　　B. 最迟装运期为2009年5月16日

C. 最迟装运期为2009年5月31日　　D. 该信用证无效

7. 信用证规定“Shipment During March/Apr/May in three equal monthly lots”。因生产

原因，3 月份的货未能装运，3、4、5 三个月的货拟于 4 月份装运。根据《UCP600》的规定，以下做法正确的是________。

A. 3 月份的货不能装运，只能装运 4、5 两个月的货

B. 3 月份的货不能装运，4、5 两个月的货也不能装运

C. 4 月份与 3 月份的或分成两批，做两套单据，同在 4 月份内装运

D. 4 月份将所有未装货一次装运

8. 保兑信用证的保兑行，其付款责任是________。

A. 在进口人不履行付款义务时才履行付款义务

B. 在开证行不履行付款义务时才履行付款义务

C. 在出口人不履行付款义务时才履行付款义务

D. 承担第一性的付款责任

9. 买方开来的信用证中规定："Description of Goods：Computer 300sets At USD 375/ EA USD 112500，Amount：Currency USD 118125"。受益人交货时的最高限额为________。

A. 300 sets　　B. 330 sets

C. 315 sets　　D. 285 sets

10. 买卖双方以 D/P. T/R 条件成交签约，货到目的港后，买方凭 T/R 向代收行借单提货，事后收不回货款________。

A. 代收行应负责向卖方偿付　　B. 由卖方自行负担货物损失

C. 由卖方与代收行协商共同负担损失　　D. 由保险公司负责向卖方偿付

二、多项选择题

1. 某公司分别以 D/P at 90 days after sight 和 D/A at 90 days after sight 两种支付条件对外出口了两批货物，关于这两笔业务，下列叙述正确的有________。

A. 前者是指进口人在到期日付清货款才可取得货运单据，后者是指进口人在见票时承兑后即可取得货运单据

B. 前者没有遭进口人拒付的风险，而后者存在这种风险

C. 前者的风险比后者大

D. 后者的风险比前者大

2. 信用证支付方式的特点是________。

A. 信用证是一种银行信用　　B. 信用证是一种商业信用

C. 信用证是一种自足的文件　　D. 信用证是一种单据的买卖

3. 对于信用证与合同的关系表述正确的是________。

A. 信用证的开立以买卖合同为依据

B. 信用证的履行不受买卖合同的约束

C. 有关银行只根据信用证的规定办理信用证业务

D. 合同是审核信用证的依据

4. 在审核信用证金额时，应注意的内容是________。

A. 金额与发票金额必须保持一致　　B. 立即将受损货物转移给保险公司

C. 货币与合同的规定必须一致　　D. 金额与汇票的金额必须一致

三、判断题

1. 信用证与可作为其依据的销售合同或其他合同，是相互独立的交易。(　　)

2. 票汇业务和托收业务都是商业信用，使用的都是商业汇票。(　　)

3. 从性质上来讲，汇付与托收都属于商业信用，而信用证则属于银行信用。因此对卖方来讲采用信用证的风险较小，收汇较安全。(　　)

4. 我国某出口公司收到进口方开来的信用证，证中规定装运期和议付有效期同时为9月份到期，对此条款我方不应接受，应该把议付有效期改为装运期后15天内有效。(　　)

5. 某年我国某出口公司对墨西哥出口商品一批，对方来证在“转运”栏内规定“允许转运”，我方业务员认为：既然规定“允许转运”，我方有转运或不转运的选择权。(　　)

6. 承兑交单最易为买方接受，有利于达成交易，所以在出口业务中，应扩大对承兑交单的使用。(　　)

7. 在国际贸易业务中，如合同与信用证规定不相符，对卖方来讲，既可按信用证办理也可按合同办理。(　　)

8. 我方某公司以450美元/吨FOB广州的条件出口一批货物，采用信用证支付方式。对方按时开来信用证，来证中规定“Chinese northeast soybean, 150 M/T gross for net at USD 450 per M/T FOB Guangzhou. Amount：USD 69 800. 00”。此外对货物数量并没有特别说明，我方最多可装该批货物157. 50吨。(　　)

9. 合同规定即期信用证付款，对方来证规定凭受益人开立之见票后90天付款的远期汇票付款，同时在信用证的特别条款中规定“All interest and acceptance commission are for buyer' s account”。对信用证中的这两项规定我方可接受。(　　)

10. 在D/A方式下，是由代收行对汇票进行承兑后，向进口人交单。(　　)

案例分析

1. 甲公司向丁国A公司买进生产灯泡的生产线，合同规定分两次交货，分批开证，买方（甲公司）应于货到目的港后60天内进行复验，若与合同规定不符，甲公司凭所在国的商检证书向A公司索赔，甲公司按照合同规定，向银行申请开出首批货物的信用证。A公司履行装船义务并凭合格单据向议付行议付，开证行也在单证相符的情况下偿付了议付行款项。在第一批货物还没到达目的港之前，第二批开证日期临近，甲公司又向银行申请开立信用证，此刻，首批货物抵达目的港，经检验发现货物与合同规定严重不相符，甲公司当即通知开证行，声称“拒付第二次信用证项下的货款，并听候指示”。然而开证行在收到第二批单据，审核无误，再次偿付议付行。当开证行要求甲公司付款赎单时，甲公司拒绝付款赎单。

（1）开证行的处理是否合理？为什么？

（2）甲公司的处理是否合理？该公司应如何处理此事？

2. 天津M出口公司出售一批货物给中国香港G商，价格条件为CIF香港，付款条件为 D/P 见票后 30 天付款，M 出口公司并同意 G 商指定中国香港汇丰银行为代收行。M 出口公司在合同规定的装船期限内将货物装船，并取得了清洁提单，随即出具汇票，连同提单和商业发票等委托中行通过中国香港汇丰银行向 G 商收取货款。5 天后，所装货物安全到达中国香港，因当时该商品的行情看好，G 商凭信托收据向汇丰银行借取提单，提取货物，并将部分货物出售。不料因货到过于集中，货物价格迅即下跌，G 商以缺少保险单为理由，在汇票到期时拒绝付款。

你认为 M 公司应如何处理此事？并说明理由。

3. 某公司与往来多年的非洲客户签订某商品销售合同一份，交货条件是 6 月至 12 月，每月等量装运 × × 万米，凭不可撤销信用证付款。其后，客户按时开出信用证，其总金额与总数量均与合同相符，但装运条款仅规定：最迟装运期为 12 月底，分数批装运。我公司见来证未列明“每月等量装运 × × 万米”条款，为了早出口，早收汇，6 月底便将合同总数的一半货物一并装出。我银行凭单议付，并向开证行索汇。但是客户接到装船通知后，发现货物未按合同装运，即向我公司提出异议，并以货物涌至增加舱租、利息为由，要求赔偿损失，同时拒绝立即付清货款。

请分析并提出解决该案的建议。

4. 我国某贸易有限公司以 CIF 大阪向日本出口一批货物，4 月 20 日由日本东京银行开来一份即期不可撤销信用证。信用证金额为 50 000 美元，装船期为 5 月份，证中还规定偿付行为纽约银行业中信誉较好的 A 银行。我中行收到信用证后，于 4 月 22 日通知出口公司，4 月底该公司获悉进口方因资金问题濒临倒闭。

在此情况下我方应如何处理？

5. 有一张可撤销信用证，金额为 10 万美元，允许分批装船分批付款。受益人已装出 5 万美元的货物，议付行在议付了 5 万美元货款后的第二天，才收到开证银行撤销该信用证的电报通知。

开证行对已经议付的 5 万美元能否拒付？

6. CIF 出口合同规定 9 月份装船，买方开来的信用证规定，装船时间不得迟于 9 月 20 日。因船源关系，卖方无法在 9 月 20 日以前装船，于是立即去电要求买方将装船时间延长至 10 月 20 日，买方来电表示同意，但我方在 10 月 15 日装船完毕，持全套单据向银行办理议付时却遭银行拒付。

请问这是为什么？

7. 信用证规定，装船时间不得迟于 2 月 1 日，信用证的有效期为 2 月 15 日之前，在中国议付有效。因运输问题，经买方同意，开证行通知议付行装船期修改为“不迟于 2 月 11 日”。出口方如期出运后，于 2 月 20 日备妥全套单据向银行办理议付，却遭到拒付。

请分析银行拒付的原因。

8. 青岛某公司以 CIF 为条件对外出口一批货物，买方开来了保兑信用证，该信用证规定：银行收到符合要求的单据后付款 90%，余下的 10% 需等货物到达目的地后，买方通知银行方可支付。当货轮到达目的港外海时，接当地港务局通知，因目的港拥挤，货轮在该港的辅助港卸货。于是，买方以货物未在约定港口卸货为由，拒付余额货款。

（1）买方拒付的理由是否合理，为什么？

（2）出口方能否要求付款行及保兑行付款？

（3）从本案中应吸取什么教训？

实操训练

（一）根据本项目示范 4－3 信用证，填制示范 4－4 所示的信用证审核记录单。

示范 4－4

信用证审核记录单

<table>
<tr><td>信用证证号</td><td colspan="5"></td><td colspan="4">开证日期</td><td colspan="4"></td><td colspan="4">合同号</td><td colspan="2"></td></tr>
<tr><td>开证行</td><td colspan="19"></td></tr>
<tr><td>通知行</td><td colspan="19"></td></tr>
<tr><td>开证人</td><td colspan="19"></td></tr>
<tr><td>受益人</td><td colspan="19"></td></tr>
<tr><td>货物名称</td><td colspan="5"></td><td colspan="4">数量</td><td colspan="4"></td><td colspan="4">金额</td><td colspan="2"></td></tr>
<tr><td>装运期</td><td colspan="5"></td><td colspan="4">有效期</td><td colspan="4"></td><td colspan="4">交单期</td><td colspan="2"></td></tr>
<tr><td>装运港</td><td colspan="5"></td><td colspan="4">目的港</td><td colspan="4"></td><td colspan="4">可否分批</td><td colspan="2"></td></tr>
<tr><td>贸易术语</td><td colspan="5"></td><td colspan="4">汇票期限</td><td colspan="4"></td><td colspan="4">可否转运</td><td colspan="2"></td></tr>
<tr><td>特殊条款</td><td colspan="19"></td></tr>
<tr><td rowspan="3">单据种类及份数</td><td>汇票</td><td>发票</td><td>装箱单</td><td>重量单</td><td>尺码单</td><td>保险单</td><td>提单正本</td><td>提单副本</td><td>原产地证</td><td>（ ）产地证</td><td>品质证</td><td>质量证</td><td>植检证</td><td>船公司证明</td><td>寄单证明</td><td>寄样证明</td><td>受益人证明</td><td>快递收据</td><td></td></tr>
<tr><td></td><td></td><td></td><td></td><td></td><td></td><td></td><td></td><td></td><td></td><td></td><td></td><td></td><td></td><td></td><td></td><td></td><td></td><td></td></tr>
<tr><td></td><td></td><td></td><td></td><td></td><td></td><td></td><td></td><td></td><td></td><td></td><td></td><td></td><td></td><td></td><td></td><td></td><td></td><td></td></tr>
<tr><td rowspan="2">需要修改内容</td><td colspan="9">来证条款内容</td><td colspan="10">应修改后条款内容</td></tr>
<tr><td colspan="9"></td><td colspan="10"></td></tr>
<tr><td>单证员签字</td><td colspan="9"></td><td colspan="4">部门经理签字</td><td colspan="6"></td></tr>
</table>

（二）保兑行的做法正确吗？

2015 年 8 月，中国某进出口公司（以下简称 A 公司）与甲国某进口商（以下简称 B 公司）签订合同出口一批计算机，B 公司按合同规定开来不可撤销即期信用证，金额为 8 万美元。开证行为甲国的 C 银行，通知行为 C 银行在中国的 D 分行，该信用证限制由 D 分行议付并由 D 银行加以保兑。D 银行在信用证上加列了保兑文句：“兹对此证加具保兑”（We hereby added our confirmation to this credit）。2015 年 10 月 11 日，A 公司指令工厂将货物运至合同规定的港口以便赶上 10 月 13 日的船期。在拿到当地船运公司签发的海运提单后，10 月 15 日，A 公司将全套单据交 D 分行议付。10 月 20 日，A 公司向 D 分行查询议付情况，D 分行表示将向 A 公司付款。但此款项迟迟未入 A 公司账下。10 月 28 日，D 分行通知 A 公司，单据遭开证行 C 银行拒付，理由是海运提单存在不符点。基于此，D 分行表示无法向 A 公司付款，请 A 公司速与客户联系解决或由开证行将单据退回。对于此案，我们该如何应对？保兑行的做法是否正确？

（1）保兑行承担与开证行相同的付款义务，保兑行独立对受益人负责。

《UCP600》第 8 条规定“只要规定的单据提交给保兑行，或提交给其他任何指定银行，并且构成相符交单，保兑行必须承付”；“保兑行自对信用证加具保兑之时起即不可撤销地承担承付或议付的责任。”所以保兑行对受益人的责任不是受益人向开证行要求付款，被开证行拒绝以后，才能向保兑行要求偿付；也不是仅在开证行由于某种原因倒闭致使无法向受益人付款的情况下才由保兑行向受益人履行付款义务。

《UCP600》第 8 条同时规定保兑行必须：“无追索权地议付，如果信用证规定由保兑行议付。”所以保兑行在已经议付、承兑或付款的情况下，无论开证行如何行为，都无权向出口商进行追索，即不再拥有追索权。

（2）保兑行审单责任等同于开证行。

《UCP600》第 14 条“单据审核标准”的规定如下：“a. 按指定行事的指定银行、保兑行（如果有的话）及开证行须审核交单，并仅基于单据本身确定其是否在表面上构成相符交单。”所以，保兑行必须与开证行一样对单据小心地审核，在收到受益人交来的单据后，有义务按信用证的规定对单据进行仔细的审核。

（3）本案中，D 分行作为保兑行和议付行在接受 A 公司的议付单据后，即直接向受益人 A 公司负责，承担起第一付款人的责任。

项目五 出口备货

学习目标

出口备货是指出口商按照合同或信用证的规定，按时、按质、按量地准备好应交付的货物，并做好申请报验和领证的工作。备货是合同履行的第一步，也是非常重要的一个环节，此项工作完成的好坏直接关系到以后工作是否顺利。

通过本章的学习，学生能够了解备货的基本要点，掌握货物的质量、数量、包装等知识。

导入案例

以好充次是否妥当？

河南洛阳某出口公司向日本出口一批苹果。合同规定苹果规格为三级品质，但出口公司备货过程中发现三级苹果库存告罄。于是该出口公司以二级苹果交货，并在发票上注明：二级苹果仍按照三级苹果计价收费。

问题：请分析该出口公司以好充次的做法是否妥当？

任务一 合同中的品名、品质条款

货物的品名和品质是买卖双方洽谈的依据，没有确定的货物名称，交易就无法展开。因此，它们是买卖合同中的主要条款。

一、合同中的品名条款

商品的品名或名称是交易双方对成交商品的描述。商品的名称应与商品本身的内容相符。在国际贸易中，大多数情况都不是看货成交，只是凭描述成交，因而，正确列明商品名称是合同中必不可少的条件，这也是交易的前提。

在订立品名条款时应注意以下几点：

（1）内容必须明确、具体、准确。文字的表达应确切反映标的物的特点，切记空泛、笼统，如花生仁、棉布、钨砂等。一种商品往往有许多不同的品种、型号、等级，为了明确起见，要对具体的品种、型号、等级进行概括性的描述，实际上就是把品名与品质条款合并在一起使用。

（2）必须实事求是，准确反映商品的实际情况。

（3）对商品名称尽可能使用国际上通常使用的名称以避免误解。

（4）恰当选择商品的不同名称，以利于降低关税，方便进出口和节省运费。

课堂阅读

我方某公司曾出口苹果酒一批，国外开来信用证上货物的名称为“Apple Wine”。为了单证一致，出口方所有的单据上均用了“Apple Wine”。不料货到国外后遭当地海关扣留罚款，因该批酒的内外包装上均写的是“Cider”字样，结果外商要求我方赔偿其罚款损失。

此案中，为什么进口商品遭到进口国海关的扣留罚款呢？就是因为不能恰当运用品名条款，作为出口方，理应知道自己所出售的货物的英文名称。单据上的名称“Apple Wine”和包装上的名称“Cider”不一致，“Cider”既可以是苹果酒，也可以是苹果汁，而这两种商品的税率是不一样的。在向海关申报时，必须正确填报货物的名称，否则将影响海关的监管、税收和统计分类，也会遭到海关的罚款。如我国海关对一些进口商品的监管征税情况为：复印机的税率为50%，胶版复印机的税率为30%；又如，载重30吨以上的货车零件税率为6%，8～30吨的汽车零件税率为30%，大客车税率为50%。由此可见，实事求是地反映商品内容是非常重要的。

二、货物品质的表示方法

货物的品质（Quality of Goods）是指货物的内在质量和外观形态的综合。前者包括货物的物理性能、机械性能、生物特征、化学成分等自然属性；后者包括货物的外形、色泽、款式、味觉和嗅觉特征等。

品质条款是国际货物买卖合同最基本的条款之一，卖方要严格按照合同规定来备货，必然需要对品质条款熟悉掌握。由于交易的货物种类繁多，加上交易习惯各不相同，故表示品质的方法多种多样，概括起来，主要分为以实物表示和以文字说明表示两大类。

（一）以实物表示货物品质

以实物表示货物品质可分为凭现货买卖和凭样品买卖两种。

1. 凭现货买卖

现货买卖是指买卖双方根据成交货物的实际品质进行的交易。通常由买方或其代理人在卖方所在地验看货物，谈成交易后，卖方即交付买方验看过的货物，买方不得对验看过的货物品质提出异议。这种方法多用于拍卖、寄售和展卖业务中，尤其适用于具有独特性质的商品，如珠宝、首饰、字画、特定工艺制品（牙雕、玉雕、微雕等）。

2. 凭样品买卖

样品是指从一批货物中抽出来的或由生产、使用部门设计、加工出来的，足以反映和代表整批货物质量的少量实物。

凡以样品表示货物品质并以此作为交货依据的，称为凭样品买卖（Sales by Sample），通常适用于那些品质难以用文字描述，在造型上有特殊要求或具有色、香、味方面特征的商品的买卖。买卖双方成交以卖方提供的样品为准，称为“凭卖方样品买卖”（Sale by Seller's Sample）；成交以买方提供的样品为准，称为“凭买方样品买卖”（Sale by Buyer's Sample）。

凭卖方样品买卖时，选择的样品品质应具有充分的代表性，并将样品提供给买方。在将样品即原样（Original Sample）或称标准样品（Type Sample）送交买方同时，应保留与送交样品质量完全一致的另一样品，即留样（Keep Sample）或称复样（Duplicate Sample），以备将来组织生产、交货或处理质量纠纷时作核对之用。

凭买方样品买卖，也称“来样成交”。由于买方提供的样品能够直接地反映消费者的需求，所以业务中也时有采用。在确认买方样品之前，卖方应充分考虑该样品在原材料、加工生产技术、设备和生产时间安排等方面的可行性，以防止日后交货困难。为了避免日后履约困难，卖方可以根据买方来样仿制或选择品质相近的样品提交买方，即“回样”（Return Sample）或称“对等样品”（Counter Sample）请其确认。买方一旦确认即作为双方交货的依据，这样就把“凭买方样品买卖”变成了“凭卖方样品买卖”。

无论由谁提供样品，一经双方确认便成为交接货物的品质依据，卖方承担货物品质与样品完全一致的责任（Strictly Same as Sample）。这是凭样品买卖的基本特点。否则，买方有权提出索赔甚至拒收货物。

课堂思考 5－1

生活中有哪些商品适合凭样品成交？

提示：玩具、工艺品等。

（二）凭文字说明买卖

在国际货物买卖中，大多数采用文字说明的方法表示货物品质，这种方法称为“凭文字说明买卖”（Sale by Description），它具体有以下几种方式。

1. 凭规格买卖

规格是指用以反映货物品质的主要指标，如：成分、含量、纯度、大小、长短、粗细、容量、性能等。以规格作为交货品质依据而进行的买卖，称为“凭规格买卖”（Sale by Specification）。这种办法简明、方便、准确、具体。例如：漂白棉布 30 支，门幅 35/36 英寸（116.7/120.0 厘米），每匹长度 40 码（36.567 米）或以上。

2. 凭等级买卖

等级是指同一类货物，按质地的差异或尺寸、形状、重量、成分、构造、效能等的不同，用文字、数字或符号所作的分类。如大、中、小；重、中、轻；一、二、三；甲、乙、丙；A、B、C 等。以等级作为交货品质依据而进行的买卖，称为“凭等级买卖”（Sale by Grade）。这种方法，简化手续，促进成交并体现了按质论价。但是，当双方对等级内容不熟悉时，最好在合同中明确每一等级的具体规格。

例如，我国出口的钨砂，按其三氧化钨和锡、砷、硫的含量不同，分为特级、一级、二级，如表 5－1 所示。

表 5－1 钨砂质量等级表

含量 / 等级	三氧化钨（最低）	锡（最高）	砷（最高）	硫（最高）
特级	70%	0.2%	0.2%	0.8%
一级	65%	0.2%	0.2%	0.8%
二级	65%	1.5%	0.2%	0.8%

3. 凭标准买卖

标准是规格和等级的标准化。国际贸易中，使用某种标准作为说明和评价货物品质的依据，称为"凭标准买卖"（Sale by Standard）。

标准一般由标准化组织、政府机关、行业团体、工商组织、商品交易所等制定、公布，并在一定范围内实施。世界各国都有自己的标准，如英国为 BS，美国为 ANSI，法国为 NF，德国为 DIN，日本为 JIS 等，另外，还有国际标准，如国际标准化组织 ISO 标准，国际电工委员会（IEC）制定的标准等。我国有国家标准、专业标准、地方标准和企业标准。在进出口业务中，我们应根据具体情况，并权衡利弊，采用国际上通行的标准或我国自己规定的标准。

由于标准随着生产技术的发展和变化而不断修改和变动，所以某类产品的标准往往会有不同年份的版本。版本不同，质量标准也不尽相同。因此，在采用标准时，应当注明采用标准的版本年份。

4. 凭牌号或商标买卖

牌号是指厂商或销售商所生产或销售产品的品牌；商标则是牌号的图案化，是特定商品的标志。

在国际贸易中，质量稳定，信誉良好，并为消费者所熟悉喜爱的产品，可以凭牌号或商标来规定其品质，这种方法称为"凭牌号或商标买卖"（Sale by Brand Name or Trade Mark）。如红双喜牌乒乓球、中华牌香烟、欧米茄牌手表等。

凭牌号或商标买卖通常是凭卖方的牌号或商标，但有时买方在熟知卖方产品品质的情况下，常常要求在卖方的产品或包装上使用买方指定的牌号或商标，这就是定牌。使用定牌，可以利用买方的经营渠道和声誉，提高售价并扩大销售量。

5. 凭说明书和图样买卖

用说明书和图样确定商品品质而进行的买卖，称为"凭说明书和图样买卖"（Sale by Description and Illustration）。

机器、电器、仪表、大型设备、交通工具等技术密集型产品，由于其结构复杂，制作工艺不同，无法用样品或简单的几项指标来反映其品质全貌。对于这类产品，买卖双方除了要规定其名称、商标牌号、型号等外，通常还采用说明书来介绍该产品的构造、原材料、产品形状、性能、使用方法等，有时还附以图样、图片、设计图纸、性能分析表等来完整说明其品质特征。如：在合同中规定"品质和技术数据必须与卖方所提供的产品说明书严格相符"（quality and technical data to be strictly in conformity with the description submitted by the seller）。

以说明书和图样表示产品品质时，卖方要承担货物品质必须与说明书和图样完全相符的责任。

6. 凭产地名称买卖

用产地名称来表示其独特的品质、信誉而进行的买卖，称为“凭产地名称买卖”（Sale by Name of Origin）。

农副产品受地理自然条件和传统加工技术影响较大，其产品质量优异，具有特色，对于这类产品的销售，可以采用产地名称来表示其独特的品质、信誉。如：四川榨菜、杭州龙井茶叶、景德镇瓷器等。凭产地名称销售的农副产品必须交付具有国内外消费者所周知的特定品质的产品，否则买方可以拒收货物并提出索赔。

课堂思考 5－2

家乡都有哪些特产是以产地名称表示商品的品质？

提示：例如河南省：洛阳：杜康酒、洛阳牡丹、洛阳宫灯、洛阳唐三彩。开封：大京枣、马豫兴桶子鸡、长春轩五香兔肉、兰考葡萄、百子寿桃、朱仙镇木版年画、汴绣、汴绸、花生糕、官瓷仿制品、套四宝。安阳：天花粉、双头黄酒、内黄大枣、安阳“三熏”、安阳玉雕、安阳狗皮膏药、道口烧鸡、道口锡器、彰德陈醋、糖油板栗。商丘：永城枣干、水城辣椒、民权白葡萄酒、张弓酒、南瓜豆沙糕、景家麻花。其他：许昌烧烟、信阳毛尖、孟津梨、灵宝苹果、贵妃杏、广武石榴、鹿邑草帽、南阳烙花、盘砚、钧瓷、汝阳刘毛笔、水晶石、沙南芝麻与小磨麻油、四大杯药、金银花、黄河鲤鱼。

三、订立品质条款应注意的问题

订立品质条款应注意内容和文字上的灵活性，力求做到准确、具体，避免笼统含糊。尽量不用“大约”“左右”“合理误差”等含义不清的用语，同时注意以下几点。

1. 根据不同的商品特点用不同的方法表示其品质

在国际贸易中，哪些商品适宜凭样买卖，哪些商品适宜凭规格、等级、标准买卖，都有行业习惯可循。当可用一种方法表示商品品质时，就不要采用两种或两种以上方式表示。如果采用两种或两种以上的方式表示，则所交货物就应符合各项要求。

2. 凭规格、等级等方式成交时，如寄样品，应声明是参考样品

如采用凭规格、等级等方式买卖，在洽谈中又寄了样品，应说明“仅供参考”（for reference only），否则，对方有理由认为该笔业务既凭规格又凭样品交货，所交货物只要不符合样品，便会授人把柄，买方有权拒收和索赔。

3. 订明幅度的上下限或公差的允许值

凡能采用品质机动幅度或品质公差的商品，应订明幅度的上下限或公差的允许值。

某些产品由于生产过程中存在自然损耗，或受生产工艺、产品本身特点等原因的影响，难以保证交货品质与合同规定的内容完全一致。对于这些商品，如果条款规定过死或质量指标订得绝对化，必然会给卖方交货带来困难。此时，应灵活应用以下方法。

（1）品质机动幅度。品质机动幅度是指允许卖方所交货物的品质指标在一定幅度内有所波动。规定品质机动幅度的方法有三种：规定范围［如棉布宽幅 35/36 英寸（116.7/120.0 厘米）］、规定极限（如水分最高 15%）和规定上下差异（如灰鸭毛含线量 35% ±1%）。卖方所交货物品质只要在其规定的范围内，即可以认为交货品质与合同相符，买方无权拒收。

（2）品质公差。品质公差（Quality Tolerance）是指为国际同行业所公认的产品品质的误差。在工业品的生产过程中，对产品的品质指标发生一定的误差是难免的，如手表每天计时的误差为若干秒；某一圆形物体的直径误差为若干毫米。这种为国际上所公认的品质误差，即使不在合同中作规定，卖方交货品质在公认的误差范围内，即认为符合合同。

课堂互动 5 –1

我国某公司与英国某公司签订出口一批大豆合同，数量为 1 000 吨，单价为每吨 80 英镑 CIF 利物浦，品质规格为水分最高 14%、杂质不超过 2.5%，成交前我方公司曾向对方寄送过样品，签约后电告对方，所交货物与寄送的样品相似货物运抵英国后，该外国公司提出货物的品质比样品低，并出具了当地检验公司的检验证明，由此向我方提出降价 5% 的要求。

在此情况下我方能否以该项交易并非凭样品买卖而不予理赔?

提示：凡是凭样品成交，卖方交付的货物必须与所提供的样品完全一致，否则买方有权拒收并提出索赔。就本案例而言，成交前我方向对方寄送样品时未声明是参考样品，由此可知，我方难以该笔交易并非样品买卖为由而不予理赔。

四、违反品质条款的责任与后果

合同中的品质条款是买卖双方交接货物时的品质依据。《联合国国际货物销售合同公约》规定：卖方所交货物品质如果与合同规定不符，卖方要承担违约责任，买方有权向卖方提出损害赔偿，也可要求修理或交付替代货物，甚至拒收货物或解除合同；卖方所交货物的实际品质不能低于合同规定，低于合同规定就是违约行为，货物实际品质也不宜高于合同规定，高于合同规定，有时也会构成违约。

在导入案例中，该公司以好充次的方法，是与合同不符的，在出现价格下跌的情况下，买方仍有可能提出拒收或索赔。出现这种情况，我方应采取主动措施，将情况电告对方，与买方协商寻找双方都可能接受的解决办法。

五、合同中品质条款的基本内容

品质条款是国际贸易销售合同中的重要条款之一，是明确买卖双方交易权利和义务的依据，也是商检机构进行品质检验、出现纠纷时仲裁机构进行仲裁或法院裁决的重要凭据。卖方必须按合同规定的品质交货，当买方收到与合同规定品质一致的货物时必须支付货款。

品质条款的订立有繁有简，商品不同、表示其品质方法不同使订立内容不同，但内容要明确具体。外贸双方在贸易过程中发生的争议，往往都是由于合同中的品质条款规定不明确、模糊所致。

需要注意的是，若样品与凭文字说明同时使用时，应在合同中明确是以文字说明为准，还是以样品为准。若不规定，国外一些国家法律规定，既凭样品又凭文字说明成交的商品，卖方所交货物必须既与样品相符，又要符合文字说明规定，否则买方有权拒收货物，并提出赔偿要求。

如：

（1）GOODS SOLD BY SAMPLE SHALL BE GUARANTEED BY THE SELELR TO BE FULLY EQUAL TO SAMPLE UPON ARRIVAL AT DESTINATION. 卖方凭样品交货，必须保证货到时的质量与样品完全一致。

（2）QUALITY TO BE STRICTLY AS PER SAMPLE SUBMITTED BY THE SELLER ON OCT. 18，2013. 货物质量完全以卖方 2013 年 10 月 18 日提供的样品为准。

任务二 合同中的数量条款

商品的数量是买卖合同中不可缺少的主要条件之一。由于交易双方约定的数量是交接货物的依据，因此，正确掌握成交数量和订好合同中的数量条款，具有十分重要的作用。

一、常用的度量衡制度与计量单位

货物数量是指以国际通用或买卖双方约定的度量衡表示货物的重量、个数、长度、面积、容积等的量。在国际贸易中，由于货物的种类、特性和各国度量衡制度的不同，所以计量单位和计量方法也多种多样。因此有必要了解各种度量衡制度，熟悉各种计量单位的特定含义和计量方法。

（一）国际贸易中常用的度量衡制度

1. 米制

米制（The Metric System）又称为国际公制，例如克、公吨、米等。

2. 国际单位制

国际单位制（The International System of Units，简称 SI）是在米制的基础上发展起来的，两者含义上基本没有区别。国际单位制已为越来越多的国家所采用，对国际贸易的进一步发展起着推动作用。例如米、千米、千克等。

3. 英制

英制单位（The British System）曾在纺织品等交易中有较大的影响，但由于它不采用十进制，换算很不方便，使用范围逐渐减小。例如英尺、英寸、长吨等。

4. 美制

美制单位（The U. S. System）以英制为基础，多数计量单位的名称与英制相同，但含义有差别，主要体现在重量单位和容量单位中。

我国使用以国际单位制为基础的法定计量单位。

（二）计量单位

国际货物买卖中常用的计量单位有重量单位、个数单位、长度单位、面积单位、体积单位和容积单位等。

1. 重量单位

重量单位常用的有千克（kilogram or kg，在我国 KG 和 kgs 为非法定计量单位符号，但在国际贸易实务中仍有使用）、克（gram or g）、盎司（ounce or oz）、英制单位的长吨

(long ton or l/t)、美制单位的短吨（short ton or s/t）。适用于一般天然产品以及部分工业制成品的计量。如，羊毛、棉花、谷物、矿产品、油类、沙盐、药品等。

以重量计量时的主要换算关系如下：

1 磅 =0.4536 千克

1 吨 =1 公吨 =1 000 千克

1 长吨 =1 016 千克 =2 240 磅

1 短吨 =906 千克 =2 000 磅

2. 个数单位

按个数计量的常用单位有只（piece or pc.）、件（package or pkg.）、双（pair）、台/套/架（set）、打（dozen or doz）、罗（gross or gr.）、大罗（great gross or g. gr）、令（ream or rm.）、卷（roll or coil）、辆（unit）、头（head）。有些产品也可按箱（case）、包（bale）、桶（barrel or drum）、袋（bag）等计量。适用于一般日用工业制成品以及杂货类产品的计量，如：文具、纸张、玩具、车辆、拖拉机、活牲畜等。

以个数计量时的主要换算关系如下：

1 罗 =12 打 =144 个

1 令 =480 ~ 500 张

3. 长度单位

长度单位常用的有码（yard or yd.）、米（metre or m.）、英尺（foot or ft）、厘米（centi - metre or cm）。适用于纺织品匹头、绳索、电线电缆等的计量。

以长度计量时的主要换算关系如下：

1 米 =1 公尺 =100 厘米

1 英尺 =12 英寸 =1/3 码 =30.48 厘米

1 码 =3 英尺 =36 英寸 =0.9144 米

4. 面积单位

面积单位常用的有平方码（square yard or yd^2）、平方米（square metre or m^2）、平方英尺（square foot or ft^2）、平方英寸（square inch）。适用于皮制产品、塑料制品等的计量，如：塑料篷布，塑料地板、皮革、铁丝网等。

以面积计量时的主要换算关系如下：

1 平方码 =0.8361 平方米

1 平方英尺 =929 平方厘米

1 平方英寸 =6.4516 平方厘米

5. 体积单位

体积单位常用的有立方码（cubic yard or yd^3）、立方米（cubic metre or m^3）、立方英尺（cubic foot or ft^3）、立方英寸（cubic inch）。适用于化学气体，木材等的计量。

6. 容积单位

容积单位常用的有升（litre or l）、加仑（gallon or gal）、夸脱（quart）及蒲式耳（bushel or bu）等。适用于谷物类以及部分流体、气体物品的计量，如：小麦、玉米、煤油、汽油、酒精、啤酒、过氧化氢、天然瓦斯等。

以容积计量时的主要换算关系如下：

1 升 =1 公升 =1 市升 =0.22 加仑

1 加仑 =4 夸脱 =4. 546 1 升

1 蒲式耳（英） =36. 368 8 升

二、重量的计量方法

在国际贸易中，使用的计量方法通常有按重量、容积、个数、长度（length）、面积、体积计量。究竟采用何种计量方法，要视货物的性质、包装、种类、运输方法以及市场习惯等情况而定。由于很多货物是采用按重量计量的方法，所以下面就重点介绍计算重量的方法。

1. 毛重

毛重（Gross Weight）指货物本身的重量加皮重（Tare），即包括包装材料的重量。在国际贸易中，有些低值产品常常以毛重作为计算价格的基础，称为“以毛作净”（Gross For Net）。

2. 净重

净重（Net Weight）指毛重减去外包装后的重量，即货物的实际重量。包装如何计重，应根据货物的特性、包装的特点、数量的多少和交易习惯等，由双方事先约定。

业务中，如果货物按重量计量或计价，但未规定采用何种方法计算重量和价格时，根据惯例，应按净重计量。

3. 法定重量

法定重量（Legal Weight）指货物和直接接触商品的销售包装加在一起的重量。有些国家进口税采用从量征收方法，规定货物重量必须包括直接接触产品的包装材料（如小瓶、小金属盒、纸盒等）在内。

4. 公量

公量（Conditioned Weight）指先用科学的方法从产品中抽出所含的实际水分，然后加入标准水分而求得的重量。这种计算方法主要用于羊毛、生丝、棉纱、棉花等易吸潮湿，重量不太稳定而经济价值又较高的产品。

公量 = 商品实际重量/（1 + 实际回潮率） ×（1 + 公定回潮率）

公定回潮率是交易双方商定的商品中水分与干量之百分比，例如生丝、羊毛在国际上公认的回潮率为 11%。实际回潮率是指商品中的实际水分与干量之百分比。

课堂互动 5 -2

某公司出口羊毛 10 吨，买卖双方约定的标准回潮率为 11%，实际回潮率则从 10 吨货物中抽取部分样品进行测算。假设抽取 10 千克，然后用科学方法去掉水分，若净剩 8 千克干羊毛，请计算这批羊毛的公量。

提示：

实际回潮率 = （10 - 8） /8 = 25%

公量 = 10 × （1 + 11%） / （1 + 25%） = 8. 88 公吨

三、合同中的溢短装条款

外贸业务中，由于产品特性、成交数量、自然条件、包装方式、装卸能力、运输工具等因素的限制，卖方实际交货数量常常不能完全符合合同规定。为了避免因交货数量而发生争议，对于成交数量大、计算不易精确的货物，如小麦、大豆、玉米、煤炭、矿石、原油等，一般要规定一个交货数量的机动幅度，可以规定“溢短装条款”，或是规定“约数”。

“溢短装条款”是指合同明文规定卖方交货时允许多交或少交的百分比。例如，5 000吨，卖方可溢装或短装5%，（5 000M/T，with 5% more or less at seller’ s option）。一般情况下，溢短装的权利归卖方所有，但在FOB或FAS贸易条件下，也可以由派船的买方决定。例：买方有权决定多交或少交3%（3% more or less at buyer’ s option）。

“约数”是指在交易数量前面加上一个“约”（About，Circa，Approximate or APPR）字。按照交易习惯，有了“约”字，即允许实际交货数量与合同数量之间有些差异。《跟单信用证统一惯例》（第600号出版物）规定：凡以“约”“近似”“大约”或类似意义的词语用于信用证金额或信用证规定的数量或单价时，应解释为允许对有关金额、数量或单价有不超过10%的增减幅度。

在数量机动幅度范围内，多装或少装的货物，一般都按合同价格计收。但是，对于价格波动频繁的货物，为防止对方利用数量机动幅度故意增加或减少数量以谋取额外利益，可以明确规定增减部分按装运时的市价计算。

课堂互动5－3

一笔出口矿砂的合同规定：2 500M/T 5% more or less at seller’ s option。卖方准备交货时，矿砂的国际市场价格上涨，作为卖方的你准备交付多少？为什么？如果站在买方的立场上，磋商合同条款时，应注意什么？

提示：作为卖方，尽可能在机动幅度内少装货物。因为该货国际市场价格大幅度上涨，订约时的价格对卖方不利，多交货意味着多损失。根据本案条件，卖方可以只交付2375公吨的货物。作为买方，为了避免卖方利用市价变动获取额外利润，订约时，可在合同中规定：溢装或短装部分的货物价格按照装运时该货市价计算。

四、违反数量条款的责任和后果

按照合同规定的数量交付货物是卖方的基本义务。《联合国国际货物销售合同公约》规 定：卖方必须按照合同数量条款的规定如数交付货物；如果卖方实际交货数量多于合同约定的数量，买方可以收取，也可以拒绝收取多交部分的全部或一部分，如果买方收取多交部分，则必须按合同价格付款；如果卖方实际交货数量少于约定数量，卖方应在规定的交货期届满前补交，但这一权利的行使，不得使买方遭受不合理的不便或承担不合理的开支，即使如此，买方也有保留要求损害赔偿的权利。

五、数量条款举例

国际销售合同中数量条款一般包括：数量和其计量单位，根据需要有时还加订数量机动幅度等内容。举例如下：

（1）Quality：5 000 PC，50 PC/CTN，100 CTNS. 数量：5 000件，每箱50件，共100箱。

（2）GOODS：STELL PATES. SIZE：6 FOOT AND 10 FOOT. QUALITY：400 M/T. 200 M/T EACH SIZE，5% MORE OR LESS FOR EACH SIZE，AT SELELR’ S OPTION. 6英寸和10英寸钢板400公吨，每种规格各200公吨，每种规格可有5%溢短装，由卖方决定。

六、订立数量条款的注意事项

1. 数量条款内容要明确具体

条款中应明确规定数量、计量单位等内容，避免出现模糊、笼统字眼，以免出现履行争议。

2. 成交数量灵活掌握

卖方可以根据国内外市场情况来掌握成交数量，例如，受2008年全球经济危机的影响，现在国际贸易成交数量呈现交易数量少但次数增加的状况。因此，可以取消或根据情况减少起订量的要求。

3. 合理运用数量机动幅度

选择使用数量机动幅度的商品合理，主要适用于难以严格控制装船数量的商品。规定机动幅度的选择权应合理，一般由卖方决定。机场幅度大小应合理。若某大宗散物采用分批装运，应争取每批货物都有机动幅度。

任务三　合同中的包装条款

进出口商品一般都需要经过长距离辗转运输，有时还需要多次装卸、搬运和储存。因此，除少数直接装入运输工具的散装货（Bulk Cargo）和在形态上自成件数、无需包装或略加捆扎即可成件的裸装货（Nude Cargo）不必包装以外，绝大多数商品都需要有适当的包装。包装不仅起到保护商品、保障运输的作用，而且还能美化商品、宣传商品。

交易双方在签订合同时，一般要对包装问题进行洽商并作出具体的规定，包装条件也就成为买卖合同中的一项主要条件，同时包装本身还是货物说明的组成部分。

一、包装的种类及其作用

包装按其在流通过程中所起作用的不同，可分为运输包装和销售包装两大类。

1. 运输包装

运输包装又称大包装或外包装。它具有通风、防潮、防震、防锈蚀、防失散、防盗等功能，起到保护货物，便于运输、储存、计数和分拨的作用。运输包装又分为单件运输包装和集合运输包装。前者是指在运输过程中作为一个计件单位的包装，如箱、桶、袋、包、篓、罐、捆等；后者是指将若干单件运输包装组合成一件大包装，以便更有效地保护商品，提高装卸效率和节省运输费用，常见的有集装袋、集装包、集装箱和托盘等。

2. 销售包装

销售包装又称小包装或内包装，是进入零售市场直接与消费者见面的一种包装。除了保护货物外，还应有便于消费者识别、选购、携带和使用的功能，更具有美化宣传和无声推销的作用。

课堂思考5-3

试举例说明销售包装与运输包装在某一商品上的运用。

提示：例如方便面的销售和运输包装。

二、运输包装上的标志

运输包装上的标志是为了方便货物运输、装卸及储存，便于识别货物和防止货物损坏而在货物外包装上刷写的标志。制作包装标志时要简明清晰、易于辨认；着色牢固、防止海水或雨水冲湿褪色；在每件货物相反的部位上刷制相同的标志以便在货物调换摆放位置时也能看到；防止印刷错误，影响报关和装卸工作。包装上的标志主要包括运输标志、指示性标志、警告性标志等。

1. 运输标志

运输标志（Shipping Mark）俗称唛头，由一些数字、字母及简单的文字组成，通常刷印在外包装明显的部位，其作用是为了便于把一批货物与其他货物区别开来，以及防止错运错发。唛头是唯一体现在装运单据上的包装标志。国际标准化组织和国际货物装卸协会推荐使用的标准运输标志由四个要素构成：收货人的名称、参考号码、目的地、件数号码，如下例：

ABC. C……………………………………收货人的名称
94LAO602…………………………………参考号码
NEW YORK…………………………………目的地
CTN/NOS. 1－100…………………………件数及箱号

有时，根据实际情况或买方客户的要求，运输标志还可包括其他的内容，如下例：

WRR. CO……………………………………收货人的名称
HAMBURG…………………………………目的地
NOS. 1－56…………………………………件数及箱号
45cm×60cm×65cm…………………………体积标志
G. 125kg……………………………………重量标志
N. 100kg
MADE IN CHINA……………………………原产地标志

2. 指示性标志

指示性标志（Indicative Mark），业务中往往根据货物的特性，如怕热、怕湿、怕震、怕倾斜等，在货物的外包装上刷制一些提示人们注意的标志，这就是指示性标志。它通常用图形或文字表示，常见的指示性标志如图5－1所示。

图5－1 指示性标志示意图

3. 警告性标志

警告性标志（Warning Mark），有些特殊物品，如爆炸品、易燃品、腐物品、氧化剂和放射物质等，需在外包装上用图形或文字等标志表示其危险性，以便搬运人员注意，保障货物和操作人员的安全，所以称其为警告性标志。警告性标志示范如图 5－2 所示。

(a) 三级放射性物品　　(b) 爆炸品　　(c) 有毒气体

图 5－2　警告性标志示意图

三、订立包装条款的注意事项

为了订好包装条款，以利于合同的顺利履行，在商订包装条款时，买卖双方需注意下列事项。

1. 对包装的规定要明确具体

约定包装时，应明确具体，不宜笼统规定。例如，“适合海运包装”（Seaworthy Packing）、“习惯包装”（Customary Packing）和“卖方惯用包装”（Seller’ s Usual Packing）之类的术语。此类术语无统一解释，易引起纠纷，除非是长期合作的贸易伙伴，已经取得一致认识，否则不宜采用。

2. 要结合货物特点和不同运输方式选择包装

货物的特性、形状和使用的运输方式不同，对包装的要求也不相同。在约定包装材料、包装方式、包装规格和包装标志时，必须考虑货物在储运和销售过程中的实际需要，来确定适宜的包装。

3. 明确包装物料提供与费用负担的相关事项

出口货物的包装通常由卖方提供，包装费用一般包括在货价之内。如果买方有额外包装要求，由买方承担费用并规定具体的支付办法；如果包装材料由买方供应，还应订明包装材料最迟到达卖方的时限和逾期到达的责任。

4. 明确装箱细数及其配比

装箱细数是指每个包装单位内所装的商品个数。如果整批货只有一个规格或尺码，则按要求的数量装箱即可；如果有多个规格尺码或多种颜色，则要注意每件包装内容的搭配。比如：T 恤衫 500 打，尺码 32、34、36、38、40，每个尺码 100 打，每箱每个尺码各装 20 打，共装 5 箱。如果合同中没有此明细规定，则卖方在装箱时把 32 码的装在一箱，34 码的又装另一箱，这会给买方带来很大不便。有时因储存地点的限制，需要分批提货时，单码包装就会给销售带来很大不便。因此，对混色混码包装的货物一定要明确装箱配比，并按要求办理。

5. 明确唛头的指定

按照国际贸易惯例，唛头一般由卖方决定，无须在合同中作具体规定。如果买方要求特定唛头，可在合同中列明，以便卖方据以刷制唛头。如果买方要求合同订立后由其指定，则应明确指定最后时限，并订明“若到时未收到有关唛头通知，卖方可自行决定”。

6. 定牌、无牌和中性包装问题

在我国的出口业务中，应客户的要求，有时也会采用定牌、无牌、中性包装这些做法。

（1）定牌。是指卖方按照买方要求在商品或包装上使用买方指定的商标或牌名的做法。采用定牌往往是为了利用买方的品牌知名度及其经营能力，扩大商品出口；在我产品销路好时不宜使用。另外要注意买方商标或品牌的合法性，防止侵犯他人工业产权。

（2）无牌。是指买方要求在出口货物或包装上免除任何商标或牌名的做法。主要用于半制成品。无牌商品无须广告宣传，可避免浪费，降低销售成本。

除非另有约定，采用定牌和无牌时，在货物和包装上均应标明中国制造字样。

（3）中性包装（Neutral Packing）。是指在商品和内外包装上不注明生产国别的包装。中性包装有定牌中性和无牌中性之分。定牌中性是指商品和包装上使用买方指定的商标；无牌中性是指在商品和包装上均不使用任何商标或牌名，上述两者均不注明生产国别。采用中性包装，是适应转口销售，打破进口国家和地区的歧视和限制而采取的一种方法，使用定牌中性包装时更要特别慎重，避免发生侵权事件。

课堂互动5－4

出口合同规定：糖水橘子罐头，每箱24听，每听含5瓣橘子，每听罐头上都要用英文标明“MADE IN CHINA”。卖方为了讨个吉利，每听装了6瓣橘子，装箱时，为了用足箱容，每箱装了26听。在刷制产地标志时，只在纸箱上法明了“MADE IN CHINA”。买方以包装不符合同规定为由，向卖方要求赔偿，否则拒收货物。

请问买方的要求是否合理？为什么？

提示：买方要求合理，因为根据《公约》规定，买方应按合同规定品质、数量、包装交货。卖方无视合同规定，将每箱24听，每听5瓣橘子的包装方式改为每箱26听，每听6瓣橘子。这种任意违反合同规定的做法直接侵犯了买方的利益，不符合当地市场消费者的习惯要求，并且卖方只在外包装箱上注明“MADE IN CHINA”，而没有标示在每听罐头上，这都不适合在市场上销售，买方需要重新加工，这笔费用理应由卖方承担。买方对此有权提出赔偿损害要求，在合理要求得不到满足时，还可以拒收货物。

知识链接

条形码

条形码是由一组带数字的黑白及粗细间隔不等的条纹所组成的，利用光电扫描阅读设备为计算机转入数据的代码语言。商品包装上使用条形码，使生产和流通企业能够准确了解商品的信息和库存情况，提高了效率。

条形码主要有UCP和EAN两种编码系统。UCP是美国和加拿大共同组织的统一编码委员会确定的，为美国、加拿大统一的标志符号。EAN是欧共体的欧洲物品编码协会，现为国际物品编码协会确立的物品标志符号。目前，欧洲、亚洲及大多数国家用的是此种编码系统。EAN条形码由13位数字构成，前三位是国家或地区代码，第四位到第七位或第八位是厂商代码，第八位或第九位到第十二位是商品代码，最后一位是校验码。例如某条形码如图5－3所示：

图5－3　EAN条形码

6901020709017，“690”是国家代码，“1020”是厂商代码，“70901”是商品代码，“7”是校验码。我国于1991年加入国际物品编码协会，分配给我国的国别代码为690，现在已经使用到695。

四、违反包装条款的责任与后果

在国际货物买卖中，提供约定的或通用的商品包装，是卖方的主要义务之一。《联合国国际货物销售合同公约》规定：卖方交付的货物，需按照合同所规定的方式装箱或包装。除双方当事人已另有协议外，货物应按照同类货物通用方式装箱或包装，如果没有此种通用方式，则按照足以保全和保护货物的方式装箱或包装，否则即为与合同不符。如果商品的包装与合同不符，买方有权索赔，甚至拒收货物。

五、合同中包装条款的基本内容

1. 订立包装条款需要注意的事项

（1）选择合适包装。商品包装的选择除了结合商品的特征、形状外，还需要考虑运输方式、进口国要求等要素，综合选择合适包装。如航空运输不宜选择包装材料较重的包装。再如美国等国家进口商品包装不能是木制的或要求提供熏蒸证明才可进口。

（2）包装条款规定要明确、具体。包装条款一般包括包装材料、包装方式、包装规格、包装标志、包装费用等内容，订立合同的包装条款时应根据情况将需要内容订立明确具体，不要笼统。如规定“适合海关运输的包装”“习惯包装”等，容易引起买卖双方争议。

（3）包装费用的负担。若买方对包装材料、包装方式有特殊的要求，使卖方的成本增加，双方可以协商包装费用由买方承担并在合同中明确规定出来。若买方对卖方的包装情况没有额外要求，一般包装费用都包括在货物价格之内，不需要另外计价，在包装条款中也无须另外规定。

（4）运输标志的规定。按国际贸易习惯，运输标志一般由卖方决定。如果买方要求特定唛头，可以在合同中列明，以便卖方据此刷印。相关的单据如装箱单上的唛头应与合同及包装刷制运输标志一致。

2. 包装条款的内容和举例

包装条款是国际贸易销售合同的主要条款之一，买卖双方就商品包装情况协商一致，在合同中明确、具体的列明，一般包括包装材料、包装方式、包装规格、包装标志、包装费用负担等内容。举例如下：

(1) IN CARTONS OF 50 KGS NET EACH, THEN ON PALLETS.

纸箱装，每箱50千克，然后装托盘。

(2) PACKED IN INTERNATIONAL STANDARD BOXES, 20 BOXES ON A PALLET, 10 PALLETS IN A 20' CONTAINER.

装于国际标准箱子，20箱一个托盘，10托盘装一个20'集装箱。

(3) TO BE PACKED IN POLY BAGS, 20 KGS IN A BAG. THE COST OF PACKING IS FOR BUYER' S ACCOUNT.

塑料袋装，20千克一袋，费用由买方承担。

(4) ALL CARTONS ARE REQUIRED TO BE MARKED AND NUMBERED ON THE OUTSIDE.

所有纸箱外部都必须刷印唛头和编号。

(5) PACKING: EACH PIECE IN A POLY BAGS, HALF DOZEN IN A BOX AND 10 DOZEN IN A WOODEN CASE.

SHIPPING MARKS : AT THE SELLER'S OPTION.

包装：每件装一个塑料袋，半打为一盒，十打装一个木箱。

唛头：由卖方决定。

任务四 备货的工作要求

一、备货概念

备货也叫排产，是出口单位根据合同或信用证规定，向生产加工及仓储部门或国内工厂下达联系单或购销合同，并对货物进行清点、加工整理、刷制运输标志以及办理申报检验和领证等工作。

《联合国国际货物销售合同公约》明确规定，卖方的基本义务是交付货物、移交与货物有关的单据并转移货物所有权。因此备好货物对卖方非常重要，是保证卖方按时、按质、按量履行合同的前提条件。

二、备货的要求

备货工作是履行合同的基础，在备货工作中应注意以下几个问题。

1. 货物品质、规格必须与合同规定一致

货物品质要适应特定消费者需要，这是商品的社会属性。同时，品质还应当稳定均匀，适合商销，这是商品的自然属性。卖方所交货物的品质不能低于也不宜高于合同规定，这两种情况均构成违约。具体而言，卖方应做到以下几点：

(1) 凡凭规格、等级、标准等文字说明达成合同的，交付货物的品质必须与合同规定的文字说明相符。

（2）凡凭样品达成的合同，则交付货物品质必须与样品一致。

（3）如果既凭文字说明，又凭样品成交，则交付货物品质必须与两者相符合。

（4）货物的品质还必须适用于同一规格货物通常使用的目的和在订立合同时买方通知卖方的特定目的。

2. 货物的数量必须与合同规定一致

按合同规定的数量交货是卖方的基本义务，在备货时卖方需注意数量应留有余地，以作装运时可能发生的调换和适应舱容之用。同时注意以下几点：

（1）货物数量短交，不足合同需要，卖方应及时采取措施在合同有效期内补足，并注意不得使买方遭受不合理的不便和费用开支。

（2）货物数量多交，意味着买方对于多交的部分有权接受或拒绝接受其任意数量，卖方处境较被动。

（3）注意《跟单信用证统一惯例》（UCP600）对于数量中约量的规定。其第 30 条 a 款规定："约"或"大约"用于信用证金额或信用证规定的数量或单价时，应解释为允许有关金额、数量或单价有不超过 10% 的增减幅度。第 30 条 b 款规定：在信用证未以包装单位件数或货物自身件数计量时，货物数量允许有 5% 的增减幅度，只要支取的金额不超过信用证金额。

3. 货物的包装和运输标志必须符合合同规定和运输的要求

在备货中卖方应对包装和运输标志进行认真核对和检查，使之符合合同的规定，并要做到满足保护商品和适应运输的要求。如发现包装不良或有破损，卖方应及时加以更换，以免包装不良，装船时拿不到清洁提单，造成收汇困难。

倘若合同未对包装作具体规定，卖方应按照同类货物通用的方式进行包装。如果没有通用方式，则应按照足以保全和保护货物的方式进行包装。

4. 货物备妥时间应与信用证装运期限相适应

卖方备货要结合船期安排，以利于船货衔接，不要造成货物长时间等船或船长时间等货的局面。卖方必须在落实信用证条款后，再安排生产，以防备好货物后，买方不开证、不要货物或者因条款有问题，影响安全收汇。

5. 货物按相应规定手续进行报验

凡属于法定检验的出口货物，卖方应按规定向出入境检验检疫机构报验，取得相应合格证书。

6. 卖方对货物要有完全的所有权并且不得侵犯他人权利

卖方所交付货物，必须是第三方不能根据工业产权或其他知识产权主张任何权利或要求的货物。

思考与练习

一、单项选择题

1. 美国某客商到我国一家玩具厂参观，参观后对该厂的部分产品很感兴趣，于是立即签订购买合同，批量购买他所见到的那部分产品，决定按实物样品作为合同中交收货物的品质要求。这种表示品质的方法是________。

A. 看货购买　　B. 凭卖方样品

C. 凭买方样品　　D. 凭对等样品

2. 适用于在造型上有特殊要求或具有色、香、味方面特征的商品，表示品质的方式是________。

A. 凭等级买卖　　B. 凭商标买卖

C. 凭说明书买卖　　D. 凭样品买卖

3. 按照国际惯例，包装费用________。

A. 不应包括在货物价格之内，并在合同中列示

B. 应包括在货物价格之内，但必须在合同中另外列示

C. 包括在货物价格之内，一般不在合同中另外列示

D. 不应包括在货物价格之内，也不必在合同中列示

4. 在合同中如果未规定用何种方法计算重量和价格的，按照国际惯例应该以______计价。

A. 净重　　B. 理论重量

C. 毛重　　D. 公量

5. 合同规定小麦含水率为最高10%。这里的“最高”是________。

A. 溢短装条款　　B. 品质公差

C. 品质机动幅度　　D. 数量机动幅度

6. 按照《跟单信用证统一惯例》（UCP600）规定，在不超过信用证支取金额条件下，货物数量的伸缩幅度允许为________。

A. 3%　　B. 5%

C. 7%　　D. 10%

7. 我公司向国外出口某商品50吨，每吨300美元，合同规定数量可增减10%。国外开来信用证金额为15 000美元，数量约50吨。卖方在交货时，市场价格呈下跌趋势，我公司应交货________。

A. 60吨　　B. 55吨

C. 50吨　　D. 45吨

8. 出口羊毛、生丝、棉纱等经济价值较大而含水分量不稳定的商品时，计量方法通常采用________。

A. 以毛作净　　B. 净重

C. 理论重量　　D. 公量

9. 某外商欲购买我“乘风”电扇，但要求改用“美好”商标，并不能注明产地，外商这一要求的实质是________。

A. 无牌中性包装　　B. 定牌中性包装

C. 销售包装　　D. 运输包装

10. 凭卖方样品成交时，应留存________以备交货时核查之用。

A. 回样　　B. 对等样品

C. 复样　　D. 参考样

二、多项选择题

1. 下列合同中关于商品数量的机动幅度规定，其正确的叙述是________。

A. 数量机动幅度一般由履行交货的一方（即卖方）或是合同中规定负责安排船只的一方选择

B. 买方可以收取也可以拒收多交部分的货物

C. 若卖方短交，买方应允许卖方在一定时期内补交，即便如此，买方也保留损害赔偿的权利

D. 允许合同规定内的机动幅度内的多装或少装

2. 运输包装上的标志，按其作用或用途可分为________。

A. 运输标志　　B. 指示性标志

C. 警告性标志　　D. 条形码

3. 以下包装方式属于集合运输包装的是________。

A. 集装箱　　B. 托盘

C. 铁桶　　D. 麻袋

4. 国际标准化组织制定的“标准唛头”应包括四种内容，分别为________。

A. 收货人或买方名称的英文缩写字母或简称

B. 参考号　　C. 目的港（地）

D. 毛重　　E. 件号

F. 体积

5. 合同中数量条款为“1 000M/T 10% more or less seller' s option”，则卖方交货数量为________时，不违反合同。

A. 1 100M/T　　B. 1 000M/T

C. 900M/T　　D. 899M/T 或 1 101M/T

E. 900M/T ~ 1 100M/T 的任意数量

三、判断题

1. 为了争取国外客户，便于达成交易，应尽量选择质量最好的样品请对方确认。(　　)

2. 在国际货物买卖合同中规定：中国大豆，水分 14%，含油量 18%。有利于明确货物品质，是正确的。(　　)

3. 在品质机动幅度和品质公差范围内，交货品质如有上下，一般不另行计算增减价。(　　)

4. 凭文字说明买卖，又提供样品的，卖方所交货物的品质，既要完全符合文字说明，又要与样品完全一致。(　　)

5. 为了防止在市价波动时享有溢短装权利的一方故意多装或少装货物，可以在合同中规定按装船时的市场价格计算溢装或短装部分的价格。(　　)

案例分析

1. 某出口公司对中东出口电风扇 1 000 台，信用证规定不允许分批装运。但在装船

时，发现有40台严重损坏，临时更换来不及。为保证质量，该公司认为根据《跟单信用证统一惯例》规定，即使合同未规定溢短装条款，数量上仍允许有5%的增减，故决定少交40台电风扇。结果议付时遭到银行的拒绝。

请问原因何在？

2. 某化工厂出口某化工原料，共500吨，合同与信用证规定使用麻袋包装货物。该公司装船时发现麻袋只够装450吨货物，为保证及时装船，决定改用塑料袋包装剩下的50吨货物。结果，买方以卖方违反合同包装条款为由拒收货物并索赔。

请问买方这种做法对吗？

实操训练

1. 通过百度百科查阅有关资料，了解运输包装上更多的指示性标志和警告性标志图标及其具体含义。

2. 选择2～3种你现有的东西，并利用合适的方法表示其品质。

3. 填写一份货物出运分析。

<table>
<tr><td colspan="3" rowspan="2">货物出运分析单
2000年03月25日
号码：</td><td>合同号</td><td colspan="3"></td></tr>
<tr><td>证号</td><td></td><td>银行编号</td><td></td></tr>
<tr><td colspan="2" rowspan="2">开证银行</td><td rowspan="2"></td><td>开证日期</td><td></td><td>收到日期</td><td></td></tr>
<tr><td>金额</td><td></td><td>收汇方式</td><td></td></tr>
<tr><td colspan="2">收货人</td><td>TO THE ORDER OF BANK OF CHINA，SINGAPORE</td><td>通知人</td><td colspan="3">OVERSEAS COMPANY
100 JULAN SULTAN
#01－20 SULTAN PLAZA
SINGAPORE 0719</td></tr>
<tr><td rowspan="4">提单或承运收据</td><td>装船人</td><td>SHANGHAI MACHINERY IMP. &EXP. CORP.</td><td>出口口岸</td><td>SHANGHAI</td><td>目的港</td><td>SINGAPORE</td></tr>
<tr><td>抬头人</td><td>TO THE ORDER OF BANK OF CHINA，SINGAPORE</td><td>装运日期</td><td>BEFORE MAR. 28，2002</td><td>信用证有效期限</td><td></td></tr>
<tr><td rowspan="2">提单号码</td><td rowspan="2"></td><td>可否转运</td><td>ALLOWED</td><td>可否分批</td><td>ALLOWED</td></tr>
<tr><td>运费</td><td>预付（×）/到付（ ）</td><td>提单</td><td>3正 3副
共6张</td></tr>
</table>

续表

标记唛头	商品中英文名称	件数及包装式样	毛重（千克）	体积（立方米）	总值（成交条件）
A *SINGAPORE* *NO. 1 – 4860*	*COLOUR* *TELEVISION* SET	4860 CARTONS	*12，150KGS*	54. 5CBM	
特别条款		存货地点			
		签字			

项目六 租船订舱

学习目标

备货工作结束后，合同中采用 CFR、CIF、CPT 或 CIP 成交的，出口商必须按照合同或信用证的规定负责租船、订舱和装船出运事宜。FOB 或 FCA 成交方式下，一般由进口商指定船公司或承运人，但还是需要由出口商安排货物出运的具体工作。

通过本章的学习，学生应了解各种运输方式下出口货物运输环节的基本流程，掌握如何租船订舱、核算运费、订立装运条款以及掌握运输环节涉及的单据。

导入案例

国内 A 公司从中国香港 B 公司进口一套德国设备，合同价格条件为 CFR 广西梧州，装 运港是德国汉堡，允许转船，装运期为开出信用证后 90 天内，提单通知人是卸货港的外运 公司。合同签订后，A 公司于 7 月 25 日开出信用证，10 月 18 日中国香港 B 公司发来装船通知，11 月上旬 B 公司将全套议付单据寄交开证行，A 公司业务员经审核未发现不符并议付了货款。

船运从汉堡到广西梧州包括在中国香港转船正常时间应在 45～50 天内。12 月上旬，A 公司屡次查询梧州外运公司都无货物消息，公司怀疑 B 公司倒签提单，随即电询 B 公司，B 公司却答复已如期装船。12 月下旬，A 公司仍未见货物，再次电告 B 公司要求联系其德国发货方协助查询货物下落。B 公司回电说德国正处圣诞节假期，德方无人上班，没法联络。A 公司无奈只好等待。

1 月上旬，圣诞假期结束，B 公司来电，称货物早已在去年 12 月初运抵广州黄埔港，请速派人前往黄埔办理报关提货手续。此时货物海关滞报已 40 多天，待 A 公司办好报关提货手续已是次年元月底，发生的滞箱费、仓储费、海关滞报金、差旅费及其他相关费用达十几万元。

问题：

（1）德国出口方安排了汉堡—香港—广州—梧州的运输路线是否合理？有无违反合同规定？

（2）合同中的装运条款应如何规定？

案例分析：

（1）由于合同中只规定允许转运，但未列明转运港，A 公司按经验想当然认为转运港一定是香港，卸货港一定是梧州。可德国发货方并不知道香港—梧州有船来往，他们安排了汉堡—香港—广州—梧州的运输路线。而上述路线是合理的，并没有违反合同。

（2）在订立装运条款时，如允许转船，应明确规定转船的地点。转船地点的选择要把握经济和便捷的原则，最好在中国关区以外（如香港，新加坡等），以避免在异地办理报关或转关手续。造成我方公司无法查询货物到达信息的原因是，原合同规定提单通知人为卸货港的外运公司较笼统。货抵黄埔后，黄埔外运不知货主是谁。按原外贸公司进口合同标准，提单“收货人”通常为“凭指定”，“通知人”为“目的港外运公司”。A 公司认为合同目的港是梧州，因此他们只和梧州外运联系，根本没想到黄埔外运。所以，在合同和信用证中，最好要求在提单“通知人”栏打上收货人或外贸代理公司的名字，联系人姓名、电话号码等，以便联系。

在国际货物运输中，涉及的运输方式种类很多，其中包括海洋运输、铁路运输、公路运输、航空运输、邮政运输、江河运输、管道运输以及由各种运输方式组合的国际多式联运。在一笔进出口业务中采用何种运输方式，具体应由买卖双方在磋商交易时约定。

任务一　国际货物海洋运输

海洋运输（Ocean Transportation）不受道路和轨道的限制，通过能力很大，万吨以上、甚至数十万吨的巨轮都可以在海洋中航行，由于海洋运输的运量很大，而运输成本较低，所以许多国家特别是各沿海国家的进出口货物，大部分都采用海洋运输。在国际贸易总量中，通过海洋运输的货物占 80% 以上。因此，海洋运输是国际贸易中最主要的运输方式。

海洋运输虽有上述优点，但也存在一些不足之处。例如，船舶航行速度较慢；有些港口冬季可能会结冰，有些港口枯水期水位会较低，难以保证全年通航；海洋运输距离较长，易受气候影响，面临的货损风险较多。

按照经营方式，海洋运输可分为班轮（Liner Shipping）和租船运输（Shipping by Chartering）。

一、班轮运输

班轮运输是指轮船公司将船舶按事先制定的船期表，在特定海上航线的若干个固定挂靠的港口之间，经常地为非特定的众多货主提供货物运输服务，并按事先公布的费率或协议费率收取运费的一种船舶经营方式。

（一）班轮运输的特点

班轮运输具有以下四个特点：

（1）“四固定”。班轮公司有固定的船期表（Sailing Schedule），有固定的航线，每个航线有固定的停靠港口，按照相对固定的运费率收取运费。

（2）“一负责”。在班轮运输中，由船方负责货物的配载装卸，相关的装卸费包括在运费中，货方不在运费之外支付装卸费。船货双方不约定装卸时间，因而也不计算滞期费和速遣费。

（3）船、货双方的权利、义务与责任豁免的规定，以船方签发的提单条款为依据。

（4）班轮承运货物的品种、数量比较灵活，货运质量有保证，且一般采取在码头仓库交接货物，货物交接比较便利。

（二）班轮运费

班轮运输有杂货班轮运输和集装箱班轮运输。杂货班轮运输的特点是货物不装在集装箱内，运输的货物以件杂货为主，也可以是一些散货、重大件货物等，其特别适合小批量零星件杂货的海上运输。集装箱班轮运输是以集装箱为运输单元的班轮运输。集装箱运输具有货运质量高、运送速度快、装卸方便、机械化程度高、作业效率高、便于开展联运、能降低货运成本等优点，其现正逐步取代了传统的杂货班轮运输。

1. 杂货班轮运费的计算

班轮运费包括基本运费和附加费两部分。前者指货物从装运港到卸货港所应收取的基本运费，它是构成全程运费的主要部分；后者是指对一些需要特殊处理的货物或者由于突然事件的发生或客观情况变化等原因而需另外收取的费用（附加费种类见表6－1）。

$$基本运费 = 基本运费率 \times 货运量$$

$$附加费 = 基本运费 \times 附加费率$$

$$班轮运费 = 基本运费率 \times 货运量 \times (1 + \sum 附加费率)$$

基本运费率和附加费率按班轮公司公布的班轮运价表（Freight Tariff）的规定收取。一般船公司会定期公布自己的运价表。运价表一般包括货物分级表、各航线费率表、附加费率表以及计算运费的规则和规定。货物分级表将商品分为20个等级，不同等级有不同的运费率，其中1级运费率最低，20级运费率最高（部分货物的分级表见表6－2）。

货运量的计算标准根据不同的商品，通常采用下列几种标准确定：

（1）按货物的实际毛重计收，一般称重量吨（Weight ton），1重量吨按1吨或1长吨计算，在运价表内用（W）字母表示。

（2）按货物的体积或容积计收，一般称尺码吨（Measurement ton），1尺码吨按1立方米或40立方英尺（1.13立方米）计算，在运价表内用（M）字母表示。

（3）按重量或体积计收，统称运费吨（Freight ton），即指船方可凭货物的重量或体积按收费较高的一种计收运费，在运价表内以（W/M）表示。

（4）按商品的FOB总值计收，即所谓从价运费。班轮公司在承运黄金、白银、精密仪器、手工艺品等贵重商品或高价商品时，由于在积载、保管方面需要采取特别措施，并承担较大的责任，所以对这类商品收取从价运费，其费率从占FOB货价的百分之零点几到5%不等。在运价表上用（A. V.）表示。另外班轮运价表中还有下列标志："W/MorA. V."及"W/M Plus A. V."，前者表示船方可根据货物的重量或体积或货价三者中按收费最高的一种计收运费；后者表示船方除先按货物的重量或体积中较高的一种计收运费外，还须另收一定百分比的从价运费。

（5）按货物的件数计收，如装运卡车按辆数，活牲畜按头计收运费等。

（6）由货主和船舶公司临时议定。有些班轮公司对承运某些大宗货物（如粮谷、豆类、矿石、煤炭等）采取由船货双方临时议定运价的办法。由于这些大宗货物运量较大，装卸容易，货价较低，所以对这些货物临时议定的运价比一般杂货的班轮费率低，在运价表中以（open）表示。

表6－1　　　　国际海运的附加费

附加费名称及缩写	解　释
燃油附加费 BAF/FAF/BAC Bunker adjustment factor（charge） Fuel adjustment fee	由于燃油价格上涨，使船舶的燃油附加费用支出超过原核定的运输成本中的燃油费用，承运人在不调整运价的前提下增加的附加费
超重附加费 Over weight surcharge	由于单件货物重量超过一定限度而加收的一种附加费
超长附加费 Over length surcharge	由于单件货物长度超过一定限度而加收的一种附加费
港口拥挤附加费 PCS Port congestion surcharge	由于港口拥挤，船舶抵港后需要长时间等泊而产生的额外费用。为补偿船期延误损失而增加的临时附加费。一般是以色列、印度某些港口及中南美航线使用
直航附加费 Direct Additional	如一批货达到规定的数量，托运人要求将一批货物直接运抵非基本港卸货，船舶公司为此而加收的费用
转船附加费 Transshipment Additional	如果货物需要转船运输的话，船舶公司必须在转船港口办理换装和转船的手续，由于上述作业而增加的费用
货币贬值附加费 CAF Currency adjustment factor	由于国际外汇市场汇率发生较大的变化，计收运费的汇率贬值，使承运人的实际收入减少，为弥补这种损失而加收的附加费
码头操作费 THC Terminal handling charges	船公司在运费之外，向货代企业额外收取的一项费用，它是随着国际海上集装箱班轮运输的发展而产生的
美国仓单费 AMS American manifest system	自动舱单系统录入费，用于美加航线。2003年美“反恐”的需要，规定船公司（Carrier）必须于装货前24小时将货物资料通过AMS系统报美国海关
直接收货附加费 ORC Origin receiving charge	也称本地出口附加费，一般在华南地区使用

表6－2　　　　货物等级分类表

货　名	COMMODITIES	级别 CLASS	计费标准 BASIS
人造革及制品	ARTIFICIAL LEATHER & GOODS	11	M
棉织品及匹布	COTTON GOODS & PIECE GOODS	10	M
玩具（木制、铁制、长毛绒制）	TOY（WOODEN，METAL，PLUSH）	8	M
各种豆	BEANS，ALL KINDS	5	W/M
自行车及零件	BICYCLES & PARTS	9	W/M

续表

货　名	COMMODITIES	级别 CLASS	计费标准 BASIS
纸（捆、卷）	PAPER（IN BALES & REELED）	12	W
瓷砖	TILES，PORCELAIN	7	W
各种毛巾	COTTON TOWELS，ALL KINDS	9	M
卫生洁具	SANITARY WEAR	8	M

课堂互动 6－1

某公司按 CFR LONG BEACH 出口自行车零件共 100 箱，每箱体积为 40 厘米×35 厘米×30 厘米，毛重为 50 千克，装运港为深圳，请计算该批商品的运费。表 6－3 是深圳至美国航线的运价表。

表 6－3　深圳—美国航线基本运价表

Scale of class rates for China－America service（in USD）

CLASS	SEATTLE，PORTLAND SAN FRANCISCO	LOS ANGELESLONG BEACH	MIAMI CHARLESTON	PHILADELPHIA NEW YORK，HUSTON
1	95	100	115	120
2	100	105	120	125
……				
7	130	135	142	145
8	136	140	146	150
9	143	147	153	156
10	150	155	160	165

说明：需另加收 10% 货币贬值附加费。

答题：

第一步：根据表 6－2，自行车零件等级为 9，计算标准是 W/M，也即是比较重量和体积，两者取较大者作为货运量。

货物的体积：100 厘米×40 厘米×35 厘米×30 厘米＝4 200 000 立方厘米＝4.2 立方米

货物的重量：100 千克×50 千克＝5 吨

5（重量吨）＞4.2（尺码吨），取 5 吨作为货运量。

第二步：查表 6－3 得知，到长滩港 9 级货物基本运费率为 147 美元，并从表格说明中得 知另加收 10% 的货币贬值附加费。

第三步：计算运费。

总运费＝147×5×（1＋10%）＝808.5（美元）

课堂思考 6－1

我某公司 2010 年 5 月出口 400 箱瓷砖到美国，一箱装 10 片瓷砖，每箱毛重 30 千克，体积0.02立方米。

（1）请根据表6－2及表6－3的资料，核算此批货物的总运费（由于燃油价格猛涨，班轮公司宣布从4月起又另加收20%的燃油附加费）。

（2）我公司此批瓷砖的报价为每箱30美元FOB SHENIHEN，现客户要求改报CFRC2% NEWYORK，在不减少我方外汇收入的情况下，我方应怎样报价？

提示：根据表6－2可知，瓷砖的等级为7，计费标准为W，即按计费，每箱货物的重量30千克即0.03公吨。从表6－3可知，深圳到纽约7级货物基本运费率为145美元。另加收10%货币贬值附加费和20%的燃油附加费。

总运费＝145×0.03×（1＋10%＋20%）＝5.655（美元）

CFR净价＝FOB价＋运费＝30＋5.655＝35.655（美元）

CFRC2%＝CFR净价÷（1－佣金率）＝35.655÷（1－2%）＝36.38（美元）

2. 集装箱班轮运费的计算

集装箱班轮运费与杂货班轮一样，也由基本运费和附加费组成。基本运费的计算方法有两种：第一种是采用与普通杂货班轮运输基本运费相同的方法，对具体的航线按货物的等级和不同的计费标准来计算基本运费，一般适用于拼箱货；第二种是采用包箱费率，即以一个集装箱为计费单位，常用于集装箱整箱交货的情况。常见的包箱费率有以下三种表现形式：

（1）FAK包箱费率（Freight for All Kinds）。即对每一集装箱不分货类统一收取的费率。

（2）FCS包箱费率（Freight for Class）。按不同货物等级制定的包箱费率。货物等级也是1～20级，但级差较小。一般低价货费率高于传统运输费率，高价货则低于传统费率；同一等级货物，重货运价高于体积货运价。

（3）FCB包箱费率（Freight for Class or Basic）。既按不同货物等级或货类，又按计算标准制定的费率。

如表6－4所示，是黄浦到美国航线的普通干货集装箱海运费率表。

表6－4　　黄浦—美国航线

（单位：美元）

FINIAL DESTINATION	FCL20' GP	FCL40' GP	FCI40' HQ
SEATTLE，PORTLAND，SAN FRANCISCO	2 050	3 900	4 000
LOS ANGELES，LONG BEACH	2 100	4 000	4 100
MIAMI，CHARLESTON	2 400	4 600	4 700
PHILADELPHIA，NEW YORK，HUSTON	2 450	4 700	4 800

课堂互动6－2

某公司按CFR LONG BEACH出口自行车零件共1 000箱，每箱体积为40厘米×35厘米×30厘米，毛重为50千克，装运港为黄埔，用集装箱装运，请计算该批商品的运费。

答题：

第一步：计算1 000箱商品的总毛重和体积。

$$总毛重 = 1\ 000 \times 0.05 = 50\ （吨）$$

$$总体积 = 1\ 000 \times 0.4 \times 0.35 \times 0.3 = 42\ （立方米）$$

第二步：根据货量选择装运所需的集装箱。本批货物须选择3个20尺的集装箱装运。

第三步：根据表6－4计算运费

$$F = 3 \times 2\ 100 + 3 \times 141 + 25 = 6\ 748\ （美元）$$

二、租船运输

租船运输（Charter Transport）又称不定期船运输（Tramp Shipping），是指租船人向船东租赁船舶，用以运输货物的一种运输方式。

（一）租船运输的特点

租船运输与班轮运输相比较，没有“四固定”的特点，具体的区别体现在以下几个方面：

（1）属于不定期船，无固定的航线、挂靠港和船期，一切由租船双方在装运前协商确定。

（2）运价不固定，受市场供求的约束，随租船市场行情的变化而变化。

（3）租船运输中的港口使用费、装卸费及船期延误等责任费用的划分由双方来协定。

（4）租船运输主要适用于粮谷、矿砂、煤炭、石油、木材等大宗货物的运输。

（5）租船人和出租人双方之间的权利、义务和责任以签订的租船合同为准。

（二）租船运输的方式

租船运输的方式包括定程租船、定期租船、光船租船等。

1. 定程租船

定程租船（Voyage Charter）指按航程（包括单程、来回程和连续单航次）租赁船舶，故又称程租船或航次租船。在定程租船方式下，船方必须按租船合同规定的航程完成货物运输任务，并负责经营管理船舶和承担船舶在航行中的一切开支。

2. 定期租船

定期租船（Time charter）指按一定期限租赁船舶。在租赁期间，租船人根据租船合同规定的航行区域可自行使用和调度船舶。一般期租船在各自航次中所产生的燃料费、港口费、装卸费、垫舱物料费等项费用，均由租船人负担，而船方仅对船舶的维护、修理、机器的正常运转和船员工资与给养负责。定期租船的租金一般按租期每月每吨若干金额计算，船、租双方不规定装卸率和滞期速遣费。

3. 光船租船

光船租船（Bare Boat Charter）是船舶所有人将船舶出租给承租人使用一段时期，但船舶所有人所提供的船舶是一艘空船，既无船长，又未配备船员，承租人自己要任命船长、配备船员，负责船员的给养和船舶营运管理所需的一切费用。船舶所有人除了在租期内收取租金外，对船舶本身和船舶营运均不负责。这种光船租船，实际上属于单纯的财产租赁，与上述定期租船有所不同。

（三）定程租船运费

定程租船是租船市场上最为活跃的一种方式，且对运费水平波动最为敏感。其运费构成包括基本运费、装卸费（船方不负责装卸，或不负责装货，或不负责卸货时产生）以及滞期费或速遣费。

1. 基本运费

基本运费是指从装运港到目的港的海上运费。其计算方式有两种：一种是按运费率（Rate of Freight）计算，即规定每单位重量或每单位体积的运费额，同时规定按装船时的货物重量（In Taken Quantity）或按卸船时的货物重量（Delivered Quantity）来计算总运费；另一种是整船包价（Lump Sum Freight），不管租方实际装货多少，一律按包价支付。

2. 装卸费

有关货物的装卸费用由租船人和船东协商确定后在定程租船合同中做出具体的规定。主要有下列四种不同的规定：

（1）船方不负担装卸费（F. I. O.）或船方不管装卸、理舱和平舱（F. I. O. S. T.），采用此法的较为普遍。

（2）船方负担装卸费（Gross Terms 或 Liner Terms）。

（3）船方只负担装货费，不负担卸货费（F. O.）。

（4）船方只负担卸货费，不负担装货费（F. I.）。

3. 滞期费和速遣费

在定程租船运输中，关于装卸货时间的长短影响到船舶的使用周期和在港费用，这直接关系到船方的经验效益。因而为了节省船期，在程租合同中一般都规定租船人在一定时间内完成装卸作业的条款，即装卸时间条款，或称装卸期限条款。如果在约定的允许装卸时间内未能将货物装卸完，致使船舶在港内停泊时间延长，给船方造成经济损失，则延迟期间的损失，应按每天若干金额补偿给船方，这项补偿金称为滞期费。反之，如果提前完成装卸任务，使船方节省了船舶在港的费用支出，船方将其获取的利益的一部分给租船人作为奖励，称为速遣费。

任务二　海运提单

海运提单（Ocean Bill of Lading，B/L），我国《海商法》第71条规定：提单是指用以证明海上货物运输合同和货物已经由承运人接收或者装船，以及承运人保证据以交付货物的单据。提单所涉及的当事人主要有承运人、托运人、收货人等。其中，承运人通常是与托运人签订运输合同、承担运输任务的船运公司，托运人是送交所需运送货物的人，收货人是有权提货的人。

一、海运提单的性质和作用

提单的性质与作用，主要表现在以下三个方面：

（1）货物收据。提单是承运人（或其代理人）签发给托运人的货物收据（Receipt for the Goods），证实已按提单记载的事项收到货物，承运人应凭提单所列内容向收货人交货。

（2）物权凭证。提单是一种货物所有权的凭证（Documents of Title），因此占有提单就有支配货物的权利，就等于占有货物。卖方凭提单向银行议付货款，提单的合法持有人凭提单可以在目的港向船公司提取货物，也可以在载货船舶抵达目的港交货前，通过转让提单而转移货物的所有权，也可以凭提单向银行抵押取得贷款。

（3）运输契约的证明。运输契约是在装货前商定的，而提单是在装货后才签发的，因此，提单本身并不是运输契约，而只是运输契约的证明（Evidence of Contract of Carriage）。在提单背面照例印有各项运输条款和条件，规定了承运人和托运人双方的权利和免责事项。提单的合法持有人有权向承运人取得违约赔偿。

二、海运提单的内容

提单的格式很多，每个船公司都有自己的提单格式，但基本内容大致相同，一般包括提单正面记载的事项和提单背面印就的运输条款。

（一）提单的正面内容

提单正面记载的事项，分别由托运人和承运人或其代理人填写，通常包括下列事项：

（1）托运人（Shipper）。

（2）收货人或指示（Consignee or Order）。

（3）被通知人（Notify Party）。

（4）前程运输（Pre－carriage by）。

（5）收货地点（Place of Receipt）。

（6）装运港（Port of Loading）。

（7）船名及航次（Vessel' s Name and Voyage Number）。

（8）卸货港（Port of Discharge）。

（9）最后交货地点（Place of Delivery）。

（10）唛头及件号（Marks and Nos）。

（11）货物的件数、包装种类和货物的描述（Number and Kind of Packages Description of Goods）。

（12）毛重（Gross Weight）。

（13）尺码（Measurement）。

（14）运费和费用（Freight and Charges）。

（15）正本提单份数（Number of Original Bs/L）

（16）签单地点和日期（Place and Date of Issue）。

（17）承运人或船长的签名（Signed for or on Behalf of the Master）。

（二）提单的背面条款

在班轮提单背面，通常都印有运输条款，这些条款是作为确定承托双方以及承运人、收货人和提单持有人之间的权利与义务的主要依据。为了缓解船、货双方的矛盾，照顾到双方的利益，各国为了统一提单背面条款的内容，曾先后签署了三个有关提单的国际公约，分别如下：

（1）1924 年签署的《关于统一提单的若干法律规则的国际公约》，简称《海牙规则》（The Hague Rules）。

（2）1968 年签署的《布鲁塞尔议定书》，简称《维斯比规则》（The Visby Rules）。

（3）1978 年签署的《联合国海上货物运输公约》，简称《汉堡规则》（The Hamburger Rules）。

（4）2009 年签署的《联合国全程或部分海上国际货物运输合同公约》，简称《鹿特丹规则》（The Rotterdam Rules）。

由于上述四项公约签署的历史背景不同，内容不一，各国对这些公约的态度也不相同。因此，各国船公司签发的提单背面条款也就互有差异。

三、海运提单的种类

在国际贸易业务中，提单可以从各种不同的角度加以分类，主要有以下几种。

（一）根据货物是否已装船分类

根据货物是否已装船，提单可分为已装船提单和备运提单。

1. 已装船提单（Shipped or On Board B/L）

已装船提单是指货物装船后，由承运人签发给托运人的提单，它必须载明装货船名和装船日期。装船日期表明装货完毕的日期，该日期应完全符合买卖合同规定的装运时间。由于已装船提单对收货人按时收货有保障，因此，在买卖合同中一般都规定卖方须提供已装船提单。

2. 备运提单（Received for Shipment B/L）

备运提单又称收讫待运提单，是承运人在收到托运货物等待装船期间，向托运人签发的提单。

（二）按提单有无不良批注分类

按提单上有无不良批注，可分为清洁提单和不清洁提单。

1. 清洁提单（Clean B/L）

清洁提单是指交运货物的外表状况良好（In apparent good order and condition），承运人在提单上未加任何有关货损或包装不良之类批注的提单。在买卖合同中，一般都明确规定卖方提供的已装船提单必须是清洁提单。银行也只接受清洁提单，所以卖方只有提交了清洁提单，才能取得货款。

2. 不清洁提单（Unclean B/L or Foul B/L）

承运人为了保护自身利益，对交运货物的外表状况不良或件数、重量与提单记载不符，可以在提单上加注批语，如“铁条松散”（iron – strap loose or missing）、“×件损坏”（…packages in damaged condition）等。凡承运人加注了这类表明货物外表状况不良或存在缺陷批语的提单，叫作不清洁提单。银行为了自身的安全，对不清洁提单，除信用证明确规定可接受者外，一般都拒绝接受。因此，在实际业务中，有些托运人为了便于向银行结汇，当遇到货物外表状况不良或存在缺陷时，便要求承运人不加批注，仍给予签发清洁提单。但在这种情况下，托运人必须向承运人出具保证函（Letter of Indemnity），保证如因货物破残短损及承运人因签发清洁提单而引起的一切损失，概由托运人负责。在国际贸易业务中，一般认为，下列三种内容的批注，不应视为不清洁提单：

（1）不明白表示货物或包装不能令人满意的条款，例如“旧箱”“旧桶”等。

（2）强调承运人对于货物或包装品质所引起的风险不负责任的条款。

（3）否认承运人知道货物内容、重量、容积、质量或技术规格的条款。

课堂阅读

某远洋运输公司（原告）装载被告托运的6 000吨白糖，后发现这批白糖10%有脏色，大副因此在收货单上作了批注。因信用证将过期，货物也可能变质，被告为了能及时出口货物结汇，就出具保函要求原告开出清洁提单，言明："如收货人有异议，其一切后果均由发货人承担，船方概不负责……"原告接受其保函，并开出了清洁提单。后收货人以货物脏色为由在某国港口扣船索赔，原告被迫赔偿收货人10万美元。原告随即依保函向被告提出赔偿，要求其因签发清洁提单而遭受的损失。

在本案中，承运人为避免向收货人承担责任欲签发不清洁提单，是正当合法的。被告为了防止货物变质，及时结汇而出具保函换取清洁提单，目的不在于隐瞒货物本身的缺陷。原告接受保函也是其真实的意思表示，双方均出于善意，对第三人不具有欺诈的故意，因而法院认定保函有效，承运人因而遭受的损失，可依保函从托运人处得到补偿。

但是，对于为换取清洁提单而出具的保函的效力不可一概而论。若托运人和承运人明知：鉴于货物的状况，签发清洁提单将损害收货人的利益，或托运人对承运人接受保函有威胁之嫌，应视为托运人和承运人之间串通合谋，已构成对善意收货人的欺诈，这样的保函应属无效。如果托运人和承运人之间针对不明确、吃不准货物是否有瑕疵、量差的情况下为签发清洁提单而由托运人出具保函，由于双方并无恶意，对第三人不构成欺诈，这样的保函应属有效。但这种效力是针对托运人和承运人的，对包括收货人在内的第三人并没有效力。这是目前我国法律的实践做法，也是国际立法的趋势。如《汉堡规则》第17条规定，托运人为了换取清洁提单可以向承运人出具承担赔偿责任的保函。该保函在托运人和承运人之间有效，对包括受让提单的收货人在内的第三人一概无效。

与此同时，如果承运人接受而签发清洁提单属有意地欺诈，则该保函对托运人也属无效，承运人不仅无权从托运人处取得赔偿，且要对包括收货人在内的第三人的损失承担无限赔偿责任。这在一方面使保函得以合法化；另一方面又加重了承运人的责任。因而欺诈行为可能是托运人发动的，但承运人仍须承担全部责任，即他对收货人负责赔偿后无法向托运人追偿。这种规定使得承运人在接受保函时要谨慎处理，一定程度上起到抑制保函的作用。

（三）按提单收货人抬头分类

按提单收货人抬头的不同，可分为记名提单、不记名提单和指示提单三种：

（1）记名提单（Straight B/L）。记名提单指在提单中的收货人栏内具体填明收货人的名称，货物只能交给提单上的收货人。此种提单不能背书（Endorsement）转让，根据某些国家的习惯，此种提单可以不凭正本提单提货，此时该提单就失去了物权凭证的作用，一般用于买方预付货款的情况。

（2）不记名提单（Bearer B/L）。不记名提单指在提单收货人栏内不填写收货人或指示人的名称而留空，或只写明"货交来人"（To Bearer）。提单持有人可不作任何背书，就能凭提单转让货物所有权或提取货物，承运人只凭提单交货。由于这种提单风险较大，故国际上一般极少使用。

（3）指示提单（Order B/L）。指示提单指在提单的收货人栏内只填写：“凭指定”（To order）或“凭某人指定”（To order of...）字样的一种提单。这种提单经过背书才可以转让，通过转让便可达成海上路货的交易。这种提单有利于资金周转，故在业务中使用较多。

背书的方法有两种：单纯由背书人（提单转让人）签字盖章的，称为空白背书；除背书人签字盖章以外，还列有被背书人（受让人）的名称的，称为记名背书。注明“凭指定”的提单，在卖方未背书转让之前，卖方仍保持货物的所有权。在我国出口贸易中，大多是采用这种“凭指定”、空白背书的提单，习惯上称为“空白抬头、空白背书”提单（Ocean marine Bill of Lading made out to order and blank endorse）。

（四）按运输方式分类

按运输方式的不同，提单可分为直达提单、转船提单和联运提单。

（1）直达提单（Direct B/L）。直达提单指从装运港将货物直接运抵目的港而签发的提单。如合同和信用证规定了不准转运的，则托运人必须取得直达提单，方可向银行结汇。

（2）转船提单（Transshipment B/L）。转船提单指载货船舶不直接驶往目的港，需在途中某港换装另一艘船舶时所签发的包括全程运输的提单。转船提单中一般注明“在某港转船”（with transshipment at…）字样。

（3）联运提单（Through B/L）。联运提单指货物需经两种或两种以上的运输方式才能运抵目的港，而其中第一程为海运时由第一程承运人所签发的提单。联运提单用于海陆联运或海空联运或海海联运。

（五）按提单内容的繁简分类

按提单内容的繁简，可分为全式提单和略式提单。

（1）全式提单（Long Form B/L）。全式提单是指通常应用的带有背面条款的提单。这种提单除其正面必要的项目外，在其背面还列有各项有关装运的条款，以表明承运人和托运人的权利与义务。

（2）略式提单（Short Form B/L）。略式提单是指不带背面条款，仅保留其正面的必要项目的提单。这种提单上一般都印有“本提单货物的收受、保管、运输和运费等项，均按本公司全式提单上的条款办理”的字样。

（六）按提单使用的效力分类

按提单使用的效力不同，可分为正本提单和副本提单。

（1）正本提单（Original B/L）。提单上有正本（Original）字样的提单，是提货的依据、议付的凭证。全套正本海运提单（full set Ocean Original B/L）可以是一式两份或三份，根据合同或信用证的规定而定，其中一份提货后，其余各份均告失效。

（2）副本提单（Non－negotiable or copy B/L）。副本提单仅供内部流转、业务工作参考及企业确认装船信息之用。

（七）其他分类

从提单的实际使用情况来看，提单还可以有以下四种分类。

（1）舱面提单（On Deck B/L）。承运人对装于船舶甲板上的货物所签发给托运人的提单，故又称甲板货提单。承运人在这种提单上打印或书写“装舱面”（On Deck）字样，以表明提单所列的货物装在甲板上。由于货物装于甲板上风险比较大，托运人一般需向保险公司加保甲板险。

（2）过期提单（Stale B/L）。信用证条件下，是指错过规定的交单日期或晚于货物到达目的港的提单。前者是指在提单签发日21天后才交到银行议付的提单，根据惯例，银行将拒绝接受此类提单；后者是由于近洋短程运输所致，由于在近洋短程运输情况下，很难避免出现过期提单，所以卖方为了维护自身的利益，一般都要求买方开证时，须列入过期提单可以接受的条款，以免引起争议。

（3）倒签提单（Anti - dated B/L）。货物装船后，应托运人要求，承运人签发提单时倒填已装船日期的一种提单。例如，实际装船日期是8月5日，而合同或信用证规定的装运时间是7月31日前，为了符合合同或信用证的规定，则将提单日期倒签为7月31日。

（4）预借提单（Advanced B/L）。货物尚未装船，预先签发的借给托运人的一种提单。按规定提单须于货物装船完毕时签发。倒签提单也好，预借提单也好，提单日期都不是真正的装船日期。这种行为侵犯了收货人的合法权益，故应尽量减少或杜绝使用。上述两种提单均需托运人提供担保函才能获得，英、美、法等国对保函不承认，亚洲、欧洲一些国家认为只要未损害第三者利益，便不属非法，不过仍应严加控制。

课堂阅读

我国某出口公司先后与伦敦B公司和瑞士S公司签订两个出售农产品合同，共计3 500吨（3 556吨），价值8.275万英镑。装运期为当年12月至次年1月。但由于原定的装货船舶出故障，只能改装另一艘外轮，致使货物到2月11日才装船完毕。在我公司的请求下，外轮代理公司将提单的日期改为1月31日，货物到达鹿特丹后，买方对装货日期提出异议，要求我公司提供1月份装船证明，我公司坚持提单是正常的，无须提供证明。结果买方聘请律师上货船查阅船长的船行日志，证明提单日期是伪造的，立即凭律师拍摄的证据，向当地法院控告并由法院发出通知扣留该船，经过4个月的协商，最后，我方赔款2.09万英镑，买方撤回上诉结案。

倒签提单是一种违法行为，一旦被识破，产生的后果是严重的。但是在国际贸易中，倒签提单的情况还是相当普遍。尤其是当延期时间不多的情况下，还是有许多出口商会铤而走险。当出现倒签日子较长的情况时，就容易引起买方怀疑，买方最终可以通过查阅船长的航行日志或者班轮时刻表等途径加以识破。

四、海运出口货物的运作程序

海运出口货物的运作程序根据贸易条件的不同而有所差异。按照FOB条件成交，卖方无须办理租船订舱手续；按照CFR条件成交，卖方无须办理保险手续；按照CIF条件成交，卖方既要租船订舱，又要办理保险。这里仅以CFR成交条件下的班轮装运程序为例加以说明：

备货报验→托运订舱→货物集中港区→报关→装船→换取提单

1. 备货报验

出口商根据出口成交合同及信用证中有关货物的品种、规格、数量、包装等的规定，按时、按质、按量地准备好应交的出口货物，并做好申请报验和领证工作。在我国，凡列入商检机构规定的“种类表”中的商品以及根据信用证、贸易合同规定由商检机构出具证书的商品，均需在出口报关前，填写《出口检验申请书》申请商检。有的出口商品需鉴定重量，有的需进行动植物检疫或卫生、安全检验的，都要事先办妥，取得合格的检验证书。做好出运前的准备工作，货证都已齐全，即可办理托运工作。

2. 托运订舱

出口商（托运人）编制出口托运单（Shipping Note，B/N；Booking Note，B/N），即向货运代理办理委托订舱手续。货运代理根据货主的具体要求按航线分类整理后，及时向船公司或其代理订舱。货主也可直接向船公司或其代理订舱。当船公司或其代理签发了装货单（Shipping Order，S/O），定舱工作即告完成，就意味着托运人和承运人之间的运输合同已经缔结。

3. 货物集中港区

当船舶到装运港装货计划确定后，按照港区进货通知并在规定的期限内，由托运人办妥集运手续，将出口货物及时运至港区集中，等待装船，货物集港要做到批次清，件数清，标志清。

4. 报关工作

货物集中港区后，出口商（托运人）把编制好的出口货物报关单连同装货单 S/O、发票、装箱单、商检证、外销合同、外汇核销单等有关单证向海关申报出口，经海关关员查验，如同意出口，海关在 S/O 上加盖放行章，并将 S/O 退还给托运人。

5. 装船工作

在装船前，理货员代表船方，收集经海关放行货物的装货单 S/O，经过整理后，按照积载图和舱单，分批接货装船。装船过程中，托运人委托的货运代理应有人在现场监装，随时掌握装船进度并处理临时发生的问题。装货完毕，理货组长要与船方大副共同签署收货单（Mate Receipt，M/R），交与托运人。理货员如发现某批货有缺陷或包装不良，即在收货单上批注，并由大副签署，以确定船货双方的责任。但作为托运人，应尽量争取收货单上没有不良批注以便取得清洁提单。

6. 换取提单

装船完毕，托运人除向收货人发出装船通知外，还应仔细审核船公司或货代签发的提单样本是否与实际情况及信用证的要求一致，如相符，应及时凭收货单 M/R 向船公司或其代理缴纳运费和港区操作杂费，换取已装船清洁提单（B/L）。

案例 6 – 1

佛山奇飞进出口贸易有限公司根据合同（示范 3 – 6）和信用证（示范 4 – 3）的要求，备妥货物后，委托金发海运货运代理公司订舱，填写托运单（示范 6 – 1），货物装船后船公司签发提单，船公司签发的 B/L 请参考项目九示范 9 – 5。

示范 6－1

出口托运单

<table>
<tr><td colspan="2">经营单位
（托运 2）</td><td colspan="6">佛山奇飞进出口贸易有限公司
佛山市中山路 187 号
电话：0757－83512680 传真：0757－83512683</td><td>金发
编号</td><td></td></tr>
<tr><td rowspan="3">提
单
项
目
要
求</td><td colspan="9">发货人：
Shipper：FOSHAN QIFEI I/E TRADE CO.，LTD
NO. 187ZHONGSHAN ROAD，FOSHAN CHINA　　ORIGINAL</td></tr>
<tr><td colspan="9">收货人：
Consignee：TO THE ORDER OF BANCO DE CHILE</td></tr>
<tr><td colspan="9">通知人：
Notify Party：BOLTITI CORONAS. A.
ARTURO PRAT 476SANTIAGO，CHILE</td></tr>
<tr><td colspan="2">海洋运费
（√）
Sea freight</td><td colspan="2">预付（√）或到付
Prepaid or Collect</td><td>提单
份数</td><td>THREE</td><td>提单寄送地址</td><td colspan="3">广东省佛山市
中山路 187 号</td></tr>
<tr><td>启动港</td><td>GUANGZHOU</td><td>目的港</td><td>SAN ANTONIO</td><td>可否转船</td><td>允许</td><td>可否分批</td><td colspan="3">不允许</td></tr>
<tr><td colspan="2">集装箱预配数</td><td colspan="2">20’×1</td><td>装运日期</td><td>最晚 8 月 31 日</td><td>有效期限</td><td colspan="3">9 月 10</td></tr>
<tr><td colspan="2">标记唛码</td><td>件数及包装样数</td><td colspan="2">中英文货名
Description of Goods</td><td>毛重
（千克）</td><td>尺码
（立方米）</td><td colspan="3">成效条件
（总价）</td></tr>
<tr><td colspan="2">BOLTITI
SAN ANTONIO
NOS. 1－71</td><td>3 264 PAIRS
71
CARTONS</td><td colspan="2">手工制作的皮鞋及手套
HAND－MADE
LEATHER SHOES
AND GLOVES</td><td>4 921. 30</td><td>18. 876</td><td colspan="3">USD
16 788. 20
CIF SAN
ANTONIO</td></tr>
<tr><td colspan="2" rowspan="2">内装箱地址</td><td colspan="2" rowspan="2">广东省佛山市中山路 187 号
电话：0757－83512683</td><td colspan="2" rowspan="2">特种货物
□冷藏货
□危险品</td><td colspan="4">重件：每件重量</td></tr>
<tr><td colspan="3">大件
（长×宽×高）</td><td></td></tr>
<tr><td colspan="2" rowspan="2">门对门装箱地址</td><td colspan="2" rowspan="2"></td><td colspan="6">特种集装箱：（　）</td></tr>
<tr><td colspan="2">货物备妥日期</td><td colspan="4"></td></tr>
<tr><td colspan="2">外币结算账号</td><td colspan="2"></td><td colspan="6">货物进栈（√）、自送（）或派送（）</td></tr>
<tr><td colspan="4" rowspan="7">声明事项</td><td colspan="2">人民币结算账号</td><td colspan="4"></td></tr>
<tr><td colspan="2">托运人签章</td><td colspan="4"></td></tr>
<tr><td colspan="2">电话</td><td colspan="4"></td></tr>
<tr><td colspan="2">传真</td><td colspan="4"></td></tr>
<tr><td colspan="2">联系人</td><td colspan="4"></td></tr>
<tr><td colspan="2">地　址</td><td colspan="4"></td></tr>
<tr><td colspan="2">制单日期</td><td colspan="4"></td></tr>
</table>

任务三　其他国际货物运输方式

除海洋运输外，国际货物运输方式还包括铁路运输、航空运输、公路运输、内河运输、邮包运输、管道运输、集装箱运输、国际多式联运等，现将几种运输方式做简要的介绍。

一、铁路运输

在国际货物运输中，铁路运输（Railway Transport）是一种仅次于海洋运输的主要运输方式，铁路运输具有许多特点，例如，铁路火车运行速度较快，载运量较大，一般不易受气候条件的影响，能终年正常运行，而且在运输当中遭受的风险较小，所以铁路运输具有高度的连续性。办理铁路货运手续比海洋运输简单，而且发货人和收货人可以在就近的始发站（装运站）和目的站办理托运和提货手续。

铁路运输可分为国际铁路货物联运和国内铁路运输两种。

1. 国际铁路货物联运

国际铁路货物联运（International Railway Transportation）是指两个或两个以上国家，按照协定，利用各自的铁路、联合起来完成一票货物的全程运输的方式。它使用一份统一的国际联运票据，由一国铁路向另一国铁路移交货物时，无须发、收货人参加，铁路当局对全程运输负连带责任。

国际铁路货物联运的有关当事国事先必须要有书面约定才能协作进行货物的联运工作。相关的国际条约主要有两个：《国际铁路货物运送公约》（简称《国际货约》）和《国际铁路货物联运协定》（简称《国际货协》）。1954 年 1 月我国参加了《国际货协》，开办了国际的铁路联运。目前，我国对朝鲜、俄罗斯、蒙古、越南的大部分货物以及东欧一些国家的部分进出口货物，都是采用国际铁路联运的方式运送的。

国际铁路货物联运所使用的运单和运单副本，是铁路与货主间缔结的运送契约。在发货人提交全部货物和付清他所负担的一切费用后，始发站在运单和运单副本上加盖发站日期戳记，证明货物已经承运，运送契约即告缔结。按照我国同参加《国际货协》各国所签订的贸易交货共同条件的规定，运单副本是卖方通过有关银行向买方结算货款的主要证件之一。

2. 国内铁路运输

国内铁路运输（Domestic Railway Transportation）是指仅在本国范围内，并按《国内铁路货物运输规程》的规定办理的货物运输。我国出口货物经由铁路运往港口装船，或进口货物卸船后从港口经由铁路运至各地，均属于国内铁路运输的范畴。

供港澳地区的货物经铁路运往香港九龙，也属国内铁路运输的范围。不过这种运输同一般铁路运到港口装船出口有所区别，它由内地铁路段运输和港段运输两段组成，由中国对外贸易运输公司（简称中外运）在各地的分支机构和香港中国旅行社联合组织。具体做法是：内地出口货物由发货人按《国内铁路货物运送规程》的规定，从始发站托运至深圳北站，交由设在深圳北站的中外运分公司接货（但不卸车），并由其作为各外贸企业的代理，分别向铁路局和海关办理运输业务和报关业务手续，将货物转至香港段铁路九龙站后，由香港中国旅行社卸交给香港收货人（买方）。国内铁路运单不能作为对外结汇的凭证，故各地外运公司以承运人身份签发的货物承运收据（Cargo Receipt）是向银行结汇的凭证。

二、航空运输

航空运输（Air Transport）是一种现代化的运输方式，它不受地面条件的限制，航行便利，运输速度很快，航行时间很短，货物中途破损率小。因此，某些急需物资、易损货物和贵重商品适于航空运输。

我国通过空运进口的货物，主要是一些贵重物品、稀有金属、精密仪器仪表、电子计算机、手表、钻石、象牙、种禽、种畜和技术资料等。我国空运出口的货物，主要是鲜活商品（如鱼、蟹等）、生丝、绸缎、服装、裘皮和羊绒等。

（一）航空运输的主要类型

航空运输包括班机运输、包机运输、集中托运、急件快递四种方式。

（1）班机运输（Scheduled Airline）是指在固定航线上飞行的航班，它有固定的始发站、途经站和目的站。一般航空公司都采用客货混合型飞机。

（2）包机运输（Chartered Carrier）是指包租整架飞机或由几个发货人（或航空货运代理人）联合包租一架飞机来运送货物，业务中分为整包机和部分包机两种。前者适合运送大批量货物，后者适用于多个发货人，他们的货物到达同一个目的站。

（3）集中托运（Consolidation）是指由空运货代公司将若干单独发货人的货物集中起来组成一整批货，由其向航空公司申请托运到同一目的站，货到国外后由目的站的空运代理办理收货、报关并分拨给各个实际收货人。此种方式运费较低，业务中较多采用。

（4）急件快递（Air Express）是由专门经营这项业务的公司与航空公司合作，设专人用最快的速度将急件在货主、机场、用户之间进行传递。

（二）航空运输的运费与运单

航空运输货物的运价是指从启运机场到目的机场的运价，不包括其他额外费用（如提货、仓储费等）。运价一般是按重量或体积计算，以两者中较高者为准。空运货物按一般货物、特种货物和货物的等级规定运价标准。

航空货运单（Airway Bill）是航空运输的正式凭证，它是承运人与托运人之间订立的运输契约，也是承运人或其代理人签发的货物收据。货物运抵目的地后，收货人凭航空公司的“到货通知”及有关证明领取货物，并在航空运单上签收。因此航空运单并非物权凭证，是不可转让的，卖方只可凭此向银行办理结汇。采用空运方式，要注意个别不法商人钻航空运单不是物权凭证的空子，将货提走。

（三）航空出口货物的运作程序

采用航空运输需要办理一定的货运手续，但航空公司一般只负责空中运输。而货物在始发机场交给航空公司之前的揽货、接货、报关、订舱以及在目的站机场从航空公司手中接货、报关、交付或送货上门等业务则由航空货运公司办理。以下是货运代理公司对出口货物的航空运输操作的一般流程。

1. 接受发货人的委托，预定舱位

货运代理公司从发货人处取得必要的出口单据；安排运输工具取货或由发货人送货到指定地点，要对货物与单证进行认真的核对。

2. 向海关申报

货运代理公司需要在货物运抵海关监管区后、装货的24小时以前向海关申报出口。

（1）报关所需单据一般有：商业发票、装箱单、商检证、出口货物报关单，有的商品则需要动植物检疫证书或产地证、出口外汇核销单、外销合同等。

（2）在海关验收完货物，在报关单上盖验收章后，缮制航空运单。

（3）将收货人提供的货物随行单据订在运单后面；如果是集中托运的货物，要制作集中托运清单，并将清单，所有分运单及随行单据装入一个信袋装订在运单后面。

（4）将制作好的运单标签贴在每一件货物上。如果是集中托运的货物，还必须有分运单标签。

（5）持缮制完的航空运单到海关报关放行。

（6）将盖有海关放行章的运单与货物一齐交与航空公司，航空公司验收单货无误，在交接单上签字。

（7）集中托运的货物。需要电传通知国外代理以下内容：航班号、运单号、品名、件数、毛重、收货人等。

三、公路、内河、邮包和管道运输

1. 公路运输

公路运输（Road Transportation）是一种比较灵活、方便的运输方式。它除了适用于车站、港口、机场集散进出口货物外，还适用于邻国之间的进出口货物运输。我国同越南、朝鲜、尼泊尔、缅甸等邻国都有公路相连通，我国同这些国家的部分进出口货物以及我国港、澳地区的部分进出口货物，可以经由国境公路运输。

2. 内河运输

内河运输（Inland Water Transportation）是水上运输的重要组成部分，它是连接内陆腹地与沿海地区的枢纽，在运输和集散进出口货物中起到重要的作用。我国江河密布，除有边境河流外，内地还分布许多终年通航的河流，特别是长江、珠江水系，航运十分便利，而且有些河港还能直接停靠海洋货轮和装卸进出口货物，这就为发展我国对外贸易货物的江河运输提供了有利的条件。

3. 邮包运输

邮包运输（Parcel Post Transport）是一种很简便的运输方式。若买卖双方商定采用此种运输方式时，卖方只要根据买卖合同规定的条件，遵照邮局有关规定，向邮局办理商品包裹的投寄手续，并取得邮包收据，即完成交货义务。国际邮包运输具有国际多式联运和门到门运输的性质。

4. 管道运输

管道运输（Pipeline Transportation）是一种比较特殊的运输方式，货物在管道内借助高压泵的压力输往目的地，主要适用于运送液体和气体货物。许多盛产石油的国家都积极发展管道运输，因为管道运输速度快，流量大，减少了中途装卸环节，运费低廉。

四、集装箱运输

集装箱（Container）是指具有一定强度、刚度和规格，专供周转使用并便于机械操作的大型装货容器。使用集装箱装运货物，可直接在发货人的仓库装货，运到收货人的仓库卸货，中途更换车、船时，无须将货物从箱内取出换装。图 6 – 1 是一般常用的集装箱。

图 6 – 1　集装箱

集装箱有多种类型，根据国际标准化组织的规定，集装箱的规格有三个系列，仅第一系列就有 13 种之多。在国际货运上使用的集装箱规格主要有 20 英尺和 40 英尺两种，常用的有 1CC 型 20’×8’×8’6” 和 1AA 型 40’ ×8’×8’6”。集装箱箱体上都有一个 11 位的编号，前四位是字母，称为抬头，后七位是数字，此编号是唯一的。关于四个英文字母，前三个字母是箱主（船公司、租箱公司）代码，比如中远是 CBH，中海是 CCL，弘信是 TGH，第四个字母 U 代表集装箱。

课堂阅读

1. 集装箱的种类

集装箱按用途可分为干货集装箱（Dry Container）、冷冻集装箱（Reefer Container）、挂衣集装箱（Dress hanger Container）、开顶集装箱（Open Top Container）、框架集装箱（Flat Rack Container）、罐式集装箱（Tank Container）、平台集装箱（Platform Container）等。

2. 集装箱的规格

（1）国际上通常使用的干货柜（Dry Container）有：外尺寸为 8 英尺 ×20 英尺 ×8 英尺，简称 20 尺货柜，内容积为 2.13 米 ×2.18 米 ×5.69 米，配货，毛重一般为 17.5 吨，体积为 24 ～ 26 立方米；8 英尺 ×8 英尺 ×40 英尺，简称 40 尺货柜，内容积为 2.13 米 ×2.18 米 ×11.8 米，配货毛重一般为 22 吨，体积为 54 立方米；及近年较多使用的 8 英尺 ×9 英尺 ×40 英尺，简称 40 尺高柜，内容积为 2.13 米 ×2.72 米 ×11.8 米，配货毛重一般为 22 吨，体积为 68 立方米；45 尺高柜，内容积为 2.34 米 ×2.71 米 ×13.58 米，配货毛重一般为 29 吨，体积为 86 立方米。

（2）20 尺开顶柜内容积为 2.32 米×2.31 米×5.89 米，配货毛重 20 吨，体积 31.5 立方米；40 尺开顶柜内容积为 2.33×2.15 米×12.01 米，配货毛重 30.4 吨，体积 65 立方米。

（3）20 尺平底货柜内容积 2.23 米×2.15 米×5.85 米，配货毛重 23 吨，体积 28 立方米；40 尺平底货柜内容积 2.12 米×1.96 米×12.05 米，配货毛重 36 吨，体积 50 立方米。

1. 集装箱的装箱方式

采用集装箱运输货物时，集装箱的装箱方式有整箱货（Full Container Load，FCL）和拼箱货（Less Than Container Load，LCL）之分。凡装货量达到每个集装箱容积的 75% 或达到每个集装箱负荷量 95% 的即为整箱货，由发货人负责装箱、计数、积载并加铅封（Shipper count & load and seal），以箱为单位向托运人进行托运。凡货量达不到上述整箱标准的，则要拼箱托运，通常由货主或货代将货物从工厂送交集装箱货运站（Container Freight Station，CFS），运输部门将按货物的性质、目的地分类整理，然后将去同一目的地的货物拼装成整箱后再发运。

2. 集装箱的处置场所

集装箱的处置场所主要是集装箱堆场和集装箱货运站。

（1）集装箱堆场（Container Yard，CY），专门用来保管和堆放集装箱（重箱和空箱）的场所，是 FCL 办理交接的地方，一般设在港口的装卸区内。

（2）集装箱货运站又叫中转站或拼装货站，是拼箱货办理交接的地方，一般设在港口、车站附近，或内陆城市交通方便的场所。

3. 集装箱的交接方式

集装箱的装箱方式有整箱货和拼箱货之分，整箱货和拼箱货的交接方式是有所不同的。

（1）FCL－FCL（整箱交，整箱收），适用于 CY TO CY、DOOR TO DOOR、CY TO DOOR；DOOR TO CY。

（2）FCL－LCL（整箱交，拆箱收），适用于 CY TO CFS、DOOR TO CFS。

（3）LCL－FCL（拼箱交，整箱收），适用于 CFS TO CY、CFS TO DOOR。

（4）LCL－LCL（拼箱交，拆箱收），适用于 CFS TO CFS。

如 CY TO CY，由货方进行装箱，然后自行将货物运至 CY 等待装运，货到目的港（地）后，收货人可以直接在目的港（地）的 CY 提货，此为“场到场”运输。DOOR TO DOOR，由货方进行装箱并在其货仓或工厂仓库交承运人验收后，由承运人负责全程运输，直到收货人的货仓或工厂仓库交箱为止，这种全程连续运输，称为“门到门”运输。CFS TO CFS，承运人在集装箱货运站负责将不同发货人的运往同一目的地的货物拼装在一个集装箱内，货到目的港（地）后，再由承运人在集装箱货运站拆箱分拨给不同的收货人，即“站到站”运输。

4. 集装箱运输的出口程序

以下是集装箱运输的一般出口程序：

（1）订舱。发货人根据贸易合同或信用证条款的规定，在货物托运前一定时间内填好集装箱货物托运单（Container Booking Note）委托其代理或直接向船公司申请订舱。

（2）接受托运申请。船公司或其代理公司根据自己的运力、航线等具体情况考虑发货人的要求，决定接受与否，若接受申请就着手编制订舱清单，然后分送集装箱堆场（CY）、集装箱货运站（CFS），据以安排空箱及办理货运交接。

（3）发放空箱。通常整箱货货运的空箱由发货人到集装箱码头堆场领取，有的货主有自备箱；拼箱货货运的空箱由集装箱货运站负责领取。

（4）拼箱货装箱。发货人将不足一整箱的货物交至货运站；由货运站根据订舱清单和场站收据负责装箱，然后由装箱人编制集装箱装箱单（Container Load Plan）。

（5）整箱货交接。由发货人自行负责装箱，并将已加海关封志的整箱货运到CY。CY根据订舱清单，核对场站收据（Dock Receipt，D/R）（示范6－2）及装箱单验收货物。

（6）集装箱的交接签证。集装箱堆场或集装箱货运站在验收货物和/或集装箱，即在场站收据上签字，并将签署后的场站收据交还给发货人。

（7）换取提单。发货人凭场站收据向集装箱运输经营人或其代理换取提单（Combined Transport Bill of Lading），然后去银行办理结汇。

（8）装船。集装箱装卸区根据装货情况，制订装船计划，并将出运的箱子调整到集装箱码头前方堆场，待船靠岸后，即可装船出运。

课堂阅读

场站收据是由承运人发出的证明已收到托运货物并开始对货物负责的凭证。与传统件杂货运输所使用的托运单证比较，场站收据是一份综合性的单证，它把货物托运单（订舱单）、装货单（关单）、大副收据、理货单、配舱回单、运费通知等单证汇成了一份，这对于提高集装箱货物托运的效率有很大的意义。

场站收据是集装箱运输专用的出口单证，不同的港口、货运站使用的也不一样。其联数有10联、12联、7联不等。这里以10联格式为例，说明场站收据的组成情况：

第一联，货方留底；

第二联，集装箱货物托运单（船代留底）；

第三、四联，运费通知单（1）（2）；

第五联，装货单场站收据副本（关单）；

第六联，场站收据副本——大副联；

第七联，场站收据（正本）；

第八联，货代留底；

第九、十联，配舱回单（1）（2）。

场站收据流转的过程及程序如下：

（1）托运人（或货代）填制后，留下货方留底联（第一联），将二至十联送船代（签单）编号。

（2）船代编号后，留下二至四联，并在第五联上加盖确认订舱及报关章，然后将第五至十联退给货代，货代留下第八联并把九、十联送给托运人做配舱回单。

（3）第五至七联作报关使用。

（4）海关审核认可后，在第五联装货单上加盖放行章。

(5) 货代负责将箱号、封志号、件数等内容填入第五至第七联，并将集装箱货物与这些联在规定的时间送到堆场。

(6) 场站业务员在集装箱货物进场、验收完毕后，在第五至第七联上填入实收箱数、进场完毕日期，并签收和加盖场站公章。第六联由场站留底，第七联送理货员，理货员在装船时将该联交大副，并将经双方签字的第七联即场站收据正本返回货代。

五、国际多式联运

国际多式联运（International Multimodal Transport 或 International Combined Transport）是在集装箱运输基础上产生和发展起来的一种综合性的连贯运输方式，它一般以集装箱为媒介，把海、陆、空各种传统的单一的运输方式有机地结合起来，组成一种国际的连贯运输。使用一份包括全程运输在内的多式联运单据，并由多式联运经营人对全程运输负总责，如果货物在运输途中发生灭失之类的问题，只要找多式联运经营人就可以了。

示范 6-2 **装货单**

<table>
<tr><td colspan="4">Shipper（发货人）</td><td colspan="2">D/R No.（编号）</td></tr>
<tr><td colspan="4">Consignee（收货人）</td><td colspan="2">装货单
场站收据副本
第五联</td></tr>
<tr><td colspan="4">Notify Party（通知人）</td><td colspan="2"></td></tr>
<tr><td colspan="2">Pre-carriage by（前程运输）</td><td colspan="2">Place of Receipt（收货地点）</td><td colspan="2" rowspan="2">Received by the total number of containers or other packages or units stated below to be transported to subject to the terms and conditions of the carrier' s regular forms of Bills of Lading which shall be deemed to be incorporated herein.</td></tr>
<tr><td colspan="2">Vessel（船名）Voy. No.（航次）</td><td colspan="2">Port of loading（装货港）</td></tr>
<tr><td colspan="2">Port of discharge（卸货港）</td><td colspan="2">Place of Delivery（交货地点）</td><td colspan="2">Final Destination for the Merchant's Reference（目的地）</td></tr>
<tr><td>Container No.
（集装箱号）</td><td>Seal No.（封志号）
Marks & No.
（标志与号码）</td><td>No. of cont-ainers or p' kgs
（箱号或件数）</td><td>Kind of Packages: Description of Goods
（包装种类与货名）</td><td>Gross Weight
毛重（千克）</td><td>Measurement
尺码（立方米）</td></tr>
</table>

续表

<table>
<tr><td colspan="6">TOTAL NUMBER OF CONTAINERS
OR PACKAGES（IN WORDS）
集装箱数或件数合计（大写）</td></tr>
<tr><td>Container No.（箱号）</td><td>Seal No.（封志号）</td><td>Pkgs.（件数）</td><td>Container No.（箱号）</td><td>Seal No.（封志号）</td><td>Pkgs.（件数）</td></tr>
<tr><td colspan="4"></td><td>Received（实收）</td><td>By Terminal Clerk（场站员签字）</td></tr>
<tr><td rowspan="2">FREIGHT
&
CHARGES</td><td>Prepaid at（预付地点）</td><td colspan="2">Payable at（到付地点）</td><td colspan="2">Place of Issue（签发地点）</td></tr>
<tr><td>Total Prepaid（预付总额）</td><td colspan="2">No. of Original Bs/L
（正本提单份数）</td><td colspan="2">BOOKING（订舱确认）
APPROVED BY</td></tr>
<tr><td colspan="2">Service Type on receiving
□CY □CFS □DOOR</td><td>Service Type on Delivery
□CY □CFS □DOOR</td><td>Reefer－Temperature Required
（冷藏温度）</td><td>℉</td><td>℃</td></tr>
<tr><td rowspan="2">TYPE
OF
GOODS
（种类）</td><td colspan="2">□Ordinary □Reefer □Dangerous □Auto
（普通） （冷藏） （危险品） （裸装车辆）</td><td rowspan="2">危
险
品</td><td colspan="2" rowspan="2">Class:
Property:
IMDG Code Page:
UN No.</td></tr>
<tr><td colspan="2">□Liquid □Live Animal □Bulk □________
（液体） （活动物） （散货）</td></tr>
</table>

任务四　合同中的装运条款

在进出口合同中，涉及装运方面的条款，除规定运输方式外，还必须规定装运期、装运港（地）和目的港（地）、分批装运和转船等项内容。明确、合理规定装运条款是保证进出口合同顺利履行的重要条件之一。

一、装运时间

装运时间，又称装运期（Time of Shipment），是卖方完成货物装运的期限。装运期限和交货期限（Time of Delivery），在象征性交货条件下，两者的意思是一致的；但在实际交货价格条件下，如目的港船上交货价 DES、目的港码头交货价 DEQ 等，两者的含义就不一样了，这时的装运期是指货物装出的时间，交货期则是指货物到达目的港交货的时间，他们之间相差一个运输航程。

1. 装运时间的规定方法

在国际货物买卖合同中，买卖双方必须对装运时间做出具体的规定。常用的规定方法有以下几种：

（1）规定在某月或跨月装运。

【例如】

Shipment during March 2010.

Shipment during Feb/Mar 2010.

（2）规定在某月底或某日前装运。

【例如】

Shipment at or before the end of May 2010.

Shipment on or before July 15th 2010.

Shipment not later than Sep 15th 2010.

（3）规定在收到信用证后一定期限内装运。

【例如】

Shipment within 45 days after receipt of L/C.

在对买方资信了解不够或为防止买方可能因某些原因不按时履行合同的情况下，可采用此种方法规定装运时间，以保障卖方的利益。注意在采用这种方法规定装运期时，为防止买方拖延或拒绝开证而造成卖方不能及时安排生产及耽误装运进程的被动局面，合同中必须同时规定有关信用证开立或送达的期限。

【例如】

The buyer must open the relevant L/C to reach seller not later than June 15，2010.

（4）近期装运术语。表达这类规定的词语有"立即装运"（Immediate Shipment）、"即期装运"（Prompt Shipment）、"尽速装运"（Shipment as soon as possible）等。这类规定方法，应尽量避免使用，因为国外对此解释不一，有的理解为一月，有的为两周，容易引起争议和纠纷。在国际商会的《跟单信用证统一惯例》中也规定，不应使用如"迅速""立即""尽速"和类似词语，如使用这类词语，银行将不予置理。

课堂思考6－2

深圳某机械进出口公司向阿根廷出口一批农具，采用 CIF 术语成交，由中方安排运输。经查，深圳至南美的航班每月只有一班，离港时间是每月 30 日，中方货源要在 4 月初才能备齐，于是业务员在合同中将装运条款订为："shipment on or before 15th April。"试问此种定法是否妥当？为什么？

提示：不妥当，我方在订立装运时间时应考虑船源情况。

2. 规定装运时间应注意的问题

装运时间的规定，一般应考虑货源情况，如生产周期、库存情况、交货数量、商品本身的特点、包装及市场情况等；还应考虑运输情况，如航线、航班和国内运输情况；还应特别注意开证日期与装运时间的衔接等情况。

（1）应考虑货源和船源的实际情况。从货源和船源的实际情况出发来确定装运期或交货期，有利于按期装运和履行约定的交货义务。如货源无把握即盲目成交，就有可能出现到时交不了货，形成有船无货的情况。在按 CFR 或 CIF 出口和 FOB 进口时，还应考虑船源情况。如船源无把握就盲目成交，或者没有留出安排船位的合理时间，规定在成交的当月交货或装运，则可能出现到时租不到船或订不到舱位，而形成有货无船的情况。

（2）市场情况。要考虑市场需求情况，特别是季节性商品，其装运时间与用户安排销售密切相关，要为客户着想。

（3）应考虑开证日期的规定是否明确合理。装运期与开证日期是互相关联的。为了保证按期装运和及时交货，在规定装运期的同时，还应明确合理地规定开证日期，并使两者互相衔接起来。一般来说，信用证至少应在装运期开始前 15 天开到卖方，以便卖方有充足的时间安排装货。

二、装运港（地）和目的港（地）

装运港（Port of Shipment/Loading）是指货物起始装运的港口，目的港（Port of Destination/Discharge）是指最终卸货的港口。

1. 装运港和目的港的规定方法

在国际货物买卖合同中，买卖双方必须对装运港和目的港做出明确的规定。常用的规定方法有以下几种：

（1）在一般情况下，只规定一个装运港和一个目的港，并列明港口名称。

【例如】

Port of shipment：Shanghai

Port of destination：London

（2）在大宗交易的情况下，有时需要规定两个或两个以上的装运港或目的港，并分别列明港口名称。

【例如】

Port of shipment：Qingdao and Shanghai

Port of destination：London and Liverpool

（3）在磋商交易时，如明确规定一个或几个装卸港有困难，可以采用选择港（Optional Ports）办法。即允许收货人在预先提出的两个或两个以上的卸货港中，在货轮抵达第一个备选港口前，按船公司规定的时间，将最后确定的卸货港通知船公司或其代理人，船方负责按通知的卸货港卸货。按一般航运惯例，如果货方未在规定时间将选定的卸货港通知船方，船方有权在任何一个备选港口卸货。

【例如】

CIF London/Hamburg/Rotterdam optional.

CIF London，optional Hamburg/Rotterdam，optional addition for buyer's account.

（4）笼统规定某一航区为装运港或目的港。

【例如】

Port of shipment：China ports

Port of destination：U. K. ports

2. 规定国外装运港和目的港应注意的问题

在进口合同中规定国外的装运港以及在出口合同中规定国外的目的港时应注意以下事项：

（1）力求具体明确。国外港口应明确具体，最好是只有一个港口名称。在磋商交易时，如国外商人笼统地提出以“欧洲主要港口”或“非洲主要港口”为装运港或目的港时，不宜轻易接受。因为欧洲或非洲港口很多，究竟哪些港口是主要港口，并无统一的解释。而且各港距离远近不同，港口条件不一，运费和附加费相差很大，所以我们应避免采用此种规定方法。

（2）合理使用“选择港”。采用“选择港”时应注意：①合同中规定的选择港的数目一般不超过 3 个。②备选港口在同一条班轮航线上，而且是班轮公司的船只都能停靠的港口。③在核定价格和计算运费时，应按备选港口中最高的费率加上选卸港附加费计算。④在合同中应明确规定买方确定目的港的时间，以及因选择港而增加的运费、附加费均由买方负担。

（3）注意装卸港口的具体条件。关于装卸港的具体条件，主要是考虑有无直达班轮航线、港口装卸条件以及运费和附加费用水平等。如果租船运输，还应进一步考虑码头泊位水的深度，有无冰封期，冰封的具体时间以及对船舶国籍有无限制等港口规定。

（4）注意港口有无重名。世界各国港口重名的很多，例如，维多利亚（Victoria）港，世界上有12个之多，波特兰（Portland）港、波士顿（Boston）港在美国和其他国家都有同名港。为了防止发生差错，引起纠纷，在买卖合同中应明确注明装卸港所在国家和地区的名称。

3. 规定国内装运港和目的港应注意的问题

在出口业务中，对国内装运港的规定，一般以接近货源地的对外贸易港口为宜，同时应考虑港口和国内运输的条件及费用水平。如果进出口公司对某一出口商品采取集中成交、分口岸交货时，由于在成交时还不能确定具体装运港口，在这种情况下，也可规定两个或两个以上的港口或规定"中国口岸"为装运港，这样比较主动。

在进口业务中，对国内目的港的规定，原则上应选择以接近用货单位或消费地区的对外贸易港口最为合理。但根据我国目前港口的条件，为避免港口到船集中而造成堵塞现象，在进口合同中，目的港有时也可规定为"中国口岸"。

三、分批装运和转船

分批装运（Partial Shipment）是指一个合同项下的货物在成交数量较大时先后分若干批或若干期装运。在国际贸易中，有的交易因为数量较大，或是由于备货、运输条件、市场需要或资金的限制，有必要分期分批交货的时候，可在合同中规定分批装运条款。

转船或转运（Transshipment）是指货物自装运港运至目的港的过程中，从一运输工具转移到另一运输工具上，或是由一种运输方式转为另一种运输方式的行为。如无直达船舶或合同规定集装箱装运，而出口口岸缺乏装卸设备，需集中到其他口岸装箱，这时需要在合同中规定允许转运。

1. 合同中的分批装运和转船条款

是否允许分批装运和转船，直接关系到买卖双方的经济利益。因此，能否分批装运和转船，合同双方当事人应该达成一致意见，并在合同中做出相应的规定。一般来说，允许分批装运和转船，对卖方来讲比较主动。

（1）规定允许分批装运和转船。

【例如】

Partial shipment and transshipment to be allowed.

（2）规定不允许分批装运和转船。

【例如】

Partial shipment and transshipment not to be allowed.

（3）既规定允许分批装运，又规定分批的具体时间、批次及数量。

【例如】

Shipment during July/Oct. in four equal monthly lots.

2. 注意国际惯例的有关规定

在实际业务中，我们应注意《跟单信用证统一惯例》中关于分批装运和转运的相关规定。

（1）根据《跟单信用证统一惯例》的规定，除非信用证明示不准分批装运和转运，否则，卖方即有权分批装运和转运。

（2）如果信用证中规定了每批装运的时间和数量，若其中任何一期未按规定装运，则本期及以后各期信用证均失效。

课堂思考6-3

我国某公司与法国B公司订立一份出口600吨冻品合同，规定2007年4~9月每月平均交货100吨，即期信用证支付，来证规定货物装运前由出口口岸商检机构出具船边测温证书作为议付不可缺少的单据之一。4~6月份交货正常，并顺利结汇，7月份因船期延误，拖延至8月5日才实际装运出口，海运提单倒签为7月31日，但送银行议付的商检证中填写船边测温日期为8月5日。8月7日出口方在同船又装运100吨，开证行收到单据后来电表示对这两批货拒付货款。试分析我方有何失误？开证行拒付有何依据？

提示：

我方失误：①提单倒签构成侵权行为。②单单不符，出现矛盾。③6、7月份货物同船装运，违反分批规定。

银行拒付理由：6月份货物商检证书和提单日期不符，银行以单单不符拒付；7月货物由于6月失效而拒付。

（3）按《跟单信用证统一惯例》第31条b款的规定：①表明使用同一运输工具并经由同次航程运输的数套运输单据在同一次提交时，只要显示相同目的地，将不视为分批装运，即使运输单据上表明的发运日期不同或装货港、接管地或发运地点不同。如果交单由数套运输单据构成，其中最晚的一个发运日将被视为发运日。②含有一套或数套运输单据的交单，如果表明在同一种运输方式下经由数件运输工具运输，即使运输工具在同一天出发运往同一目的地，仍将被视为分批装运。

（4）《跟单信用证统一惯例》中的禁止转运，实际上仅是禁止海运港至港除集装箱以外的货物运输的转运。但该解释仅适用于信用证业务的处理而不涉及买卖合同条款的解释。

课堂思考6-4

某国际贸易公司对国外C公司出口500吨花生。买方申请开来的信用证规定："分5个月装运：3月份80吨；4月份120吨；5月140吨；6月份110吨；7月份50吨。每月不许分批装运，装运从中国港口至伦敦。"

国际贸易公司接到信用证后，根据信用证规定于3月15日在青岛港装运了80吨；于4月20日在青岛港装运了120吨，均顺利收回了货款。国际贸易公司后因货源不足于5月20日在青岛港只装了70.5吨。经联系得知烟台某公司有一部分同样规格的货物，所以国际贸易公司要求"HULIN"轮再驶往烟台港继续装其不足之数。船方考虑目前船舱空载，所以同意在烟台港又装了64.1吨。

国际贸易公司向银行提交了两套单据：一套是在青岛于5月20日签发的提单，其货量为70.5吨；另一套是在烟台于5月28日签发的提单，货量为64.1吨。但银行认为单据有两处不符点：①在青岛和烟台分批装运货物。②短量。

银行所说的不符点是否成立？

提示：

（1）根据《UCP600》第31条的规定：表明使用同一运输工具并经由同次航程运输的数套运输单据在同一次提交时，只要显示相同目的地，将不视为分批装运，即使运输单据上表明的发运日期不同或装货港、接管地或发运地点不同。所以银行所说的第一点不符点不成立。

（2）根据《UCP600》第30条b款的规定：在信用证未以包装单位件数或货物自身件数的方式规定货物数量时，货物数量允许有5%的增减幅度，只要总支取金额不超过信用证金额。信用证中要求5月份交货140吨，而我方5月份实际交货总量为（70.5+64.1=134.6吨）134.6吨，在5%的增减范围内。所以银行所说的第二点不符点也不成立。

四、装运通知

装运通知（Advice of Shipment）是买卖合同中必不可少的一项条款，无论按哪种贸易术语成交，交易双方都要承担相互通知的义务。规定这项条款的目的在于明确买卖双方的责任，促使买卖双方互相配合，共同做好船货衔接工作。

按照国际贸易的一般做法，在按FOB条件成交时，卖方应在约定的装运期开始以前（一般为30天）向买方发出货物备妥准备装船的通知，以便买方及时派船接货。买方接到卖方发出的通知后，应按约定时间，将船名、船舶到港受载日期通知卖方，以便卖方及时安排货物出运和准备装船。

在按CIF、CFR或FOB条件成交时，卖方应于货物装船后，立即将合同号、货物的品名、件数、重量、发票金额、船名及装船日期等项内容，电告买方，以便买方在目的港做好接卸货物的准备，并及时办理进口报关等手续。如系CFR条件成交，买方接到此项装船通知后，还需办理货物保险手续。按照国际贸易惯例，如因卖方漏发或未及时发出此项装船通知，致使买方漏保或未及时投保的，则卖方应负担买方因此而遭受的有关损失。

思考与练习

一、单项选择题

1. 下列对装运时间规定不合理的是________。

A. 2001年5月15日前　　B. 2001年2/3/4月装运

C. 立即装运　　D. 收到信用证后45天内装运

2. 我方以CIF条件出口一批货物，货物于预定日期装完，船方出具的提单上注明“Shipped on Board May 15th, 2010”“Used Carton”和“To Order”字样。请问此提单是________。

A. 已装船、不清洁及指示提单　　B. 已装船、清洁及不记名提单

C. 已装船、清洁及指示提单　　D. 备运、不清洁及指示提单

3. 出口商在货物装船取得提单后未能及时到银行议付，该提单将成为________。

A. 顺签提单 B. 待运提单

C. 预借提单 D. 过期提单

4. 一票货物于2009年9月10号开始装船，并于同月12日全部装上船，同日船舶开航。问：如果在同月11日应托运人要求，承运人签发的已装船提单通常称为________。

A. 顺签提单 B. 待运提单

C. 预借提单 D. 过期提单

5. 在进出口业务中，能作为物权凭证的运输单据有________。

A. 铁路运单 B. 海运提单

C. 航空运单 D. 邮包收据

6. 经过背书才能转让的提单是________。

A. 指示提单 B. 不记名提单

C. 记名提单 D. 清洁提单

7. 我国某公司与外商签订一份CIF出口合同，以L/C为支付方式。国外银行开来的信用证中规定："信用证有效期为8月10日，最迟装运期为7月31日。"我方加紧备货出运，于7月21日取得大副收据，并换回正本已装船清洁提单，我方应不迟于________向银行提交单据。

A. 7月21日 B. 7月31日

C. 8月10日 D. 8月11日

8. 按《UCP600》解释，若信用证条款中未明确规定是否"允许分批装运和转运"，则应视为________。

A. 可允许分批装运，但不允许转运 B. 可允许分批装运和转运

C. 可允许转运，但不允许分批装运 D. 不允许分批装运和转运

9. 海运提单日期应理解为________。

A. 货物开始装船的日期 B. 货物装船过程中的任何一天

C. 货物装船完毕的日期 D. 签订运输合同的日期

10. 《UCP 600》对分批装运所做的规定有________（多项选择题）。

A. 运输单据表明货物是使用同一运输工具经由同一航次运输的，即使运输单据注明装运日期及装运地不同，只要目的地相同，也不视为分批装运

B. 除非信用证另有规定，允许分批装运

C. 除非信用证另有规定，不允许分批装运

D. 如信用证规定在指定的时间内分批装运，若其中一批未按约定的时间装运，则信用证对该批和以后各批均告失效

二、判断题

1. 班轮条件下的装卸费用均由班轮公司负责。（ ）

2. 清洁提单上一定记载有"Clean"字样。（ ）

3. 不清洁提单上记载有"Dirty"字样。（ ）

4. 为了避免货物由于中途转船延误时间，造成货损货差，在CFR条件进口时，买方应争取在买卖合同中，订明"不准转船"的条款。（ ）

5. 如合同中规定的装运条款为："2010 年 7/8 月份装运"，那么我出口公司必须于 7 月、8 月两个月内每月各装一批。(　　)

6. 如承运人在提单上加注"货物用旧麻袋包装"，此提单则为不清洁提单。(　　)

7. 海运提单如有三份正本，则凭其中任何一份即可在卸货港向船公司或货代提货。(　　)

8. 在航空运输中，收货人凭航空公司的提货通知单提货。(　　)

三、计算题

1. 上海运往伦敦港口"门锁"一批计 1 000 箱，每箱体积为 30 厘米×40 厘米×50 厘米，毛重为 65 千克。燃油附加费为 30%，门锁为小五金类，计算标准是 W/M，等级为 10 级，基本运费为每运费吨 512.00 港元。试计算运费为多少？

2. 某公司对外商出口报价每桶 320 美元 FOB 大连，现客户要求改报 CFR 鹿特丹价格，在不影响我方外汇收入的情况下，应报价多少（该批货物共 120 桶，装于 20 英尺的集装箱中，经查询从大连到鹿特丹集装箱包箱费率为 1 500 美元）？

案例分析

1. 我某出口公司收到一国外来证，货物为 40 000 只打火机，总价值为 4 万美元，允许分批装运，采用海运方式。后客户来传真表示急需其中 10 000 只（总数量的 1/4）打火机，并要求改用空运方式提前装运，并提出这部分货款采用电汇方式（T/T）在发货前汇至我方。遇到此类问题该怎么办？

我方可在收到 T/T 后立即空运 10 000 只打火机，然后，在装运有效期前海运剩余 30 000只打火机，随后递交全套单据向银行议付，单据上的数量与金额分别为 30 000 只与 3 万美元。因该证规定允许分批装运，银行便认为货物已被分批装运，只要单据与信用证完全相符，根据《UCP600》第 7 条规定，只要规定的单据提交给指定银行或开证行，并且构成相符交单，则开证行必须承付。假如该客户要取消其中 10 000 只打火机，出口商也可采取类似的方法进行处理。如果该证规定"不允许分批装运"（Partial Shipment Not Allowed），或如果我方没有充分理解利用"允许分批装运"条款，为解决上述问题，我方只得要求客户修改信用证，从而给进出口双方带来不必要的银行费用和麻烦。

2. 我方某公司收到一国外来证，货物为各式运动鞋和塑料底布面拖鞋，价值分别为 45 154 美元和 2 846 美元，允许分批装运，单据要求规定我方必须提供由中国商品检验局签发的品质检验证书（简称质检证）。货物备妥发运前，我方商检局认为该批拖鞋品质未达到国家标准不能为其签发质检证。为此，我方立即要求客户修改信用证（即删除拖鞋的质检证条款），客户以改证费用太高且可能影响交货期为由拒绝改证，但表示只要货物和封样一致，他仍会接收货物。

此时，我方采取如下操作：根据信用证要求如期装运货物，并要求船公司出具两套海运提单，分别代表运动鞋和拖鞋，然后将其会同各自的出口单据，先后（日期差距应稍大，但都应在规定的交单期内）分套向银行议付。因信用证允许分批装运，银行便视每套单据为每批货物单据。经先后分套审核单据，议付行认为运动鞋项下的单据完全符合信用证要求，而拖鞋项下的单据缺少质检证。议付行先后向国外寄单，根据《UCP600》第7条和第16条a款规定，运动鞋的货款安全收回，而拖鞋的货款可能会因单证不符遭到开证行拒付，事实上，该客户还是接受了上述不符点而履行付款。如果该证规定“不允许分批装运”，我方就不可能做出上述处理从而达到安全收汇的目的。

综上所述，我们不难看出充分利用“允许分批装运”条款对解决上述实际问题具有十分重要的意义。它不仅可以为进出口双方省却修改信用证等诸多麻烦及银行费用（有时进口商会借机要求改变付款方式，如采用装船后T/T或D/P等），而且可以为出口商分散收汇风险。因此，我方在与外商签订出口合同时应尽量争取信用证允许分批装运，这将有利于我方在履行合同过程中解决一些实际问题。

实操训练

1. 我国A公司出口一批长毛绒玩具，原报价USD8.25/PC FOB HUANGPU。现客户要求按CFR NEW YORK成交，在保持利润不变的情况下，请根据教材中表6-2、表6-3、表6-4提供的资料正确报价。产品的包装规格是：30PCS/CARTON，60cm×50cm×45cm/CARTON，45kgs/CARTON（G. W.）。

（1）如客户购买长毛绒玩具8 400PCS，我方应报CFR NEW YORK价格为多少？

（2）如客户只购买长毛绒玩具2 400PCS，我方应报CFR NEW YORK价格为多少？

（3）客户最终订购长毛绒玩具8 400 PCS，请以两人为一组，协商办理毛绒玩具的出口托运手续。

2. 填写一份海运单。

BILL OF LADING			
1）SHIPPER		10）B/L NO.	
		COSCO	
2）CONSIGNEE		中国远洋运输（集团）总公司	
		CHINA OCEAN SHIPPING（GROUP）CO.	
3）NOTIFY PARTY			
4）PLACE OF RECEIPT	5）OCEAN VESSEL		
6）VOYAGE NO.	7）PORT OF LOADING		*ORIGINAL*

续表

8）Port of Discharge		9）Place of Delivery	**Combined Transport BILL OF LADING**			
11） MARKS	12） NOS. & KINDS OF PKGS.		13） DESCRIPTION OF GOODS	14）G. W.（kg）	15） MEAS（m^3）	
16）TOTAL NUMBER OF						
FREIGHT & CHARGES		REVENUE TONS	RATE	PER	PREPAID	COLLECT
PREPAID AT		PAYABLE AT		17）PLACE AND DATE OF ISSUE		
TOTAL PREPAID		18）NUMBER OF ORIGINAL B（S）L				
				21）	马云	
	LOADING ON BOARD THE VESSEL			**COSCO SHANGHAI SHIPPING CO.，LTD.**		
19）DATE		20）BY		**AS AGENT FOR THE CARRIER CHINA**		
				CHINA OCEAN SHIPPING（GROUP）COMPANY		

3. 填写一份海运提单。

假设您是国际货运公司的制单员，请根据以下材料为客户签发海运提单。

（1）出口商：上海 A 公司。

（2）进口商：英国 B 公司。

（3）贸易术语：CIF LIVERPOOL。

（4）出运地：上海。

（5）中转港：香港。

（6）收货人：凭 B 公司指定。

（7）商品名称：金星彩电（“golden star” brand colour television set）。

（8）唛头：CTN NO. 1 – 100。

（9）数量：1 000 台，每台毛重 10kg，体积 0. 2 立方米。

（10）货款收付方式：信用证；号码：JSDE02 – 02412。

（11）出口合同号码：SBED02 – 345CK。

（12）集装箱箱号：LSD180－12、180－13、180－14、180－15、180－16。

（13）通知人：英国B公司。

（14）上海至香港航线船名航次：SUNSHINE　V. 083。

（15）香港至利物浦航线船名航次：JASMINE　V. 5312。

（16）本批货物运输一共使用5个集装箱，包含1 000纸箱。

（17）特别条款：信用证中规定提单上应显示信用证的号码及合同号码。

（18）提单的签发地点：上海；签发时间：2002年3月15日。

（19）正本提单份数：3份。

4. 填写一份装货清单。

上海机械进出口公司

SHANGHAI MACHINERY IMPORT&EXPORT CORP.

383，JIANGNING ROAD，SHANGHAI CHINA

INVOICE

TO：RIFA　INDUSTRIAL　CO.，LTD. 9－4，5－KA，DANGSAN－DONG， YOUNGDEUNGPO－KU，SEOUL，KOREA	INVOICE NO.：NE99C573063 DATE：AUGUST. 23，1999 S/C NO.：99SNEI－C065MZ
	L/C NO.：M42U4908ES08171
FROM：　　　　TO：	

Marks & Number	*Description*	*Quantity*	*Unit Price*	*Amount*
BUSAN DRUM NO. COUNTRY OF ORIGIN CHINA	ACID N/BULE BC CONC. （C. I. ACID BULE 113）	5，000KGS	CIF BUSAN PORT，KOREA USD30. 00 USD150，000. 00	
			－－－－－－	
			TOTAL： USD150，000. 00	
SAY　US　DOLLARS　ONE HUNDRED FIFTY THOUSAND　ONLY. TOTAL　PACKED　IN　200　IRON　DRUMS. TOTAL　G. W. 5，400KGS.				

项目七 办理国际货运保险

学习目标

通过本章的学习，学生应了解国际海洋货物运输保险的承保责任范围，掌握我国海洋货物运输保险条款的基本内容及其与伦敦保险协会货物条款的异同，掌握在外贸合同中订立保险条款以及如何办理国际货运保险手续。

导入案例

某出口商按CIF条件出口一批玻璃花瓶，投保一切险，在装运港装船后再由香港转运至汉堡。货物抵达香港后，由中信公司办理转运时，因绝大部分包装袋破损，船方拒绝承运，为赶船期，中信公司在香港雇工重新包装，更换包装共花费了3 900美元。

问题：

（1）国际贸易中为什么要办理海洋货物运输保险？

（2）中信公司代垫的3 900美元保险公司是否赔付？

案例分析：

（1）保险是有效进行风险管理和风险转移的最佳工具。一旦有什么闪失，损失由保险公司承担。保险公司就是负责风险管控的，当自己无法完全承担时还要进行再保险，进行风险的二次转移。而其他的贸易公司却无法承担。所以，按照国际惯例在国际贸易业务中，是要办理货运保险的。否则没人和你做生意的。

（2）出口商投保了一切险，一切险中包括了包装破裂险。凡投保包装破裂险的货物，保险公司对于货物因运输或装卸不慎，包装破裂所造成的损失，以及为继续安全运输的需要而对包装进行修补或调换所支付的费用负责赔偿。因此，中信公司代垫的3 900美元保险公司应予赔付。

保险是一种经济补偿制度，从法律角度看，它是一种补偿性契约，被保险人向保险人提供一定的对价（保险费），保险人则对被保险人将来可能遭受的承保范围内的损失负赔偿责任。

保险的种类很多，国际货物运输保险属于财产保险的范畴。货物运输保险已经成为国际贸易中不可缺少的组成部分。国际货物运输保险是指被保险人（卖方或买方）对一批或若干批货物向保险公司按照一定金额投保一定险别并交纳保险费，保险公司承保后，如果所保货物在运输途中发生约定范围的损失，应按保单的规定给被保险人经济上的补偿。

国际贸易中的货物一般都需通过长途运输，在整个运输过程中可能会遇到自然灾害或意外事故而使货物遭受损失。为了更好地将不可预知的风险转移给保险公司，使贸易得以继续进行，货物装运前必须办理货运保险。

由于国际货物采取的运输方式很多，如海洋运输、陆路运输、航空运输和邮政运输等，国际货物运输保险也相应分为海运货物保险、陆运货物保险、航空货物保险和邮包运输保险。

任务一　海运货物保险承保的范围

海上货物运输风险很大，保险公司为了保证外贸业务的正常开展，根据海上运输国际贸易实务的特点设置海运货物保险承保的范围，包括保障的风险、保障的损失与保障的费用。

一、海运货物保险保障的风险

对于海上货物运输，保险公司承保的风险有两类：海上风险和外来风险。

1. 海上风险

海上风险（Perils of the Sea）也称为海难，它包括自然灾害（Natural Calamity）和意外事故（Fortuitous Accidents），如表 7-1 所示。

表 7-1　海上风险

自然灾害	自然力量所造成的灾害（但并不泛指一切由于自然界力量引起的灾害，而是具有特定的范围），如：恶劣气候、雷电、海啸、地震、火山爆发、洪水、流冰等
意外事故	意外原因造成的事故（但并不泛指海上发生的所有意外事故，而是具有特定的范围），如运输工具遭受搁浅、触礁、沉没、碰撞、失踪、失火、爆炸等

2. 外来风险

外来风险（Extraneous Risks）包括一般外来风险（General Extraneous Risks）和特殊外来风险（Special Extraneous Risks），如表 7-2 所示。

表 7-2　外来风险

一般外来风险	被保险货物在运输途中由于一般外来原因所造成的风险。主要包括：偷窃、沾污、渗漏、破碎、受热受潮、串味、生锈、钩损、淡水雨淋、碰损、短量、提货不着等
特殊外来风险	指由于军事、政治、国家政策法令以及行政措施等特殊原因造成的风险。主要包括：战争、罢工、货物被有关当局拒绝进口或没收、船舶被扣导致交货不到等

二、海运货物保险保障的损失

海上损失（简称海损）是指被保险货物在海运途中，因遭受海上风险而产生的损失。

在保险业务中海损一般还包括与海运相连接的陆上运输和内河运输过程中所发生的损失。按损失程度的不同，海上损失可分为全部损失和部分损失，而就货物损失的性质而言，海损又可分为共同海损和单独海损。

1. 全部损失

全部损失（Total Loss）又称全损，是指被保险货物全部遭受损失。按损失的情况全部损失可以分为实际全损（Actual Total Loss，ATL）和推定全损（Constructive Total Loss），如表7－3所示。

实际全损是指物质性的消失，推定全损虽未达到全部货物的物质性灭失，但是要避免实际全损所需费用超过其货值本身。

表7－3 全部损失

实际全损	（1）被保险货物完全灭失，如船舶触礁后船货同时沉入海底 （2）货物实际上已经不可能归还被保险人，如货物被敌方扣押无法拿回 （3）货物丧失原有用途和价值，如水泥被海水浸泡成为硬块 （4）船舶失踪超过半年仍无信息
推定全损	（1）货损后，修复费用超过货物修复后的价值 （2）货损后，整理和续运到目的地的费用超过货物到达目的地的价值 （3）实际全损已不可避免，或为避免全损所需的施救费用将超过获救后的价值 （4）被保险人失去货物所有权，而收回所有权所需支出的费用将超过收回后的货物价值

注意：在海上保险业务中，全损的概念不是以一艘船上载运的全部货物的完全灭失为划分标准，保险人对全损范围的掌握通常在保险条款中以文字加以说明。

知识链接

在推定全损的情况下，被保险人可以获得的损失赔偿有两种情况：

（1）办理委付，获得全损的赔偿。

（2）不办理委付，获得部分损失的赔偿。

委付是海上货物运输保险中处理索赔的一种特殊做法，是指被保险人在保险标的处于推定全损时，向保险人声明愿意将保险标的的一切权益，包括财产权及一切由此产生的权利与义务转让给保险人，而要求保险人按全损给予赔偿的一种行为。

在实务中的具体做法是：在推定全损发生后，被保险人如需获得全损的赔偿，应立即以书面或口头方式向保险人发出委付通知。

2. 部分损失

部分损失（Partial Loss）是指被保险货物的损失没有达到全部损失的程度。按损失的性质，可以分为共同海损和单独海损，如表7－4所示。

共同海损（General Average）是指载货的船舶在海上遇到灾害、事故，威胁到船、货各方的共同安全，为了解除这种威胁，维护船货安全，或者使航程得以继续完成，由船方有意识地、合理地采取措施所作出的某些特殊牺牲或支出的某些特殊费用。如某海轮的舱面上装有1 000台拖拉机，航行中遇大风浪袭击，450台拖拉机被卷入海中，海轮严重倾斜，如不立即采取措施，则有翻船的危险，船长下令将余下的550台拖拉机全部抛入海中，船舶得以继续安全行驶。此时被抛的550台拖拉机的损失就是共同海损。

船舶在遭受共同海损后，凡属共同海损范围内的牺牲或费用均应由获救受益方（船方、货方和运费收入方）根据获救价值按比例分摊，这种分摊，称为共同海损分摊。

单独海损（Particular Average）是指除共同海损之外的部分损失，仅由各受损方单独承担的一种损失。

表7-4　部分损失

共同海损	构成共同海损必须具备的条件： （1）导致共同海损的危险必须是真实存在的，危及船货的共同安全 （2）共同海损措施必须是为了解除船货的共同危险，人为地、有意识地采取的合理措施 （3）共同海损的牺牲是特殊性质的，费用损失必须是额外支付的 （4）共同海损的损失必须是共同海损措施的直接的合理的后果 （5）共同海损措施最终必须有效果
单独海损	（1）损失是由承保范围内的风险所直接导致的船舶或货物的部分损失 （2）损失只由各受损者单独承担

三、海运货物保险保障的费用

由海上运输风险导致的费用主要有以下两种。

1. 施救费用

施救费用（Sue & Labor Charges）又称营救费用或损害防止费用，是指当保险标的遭遇保险责任范围内的灾害事故时，被保险人或其代理人为防止损失的扩大而采取抢救措施所支出的费用。

各国保险法规或保险条款一般都规定：保险人对施救费用应承担赔偿责任，赔偿金额以不超过该批货物的保险金额为限。

2. 救助费用

救助费用（Salvage Charges）是指保险标的遭遇承保范围内的灾害事故时，由保险人和被保险人以外的第三者采取救助措施并获成功，由被救助方支付给救助方的一种报酬。

救助费用一般都可以列为共同海损的费用项目。各国的保险法规或保险条款一般都规定：保险人对救助费用承担赔偿责任。

【课堂思考】

有一台精密仪器价值15 000美元，货轮在航行途中触礁，船身剧烈震动而使仪器受损。事后经专家检验，修复费用为16 000美元，如拆为零件销售，可卖2 000美元。该仪器属于何种损失？

提示：属于推定全损。

课堂互动7-1

我国A公司与某国B公司于2005年10月20日签订购买52 500吨化肥的CFR合同。A公司开出的信用证规定，装船期限为2006年1月1日至1月10日，由于B公司租来运货的“顺风号”轮在开往某外国港口途中遇到飓风，结果装船直至2006年1月20日才完成。承运人在取得B公司出具的保函的情况下签发了与信用证条款一致的提单。“顺风号”轮于1月21日驶离装运港。A公司为这批货物投保了水渍险。2006年1月30日“顺风号”轮途经巴拿马运河时起火，造成部分化肥烧毁。船长在命令救火过程中又造成部分化肥湿毁。由于船在装货港口的延迟，使该船到达目的地时正遇上了化肥价格下跌，A公司在出售余下的化肥时价格不得不大幅度下降，给A公司造成很大损失。

请根据上述事例，回答以下问题。

(1) 途中烧毁的化肥损失属什么损失，应由谁承担？为什么？

(2) 途中湿毁的化肥损失属什么损失，应由谁承担？为什么？

(3) A公司可否向承运人追偿由于化肥价格下跌造成的损失？为什么？

提示：

(1) 属单独海损，应由保险公司承担损失。途中烧毁的化肥属于单独海损，依CFR术语，风险由A公司即买方承担；而A公司购买了水渍险，赔偿范围包含单独海损，因此由保险公司承担。

(2) 属共同海损，应由A公司与船公司分别承担。因船舶和货物遭到了共同危险，船长为了共同安全，有意又合理地造成了化肥的湿毁。

(3) 可以。因为承运人迟延装船，又倒签提单，须对迟延交付负责。

任务二　我国海运货物保险险别

保险险别是指保险人对风险和损失的承保责任范围。为了适应国际货物海运保险的需要，中国人民财产保险股份有限公司（PICC）根据我国保险实际情况并参照国际保险市场的习惯做法，分别制定了各种运输方式的货物保险条款，总称“中国保险条款”（China Insurance Clauses，CIC）。其中，根据中国人民财产保险股份有限公司（PICC）制定的《海洋运输货物保险条款》（Ocean Marine Cargo Clauses）的规定，海洋运输货物保险包括基本险和附加险的保险范围，除外责任及保险责任的起讫等内容。

一、基本险

又称主险，可单独投保。根据我国海洋运输货物保险条款，基本险包括平安险、水渍险和一切险三种。

1. 平安险

“平安险”一词是我国保险业的习惯叫法，其英文含义是单独海损不赔偿。平安险（Free from Particular Average，FPA）的责任范围主要包括以下几种：

(1) 被保险货物在运输途中由于恶劣气候、雷电、海啸、地震、洪水等自然灾害造成整批货物的全部损失或推定全损。若被保险货物用驳船运往或运离海轮时，则每一驳船所装的货物可视为一个整批。

（2）由于运输工具遭到搁浅、触礁、沉没、互撞、与流冰或其他物体碰撞以及失火、爆炸等意外事故所造成的货物全部或部分损失。

（3）在运输工具已经发生搁浅、触礁、沉没、焚毁等意外事故的情况下，货物在此前后又在海上遭到恶劣气候、雷电、海啸等自然灾害所造成的部分损失。

（4）在装卸或转船时由于一件或数件甚至整批货物落海所造成的全部或部分损失。

（5）被保险人对遭受承保责任内的危险货物采取抢救、防止或减少货损的措施所支付的合理费用，但以不超过该批被毁货物的保险金额为限。

（6）运输工具遭遇海难后，在避难港由于卸货所引起的损失以及在中途港、避难港由于卸货、存仓以及运送货物所产生的特别费用。

（7）共同海损的牺牲、分摊和救助费用。

（8）运输合同中订有“船舶互撞责任”条款，根据该条款规定应由货方偿还船方的损失。

2. 水渍险

“水渍险”也是我国保险业沿用已久的名称，其英文含义是负责单独海损。水渍险（With Particular Average，WPA/WA）的责任范围主要包括以下两点：

（1）平安险所承保的范围。

（2）被保险货物由于恶劣气候、雷电、海啸、地震、洪水等自然灾害所造成的部分损失。

3. 一切险

一切险（All Risks）的责任范围主要包括以下两点：

（1）水渍险所承保的范围。

（2）被保险货物由于一般外来风险所造成的全部损失或部分损失。

换句话说，一切险是平安险、水渍险和一般附加险的总和，但不包括特殊附加险。

课堂思考 7-1

投保一切险，保险公司是否对于任何原因造成的货物损失都负责赔偿呢？

提示：

不是，仅对承保范围内的损失负责赔偿。

二、附加险

附加险是基本险的扩大和补充，不能单独投保，只能在投保一种基本险后加保，但是可以加保一种或数种附加险。

根据我国海洋运输货物保险条款，附加险可分为一般附加险、特殊附加险和特别附加险。

一般附加险（General Additional Risks）承保的是一般外来风险造成的全部或部分损失。

一般附加险的承保范围如表 7-5 所示。

表 7-5　　　　　　　　　　　　一般附加险

一般附加险险别	承保范围
偷窃、提货不着险（T. P. N. D） Theft，Pilferage and Non-delivery	货物因遭偷窃，以及货物运抵目的地以后，货物的全部或整件提货不着的损失
淡水雨淋险（F. W. R. D） Fresh Water & Rain Damage	因淡水、雨水、融雪，包括舱汗、船舱淡水管漏水等造成货物浸水导致的损失
短量险（Risk of Shortage）	通常指袋装或散装货的数量或重量短少的损失
混杂、沾污险 Risk of Intermixture & Contamination	因混入杂质或被沾污所造成的损失，如油漆污染了地毯，矿砂、矿石等混进了泥土、草屑等
渗漏险 Risk of Leakage	流质或半流质货物因包装容器损坏发生渗漏造成货物短量的损失，或用液体浸泡的货物因液体流失而变质的损失
碰损、破碎险 Risk of Clash & Breakage	易碎货物如陶瓷器皿、玻璃花瓶、大理石等因受压、碰撞和震动而出现破碎、凹瘪等的损失
串味险 Risk of Odour	同舱装载的货物因受到异味的影响而使品质受到损坏，如茶叶、香料、药材等在运输过程中受到一起堆储的皮张、樟脑丸的影响而引起的串味损失
受热、受潮险 Damage Caused by Heating & Sweating	航行途中，由于气温骤变或船上通风设备失灵使船水汽凝结，受潮或受热所致的损失
钩损险 Hook Damage	装卸过程中使用钩子时或因碰撞使货物遭受钩损或因钩破使货物外漏散失的损失，以及为修补、调换包装所支付的费用
包装破裂险 Loss or Damage caused by Breakage of Packing	因运输或装卸不慎，包装破裂所造成的损失，以及为继续安全运输的需要而对包装进行修补或调换所支付的费用
锈损险（Risk of Rust）	运输途中因货物生锈造成的损失

特殊附加险（Special Additional Risks）承保的是特殊外来风险造成的全部或部分损失，承保范围见表 7-6。

特别附加险（Specific Additional Risks），其致损原因多与政治、国家行政管理、战争以及一些特殊的风险密切相关。包括交货不到险（Failure to Deliver Risk）、进口关税险（Import Duty Risk）、舱面险（On Deck Risk）、拒收险（Rejection Risk）、黄曲霉素险（Aflatoxin Risk）、出口货物到中国香港（包括九龙）或中国澳门存储火险责任扩展条款（Fire Risk Extension Clause for Storage of Cargo at Destination H. K，including Kowloon，or Macao）。

表 7-6　　　　　　　　　　　　特殊附加险

特殊附加险险别	承保范围
战争险 War Risk	承保战争、类似战争、敌对行为、武装冲突或海盗等引起保险货物的直接损失和由上述行为所造成的共同海损的牺牲、分摊和救助费用

续表

特殊附加险险别	承保范围
罢工险 Strike Risk	承保由于罢工者、被迫停工工人或参加工潮、暴动、民众斗争的人员的行为，或任何人的恶意行为所造成的直接损失和上述行为所引起的共同海损的牺牲、分摊和救助费用

注意：按照国际保险市场的习惯做法，被保险货物如已投保战争险，再加保罢工险时，一般不再加收保险费。中国人民财产保险股份有限公司也采用这个办法。

课堂思考7-2

我方按CIF纽约出口冷冻羊肉一批，合同规定投保一切险加战争险、罢工险。货到纽约后适逢码头工人罢工，货物因港口无法作业不能卸载。第二天货轮因无法补充燃料，以致冷冻设备停机。等到第五天罢工结束，该批冷冻羊肉已变质。那么，保险公司是否负责赔偿？

提示：罢工险负责的损失都是直接损失，对于间接损失不负责。因此，凡是在罢工期间由于劳动力短缺或无法使用劳动力，致使堆放码头的货物遭到日晒雨淋而受损，冷冻机因无燃料而中断致使货物变质等均属于间接损失，或由于罢工造成的费用损失，保险人不负责赔偿。

三、保险责任起讫与除外责任

我国的《海洋运输货物保险条款》除了规定上述基本险和附加险的承保范围外，还对保险责任期限和除外责任作了具体的规定。

1. 保险责任的起讫

保险责任的起讫又称承保责任期限，是指保险人承担责任的起讫时限。根据我国海洋运输货物保险条款，基本险的责任起讫采用国际保险业惯用的“仓至仓条款”（Warehouse-to-warehouse clause，W/W）。即保险人对被保险货物所承担的保险责任，从货物运离保险单所载明的启运港（地）发货人仓库时开始生效，包括正常运输过程中的海上运输与陆上运输，直至到达保单载明的目的地收货人仓库或待再分配、转运的处所为止；如未进入上述仓库或处所，至最后在卸载港卸离海轮后满60天止；如卸离海轮60天内需转运至非指明的目的地，则一经转运保险责任即告终止。

战争险的责任起讫不是“仓至仓”，而是以“水上危险”为限，即以货物装上保险单载明的起运港海轮或驳船开始，到卸离保险单载明的目的港海轮或驳船为止。如果被保险货物不卸离海轮或驳船，保险责任期限以海轮到达目的港当日午夜起算15天为止。

罢工险的保险责任起讫与基本险一致，采用“仓至仓”原则。

2. 除外责任

是指保险人不负赔偿责任的范围。根据我国海洋运输货物保险条款，除外责任主要包括以下内容：

（1）被保险人的故意行为或过失所造成的损失。

（2）属于发货人责任所引起的损失。

（3）在保险责任开始前，被保险货物已存在的品质不良或数量短差所造成的损失。

（4）被保险货物的自然损耗、本质缺陷、特性以及市价跌落、运输延迟所造成的损失或费用。

（5）战争险和罢工险条款规定的责任范围和除外责任。

课堂互动 7－2

我国某外贸公司向日、英两国商人分别以 CIF 和 CFR 价格出售蘑菇罐头，有关被保险人均办理了保险手续。这两批货物自启运地仓库运往装运港的途中均遭受损失。

讨论：

（1）这两笔交易中各由谁办理货运保险手续？

（2）该货物损失的风险与责任各由谁承担？

（3）保险公司是否给予赔偿？并简述理由。

提示：

（1）与日本商人的交易：由卖方办理货运保险手续；与英国商人的交易：由买方办理货运保险手续。

（2）在这两笔交易中，该风险与责任均由卖方承担。

（3）保险公司对于“与日本商人的交易”应对该货损给予赔偿，CIF 条件下由卖方投保，保险合同在货物启运地启运后生效；保险公司对于“与英国商人的交易”不会对该货损给予赔偿，FOB、CFR 条件下由买方投保，保险合同在货物越过船舷后生效，因为在货物装船越过船舷前，买方对货物没有保险利益。

任务三　伦敦保险协会海运货物保险条款

在世界海运保险中，英国是一个历史悠久和业务比较发达的国家，长期以来，它所制订的各种保险规章制度，其中包括海运保险单格式和保险条款，对世界各国有着广泛的影响。目前，世界上有很多国家在海上保险业务中直接采用英国伦敦保险协会所制订的协会货物条款（Institute Cargo Clauses，简称 ICC）或者在制订本国保险条款时参考或部分地采用上述条款。

协会货物条款最早制定于 1912 年，为了适应不同时期法律、判例、商业、航运等方面的变化和发展，条款需要经常进行补充和修订，最后一次修订完成于 1982 年 1 月 1 日，伦敦保险协会的海运货物保险条款主要有 6 种：

（1）协会货物条款（A），Institute Cargo Clauses（A），简称 ICC（A）。

（2）协会货物条款（B），Institute Cargo Clauses（B），简称 ICC（B）。

（3）协会货物条款（C），Institute Cargo Clauses（C），简称 ICC（C）。

（4）协会货物战争险条款（货物），Institute War Clauses－Cargo。

（5）协会货物罢工险条款（货物），Institute Strikes Clauses－Cargo。

（6）恶意损害险条款，Malicious Damage Clauses。

这里主要介绍 ICC（A）、ICC（B）、ICC（C）条款。

一、ICC（A）险的承保范围和除外责任

ICC（A）承保的责任范围最大，承保责任以一切风险减“除外责任”的形式出现，即“除外责任”项下所列风险不予负责外，其他风险保险人都予承保。

ICC（A）险的除外责任要包括以下三种。

1. 一般除外责任

如归因于被保险人故意的不法行为造成的损失或费用；自然渗漏、自然损耗、自然磨损、包装不当或准备不足造成的损失或保险标的内在缺陷或特性造成的损失或费用；直接由于延迟所引起的损失或费用；船舶所有人、经营人、租船人的经营破产或不履行债务造成的损失或费用；由于使用任何原子或热核武器所造成的损失或费用。

2. 不适航、不适货除外责任

所谓不适航、不适货除外责任，是指保险标的在装船时，如被保险人或其受雇人已经知道船舶不适航，以及船舶、装运工具、集装箱等不适货，保险人不负赔偿责任。

3. 战争除外责任和罢工除外责任。

二、ICC（B）险的承保范围和除外责任

ICC（B）的承保范围采用列明风险的形式，凡属列出的就是承保的，没有列出的，不论何种情况均不负责。凡归因于下列情况者均予承保：火灾、爆炸；船舶或驳船触礁、搁浅、沉没；陆上运输工具碰撞出轨；船舶、驳船或运输工具同水以外的外界物体碰撞；在避难港卸货；地震、火山爆发、雷电；共同海损牺牲；抛货或浪击落海；海水、湖水或河水进入运输工具或储存处所；货物在装卸时落海或跌落造成的整件全损。

ICC（B）的除外责任，除对任何人故意损害或破坏、海盗等造成的损失或费用不负责外，其余与ICC（A）的除外责任相同。

三、ICC（C）险的承保范围与除外责任

ICC（C）险的承保范围比（A）、（B）险要小得多，它只承保重大意外事故，而不承保自然灾害及非重大意外事故的风险，其具体承保的风险是：火灾、爆炸；船舶或驳船触礁、搁浅、沉没；陆上运输工具倾覆或出轨；在避难港卸货；共同海损牺牲、抛货。ICC（C）险的除外责任与ICC（B）完全相同。

综上所述，ICC（A）条款的承保风险类似于我国的一切险，ICC（B）条款类似于水渍险，ICC（C）条款类似于平安险，但比平安险的责任范围要小些。

ICC（A）、ICC（B）、ICC（C）险的责任起讫也是“仓至仓条款”。ICC附加险的规定与中国保险条款的规定大致相同，但对战争险和罢工险专门制定了独立完整的条文，可以作为独立险别单独投保，而中国保险条款中的两种特殊附加险是不能作为独立险单独投保的。

任务四　保险实务

在进出口业务中，与运输保险相关的问题包括买卖双方如何在合同中订立保险条款、

如何办理保险手续以及在发生货损时如何办理保险索赔。

一、订立合同中的保险条款

一笔进出口业务由谁办理货运保险，主要看双方采用的是什么贸易术语，而采用不同的贸易术语成交，合同中的保险条款内容也有所不同。

1. 规定由买方办理保险手续

如以 FOB、CFR、FCA、CPT 术语成交，由买方办理保险，合同中只需规定：保险由买方负责办理（Insurance: To be effected by the buyers）。

如买方要求卖方代为办理保险，则须规定“由买方委托卖方按发票金额××%代为投保××险，保险费由买方负担”（Insurance to be covered by the sellers on behalf of the buyers for ... % of the invoice value against... Risks and premium is to be paid by the buyers）。

2. 规定由卖方办理保险手续

如按 CIF、CIP 术语出口，由卖方办理保险。合同中的保险条款除约定险别、保险金额等内容外，还应标明条款版别“按 2009 年 1 月 1 日中国人民财产保险股份有限公司海运货物保险条款投保”。保险条款如下：

保险由卖方按发票金额的 110% 投保一切险和战争险，以 2009 年 1 月 1 日中国人民财产保险股份有限公司海洋运输货物保险条款为准（Insurance to be covered by the sellers for 110% of the invoice value against all Risks and War Risk as per Ocean Marine Cargo Clauses of the PICC Property and Casualty Company Limited dated Jan. 1, 2009）。

知识链接

保险金额（Insured Amount）是被保险人的投保金额，是保险公司赔偿的最高限额，也是计算保险费的基础。保险金额的大小涉及买方的切身利益和卖方支付保险费的多少，故双方需在合同中将保险金额具体订明。

按照国际保险市场的习惯做法，出口货物的保险金额一般按 CIF 或 CIP 价加成计算，即按发票金额再加一定的百分率，此百分率称为保险加成率。保险加成率一般按 10% 计算，这增加的 10% 主要是作为买方进行这笔交易所付的费用和预期利润。保险金额计算的公式如下：

$$保险金额 = CIF货价 \times (1 + 保险加成率)$$

保险加成率一般不超过 30%。如买方要求保险加成率超过 10% 时，卖方也可酌情接受。但如果买方要求过高，则卖方应与保险公司商妥后才能接受。

3. 订立保险条款应注意的问题

在合同中订立保险条款时应注意以下问题：

（1）应尊重对方的意见和要求。有些国家规定，其进口货物必须由其本国保险，这些国家有 40 多个，如朝鲜、缅甸、印度尼西亚、伊拉克、巴基斯坦、加纳、也门、苏丹、叙利亚、伊朗、墨西哥、阿根廷、巴西、秘鲁、索马里、利比亚、约旦、阿尔及利亚、刚果（金）、尼日利亚、埃塞俄比亚、肯尼亚、冈比亚、刚果（布）、蒙古、罗马尼亚、卢旺达、毛里塔尼亚等。对这些国家的出口，我们不宜按 CIF 价格报价成交。

（2）国外客户要求我们按伦敦保险协会条款投保。我们可以按受客户的要求并订在合同条款中。因为“英国伦敦保险协会条款”在世界货运保险业务中有很大的影响，很多国家的进出口货物保险都采用这种条款。

（3）选择合适的险别。为了补偿经济上的意外损失，买方或卖方必须根据货物本身的特性、危险程度的大小、运输距离的远近、运输方式的种类和条件，选择不同的保险险别进行投保。正如引导案例所示，如果我们没有投保一切险，而只投保平安或水渍险，则保险公司就不会给予赔付，贸易当事人就会遭受损失。

加保“拒收险”。如客户要求加保“拒收险”，必须注意保险金额不得超过发票金额的110%，投保该险时出口方需进口方保证对所保货物具有进口时所需的一切许可证，否则不接受加保此险。

二、办理保险手续

进出口双方签订合同后，在履约过程中，不管采用何种贸易成交，必须由出口方或进口方按合同的规定办理货运保险。

（一）出口货物的投保手续

我国出口货物如按 CIF 或 CIP 条件成交，由出口方办理货运保险手续。投保手续一般是：

填写投保单→保险公司审核→缴纳保险费→保险公司签署保险单。

1. 投保人填写投保单

投保人根据合同或信用证的规定备齐货物并确定装船出运日期后，货物尚未装船前，向保险公司填写一份“海运出口货物投保单”。

2. 保险公司审核

保险公司收到投保人递交的投保单后，根据有关规定对其进行审核，以决定是否承保。

3. 投保人缴纳保险费

若保险公司经审核同意承保，则向投保人发回承保回执，并收取保险费（Premium），投保人按约定方式缴纳保险费是保险合同生效的条件。

保险费是保险金额与保险费率的乘积。保险费率（Premium Rate）是由保险公司根据一定时期、不同种类的货物的赔付率，按不同险别和目的地确定的。保险费的计算公式为：

$$保险费 = 保险金额 \times 保险费率$$

课堂思考 7-3

根据示范 7-1 佛山奇飞进出口贸易有限公司需要缴纳多少保险费？一切险和战争险的保险费率分别为 1.1% 和 0.08%。

提示：

$$总保险费 = 18\,468 \times (1.1\% + 0.08\%) = 217.92 美元$$

案例 7-1

佛山奇飞进出口贸易有限公司（以下简称出口方）在货物出运前根据 L/C（示范 4-3）的要求，于 8 月 22 日向中保财产保险公司办理货运保险手续，填写投保单（示范 7-1）。出口方按要求缴纳保险费，保险公司于当天签发了保险单。保险单内容请参考第九章示范9－4。

示范7－1　出口货物运输保险投保单

出口货物运输保险投保单

发票号码	QF296	投保条款和险别
被保险人	客户抬头 FOSHAN QIFEI I/E TRADE CO., LTD NO. 187 ZHONGSHAN ROAD, FOSHAN CHINA	(√) PICC CLAUSE (　) ICC CLAUSE (√) ALL RISKS (　) W. P. A. /W. A. (　) F. P. A.
	过户	(√) WAR RISKS (　) S. R. C. C. (√) STRIKE
保险金额	USD（18 468．00）	(　) ICC CLAUSE A
	HKD（　　　）	(　) ICC CLAUSE B
	（　）（　　　）	(　) ICC CLAUSE C (　) AIR TPT ALL RISKS
启运港	GUANGZHOU，CHINA	(　) AIR TPT RISKS
目的港	SAN ANTONIO，CHILE	(　) O/L TPT ALL RISKS
转内陆		(　) O/L TPT RISKS (　) TRANSHIPMENT RISKS
开航日期	AS PER B/L	(√) W TO W
船名航次	JINLONG V. 0097	(　) T. P. N. D.
赔款地点	SAN ANTONIO	(　) F. R. E. C.
赔付币别	IN USD	(　) R. F. W. D. (　) RISKS OF BREAKAGE
正本份数	TWO（2）	(√) I. O. P.
其他特别条款		

以下由保险公司填写			
保单号码		费率	
签单日期		保费	

投保日期：　　　　　　　　　投保人签章：

知识链接

保险单据是保险公司与投保人之间订立保险合同的证明文件，它反映了保险人与投保人之间的权利和义务关系，也是保险公司对投保人出具的承保证明。当发生保险责任范围内的损失时，它又是保险索赔和理赔的主要依据。常用的保险单据有以下几种。

1. 保险单

保险单（Insurance Policy）又称大保单，用于承保一个指定航程内某一批货物的运输保险。它是一种正规的保险合同，包括正面内容和背面条款。其正面内容一般包括：被保险人的名称和地址、保险标的、运输标志、运输工具、起讫地点、承保险别、保险币别和金额、出单日期等项目。背面印有保险人和被保险人之间权利和义务方面的保险条款。保险单是使用最广的保险单据。

2. 保险凭证

保险凭证（Insurance Certificate）又称小保单，是一种简化的保险单。这种凭证除背面不载明保险人与投保人的权利和义务条款外，其余内容与保险单相同。保险凭证与保险单具有同等效力。

3. 预约保单

预约保单（Open Policy）又称预约保险合同，是经常有相同类型货物需要陆续分批装运时所采用的一种保险单。它是保险公司对投保人将要装运的属于约定范围内的一切货物自动承保的总合同。被保险人在获悉每批货物起运时，必须及时将国外的装运通知书送交保险公司。

4. 批单

保险单签发以后，投保人如果需要对保险单的内容进行变更或修改，可以根据保险公司的规定，以书面形式向保险公司提出申请。经保险公司同意后即另出一种凭证，注明更改或补充的内容，这种凭证称为批单（Endorsement）保险单一经批改，保险公司即按批改后的内容承担责任。批单原则上须粘贴在原保险单上，并加盖骑缝章，作为保险单不可分割的一部分。

（二）进口货物的投保手续

我国进口货物如按 FOB 或 CFR 条件成交，需由我方办理保险。为了简化投保手续，以及防止漏保或来不及办理投保等差错，可以与保险公司签订预约保险合同。

按照海运进口货物预约保险合同的规定，投保人在获悉每批货物的起运消息后，应给保险公司发出书面的装运通知，准确地将船名、开航日期、航线、货物品名及数量、保险金额等内容通知保险公司，就算向保险公司办理了投保手续，而无须填写投保单。如被保险人未按预约保险合同的规定给保险公司发出装运通知，则保险公司不负赔偿责任。

在进口业务中，按双方签订的预约保险合同规定，保险金额按以下公式计算。其中保险费率按“特约费率表”规定的平均费率计算。

保险金额 =［FOB 价 ×（1 + 平均运费率）］÷（1 – 平均保险费率）

保险金额 = CFR 价 ÷（1 – 平均保险费率）

三、保险索赔

保险索赔是指当被保险人的货物遭受承保责任范围内的风险损失时，被保险人向保险人提出的索赔要求。在国际贸易中，如由卖方办理投保，卖方在交货后即将保险单背书转让给买方或其收货代理人，当货物抵达目的港（地）发现残损时，买方或其收货代理人作为保险单的合法受让人，应就地向保险人或其代理人要求赔偿。中国保险公司为便利我国出口货物运抵国外目的地后及时检验损失，就地给予赔偿，已在 100 多个国家建立了检验或理赔代理机构。至于我国进口货物的检验索赔，则由有关的专业进口公司或其委托的收货代理人在港口或其他收货地点，向当地的保险公司要求赔偿。

被保险人或其代理人向保险人索赔时，应做好下列几项工作：

（1）当被保险人得知或发现货物已遭受保险责任范围内的损失，应及时通知保险公司，并尽可能保留现场由保险人会同有关方面进行检验，勘察损失程度，调查损失原因，确定损失性质和责任，采取必要的施救措施，并签发联合检验报告。

（2）当被保险货物运抵目的地，被保险人或其代理人提货时发现货物有明显的受损痕迹、整件短少或散装货物已经残损，应立即向理货部门索取残损或短少证明。如货损涉及第三者的责任，则首先应向有关责任方提出索赔或声明保留索赔权。在保留向第三者索赔权的条件下，可向保险公司索赔。被保险人在获得保险补偿的同时，须将受损货物的有关权益转让给保险公司，以便保险公司取代被保险人的地位或以被保险人名义向第三者责任方进行追偿。保险人的这种权利，叫作代位追偿权（The Right of Subrogation）。

（3）采取合理的施救措施。保险货物受损后，被保险人和保险人都有责任采取可能的、合理的施救措施，以防止损失扩大。因抢救、阻止、减少货物损失而支付的合理费用，保险公司负责补偿。被保险人能够施救而不履行施救义务，保险人对于扩大的损失甚至全部损失有权拒赔。

（4）备妥索赔证据，在规定时效内提出索赔，并注意是否有免赔率的规定。保险索赔时，通常应提供的证据有：保险单或保险凭证正本；运输单据；商业发票和重量单、装箱单；检验报告单；残损、短量证明；向承运人等第三者责任方请求赔偿的函电或其证明文件；必要时还需提供海事报告；索赔清单，主要列明索赔的金额及其计算数据，以及有关费用项目和用途等。

根据国际保险业的惯例，保险索赔或诉讼的时效为自货物在最后卸货地卸离运输工具时起算，最多不超过两年。

知识链接

免赔率（franchise ratio）是保险公司对所保货物发生损失时，免除一部分赔偿责任的百分比。对易碎和易短量货物的索赔，应了解是否有免赔率的规定。

1. 无免赔率的规定

无免赔率（I. O. P，irrespective of percentage）的规定即不论损失程度，只要是承保范围内的风险造成的损失均予以赔偿。

2. 有免赔率的规定

如果实际损失额没有超过免赔率，保险公司不予赔偿。

如果实际损失额超过免赔率，则分为两种情况：①相对免赔率，不扣除免赔率，保险公司对受损金额全部予以赔偿。②绝对免赔率，扣除免赔率，保险公司只赔超过免赔率部分的受损金额。

目前，国际上一般采用绝对免赔率，我国保险公司也采用绝对免赔率。

任务五　我国其他货运保险

中国人民财产保险股份有限公司（PICC）除了制定海洋运输货物保险条款外，还分别制定了适用于不同运输方式的货物保险条款，包括陆上运输货物保险、航空运输货物保险、邮包运输保险。

一、陆上运输货物保险

陆运货物保险是承保以火车、汽车进行货物运输的保险。

1. 陆运险

陆运险（Overland Transportation Risks）负责对被保险货物在运输途中遭受暴风、雷电、洪水、地震等自然灾害，或由于运输工具遭受碰撞、倾覆、出轨，或在驳运过程中因驳运工具遭受搁浅、触礁、碰撞，或由于遭受隧道坍塌、崖崩，或失火、爆炸意外事故等情况造成的损失进行赔偿。

陆运险相当于海运的水渍险。

2. 陆运一切险

陆运一切险（Overland Transportation All Risks）除包括陆运险的责任外，还负责对被保险货物在运输途中由于一般外来原因所致的全部或部分损失进行赔偿。

陆运一切险相当于海运的一切险。

陆运险和陆运一切险保险责任起讫按照“仓至仓”条款办理，但是，货物未进仓者，以该货到达最后卸货车站满60天止。

3. 陆上运输货物战争险

陆上运输货物战争险（Overland Transportation Cargo War Risks）是陆上运输货物险的一种附加险。承保陆上运输途中由于战争、类似战争行为和敌对行为、武装冲突、各种常规武器所致的货物损失。

4. 陆上运输冷藏货物险

陆上运输冷藏货物险（Overland Transportation Cargo Insurance – Frozen Products）是陆上运输货物险的一种专门保险。承保范围除陆运险所列的损失外，还负责赔偿由于冷藏机器或隔温设备在运输途中损坏造成货物解冻融化而腐坏的损失。

陆上运输冷藏货物险保险责任自货物运离保单所载起运地点的冷藏仓库装入运输工具开始运输时生效，直至运达目的地收货人仓库为止，但是最长保险期限以货物到达目的地车站后10天为限。

二、航空运输货物保险

航空运输货物保险是承保以飞机进行货物运输的保险。

1. 航空运输险

航空运输险（Air Transportation Risks）相当于海运的水渍险。

2. 航空运输一切险

航空运输一切险（Air Transportation All Risks）相当于海运的一切险。

航空运输险和航空运输一切险保险责任起讫按照“仓至仓”条款办理，但是，货物未进仓者，以该货到达最后目的地卸离飞机满30天止。

3. 航空运输货物战争险

航空运输货物战争险（Air Transportation Cargo War Risks）是航空运输货物险的一种

附加险。承保航空运输途中由于战争、类似战争行为和敌对行为、武装冲突以及各种常规武器所致的损失。

三、邮包运输保险

邮包运输保险是承保邮包在运输途中因自然灾害、意外事故和外来原因所造成的损失。

1. 邮包险

邮包险（Parcel Post Risks）相当于海运的水渍险。

2. 邮包一切险

邮包一切险（Parcel Post All Risks）相当于海运的一切险。

邮包险和邮包一切险保险责任是自邮包离开保单所载起运地点寄件人的处所运往邮局时开始生效，直至邮包运达保单载明的目的地邮局发出通知书给收件人当日午夜起算满15天为止，在此期限，邮包一经交至收件人的处所时，保险责任即行终止。

3. 邮包战争险

邮包战争险（Parcel Post War Risks）是一种附加险。承保邮包运输途中由于战争、类似战争行为和敌对行为、武装冲突、海盗行为以及各种常规武器所致的损失。

思考与练习

一、单项选择题

1. 我国某公司从德国进口一批电冰箱，以CIF上海成交，运货船只途经马六甲海峡附近遭海盗洗劫，货物尽失，而该货物只投保了平安险。这种损失的责任方是________。

A. 卖方　　B. 买方

C. 保险公司　　D. 运输公司

2. 我方以CIF条件出口某批货物，投保了一切险，载运该批货物的海轮在航行中遇到下雨，使部分货物遭到水渍而损失。这种损失应由________负责。

A. 卖方　　B. 买方

C. 保险公司　　D. 运输公司

3. 我公司以CIF条件出口一批食品，卖方投保时，按下列________投保是正确的。

A. 平安险 + 一切险 + 战争险　　B. 一切险 + 受潮受热险

C. 水渍险 + 偷窃险 + 战争险　　D. 偷窃险 + 罢工险 + 战争险

4. 仓至仓条款是指________。

A. 运输公司的责任起讫条款　　B. 仓储公司的责任起讫条款

C. 保险公司的责任起讫条款　　D. 货代公司的责任起讫条款

5. 下列不属于一切险承保范围内的险别是________。

A. 偷窃提货不着险　　B. 渗漏险

C. 包装破裂险　　D. 交货不到险

6. 在海洋运输货物保险中，共同海损属于________。

A. 部分损失的一种　　B. 全部损失的一种
C. 推定全损　　D. 有时为部分损失，有时为全部损失

7. 按国际保险市场惯例，投保金额通常在 CIF 总值的基础上________。

A. 加一成　　B. 加二成
C. 加三成　　D. 加四成

8. 有一批出口服装，在海上运输途中，因船体触礁导致服装严重受浸，如果将这批服装漂洗后再运至原定目的港所花费的费用已超过服装的保险价值，这批服装应属于________。

A. 实际全损　　B. 推定全损
C. 共同海损　　D. 单独海损

9. 预约保险以代替投保单，说明投保的一方已办理了投保手续是________。

A. 提单　　B. 大幅收据
C. 买卖合同　　D. 国外的装运通知

10. 被保险货物由于恶劣气候、雷电、海啸、地震、洪水等自然灾害所造成的部分损失，不属于以下________的承保范围。

A. 平安险　　B. 水渍险
C. 一切险　　D. 水渍险＋受潮受热险

二、判断题

1. 根据我国《海洋货物运输保险条款》的规定，三种基本险别和战争险均适用“仓至仓”条款。(　　)

2. 在国际贸易中投保人向保险公司投保一切险后，在运输途中遭受任何外来原因造成的一切货损均可向保险公司索赔。(　　)

3. 某出口公司按 CIF 出口坯布 1 000 包，根据合同规定投保了水渍险。货在途中因船舱内淡水管道滴漏，致使该坯布中的 100 包遭水渍，保险公司应负赔偿责任。(　　)

4. 使用 CFR 贸易术语成交时，由买方办理保险手续，保险公司仍然从货物运离卖方仓库开始承担保险责任。(　　)

5. 保险单签发以后，投保人如果需要对保险单的内容进行变更或修改，保险公司可根据投保人的请求出具注明更改或补充内容的凭证，这种凭证称为批单。(　　)

三、计算题

1. 我方以每袋 50 美元 CIF 新加坡出口某商品 1 000 袋。货物出口前，由我方向中保公司按发票金额的 110% 投保水渍险、串味险及淡水雨淋险，保险费率分别为 0.6%、2%、0.3%。

请问该批货物的投保金额是多少，我方需向中保公司缴纳多少保险费?

2. 某公司出口货物一批，原报价每吨 2 085 美元 CFR 利物浦，客户要求改报 CIF 3% 利物浦价。

按客户要求为货物投保一切险，保险金额为 CIF 价的 110%，请从黄浦到利物浦，一切险的保险费率为 1% 的条件报价。

3. 某货主在货物装船前，按发票金额的 110% 办理了货物的投保手续，投保一切险加战争险。该批货物共 100 吨，以 CIF 成交的总价值为 20.75 万美元，一切险和战争险的保

险费率分别是0.6%和0.1%。

问题：

（1）若发生了保险公司承保范围内的风险，导致该批货物全部灭失，保险公司的最高赔偿金额是多少？

（2）该货主应缴纳的保险费是多少？

（3）货到目的港后买方发现货物共短量5.8吨，保险公司负责赔偿的金额是多少？

案例分析

1. 某货轮在航行途中设备发生故障，引起船舶的第五舱发生火灾，船长下令灌水灭火。之后统计损失，被火烧毁货物价值为3 000美元，因灌水灭火被水浸毁货物价值为5 000美元。船长宣布为共同海损，请根据上述案例分析回答以下问题：

（1）船长宣布损失为共同海损是否合理？

（2）对于被火烧毁的3 000美元货物损失，船方是否负赔偿责任？为什么？

（3）被水浸毁的5 000美元货物损失属何性质的损失？应该由谁负责赔偿？

2. 我国某公司向德国出口某冷冻商品1 500箱，合同规定1～5月按同等量装运，每月300箱，凭不可撤销即期信用证付款。客户按时开来信用证，我方1～3月份交货正常，顺利结汇。但在4月份时，由于船期延误，推迟到5月6日才装运出口。而海运提单则倒签为4月30日，并送银行议付，议付行也未发现问题。后在5月10日，我公司又同船装运300箱运往目的地，开具的提单为5月10日。进口商取单时发现问题，拒绝收货。经多次与买方协商无果，只能承认赔偿。

案例分析：

我方的失误主要有三点：①拖延交货期。②将5月6日装运出口的货物装船日期倒签为4月30日，这是违法行为。③最严重的错误是5月10日将信用证中规定分月等量装运的5月份的出口货物，与5月6日装运的4月份的出口货物，装在同一船只上，这个错误无疑告诉对方4月30日的提单是倒签的。根据《跟单信用证统一惯例》的规定：在规定分批装运条款时，具体订明每批装运的时间和数量，只要其中一期未按时、按量装运，则本期及以后各期均告失效，除非信用证另有规定，否则，都可视为违约。

由此可见，国际货物运输是一门比较复杂的学科。它具有面广、线长、中间环节多、空间距离大、涉及部门多、情况复杂等特点。为了保证进出口合同的履行，顺利地交付货物，一般来说，买卖双方在交易磋商时，必须订好买卖合同中的装运条款，使合同的运输条款的订立更加明确、具体、合理，为合同的顺利履行奠定基础。作为国际贸易的从业人员，必须熟悉和掌握有关的国际货物运输的基本知识。

3. 某货轮在航行途中货舱起火蔓延至机舱，为了船货的共同安全，船长下令往舱中灌水灭火。火虽扑灭，但主机受损，无法继续航行。于是，船长决定雇用拖轮将货船拖往附近港口修理，然后驶往目的港。事后经调查发现，这次事故造成的损失和费用有：①800箱货被火烧毁。②300箱货由于灌水被水浸湿。③主机和部分甲板被烧坏。④雇用拖船支出的费用。⑤额外增加的燃料费及船长、船员工资、给养开支。

上述各项损失中哪些属于共同海损？哪些属于单独海损？并陈述理由。

4. 某年，我国 WK 外贸公司向香港出口罐头一批共 500 箱，按照 CIF HONGKONG 向保险公司投保一切险。但是因为海运提单上只写明进口商的名称，没有详细注明其地址，货物抵达香港后，船公司无法通知进口商来货场提货，又未与 WK 公司的货运代理联系，便自行决定将该批货物运回启运港天津新港。在运回途中因为轮船渗水，有 229 箱罐头受到海水浸泡。货物运回新港后，WK 公司没有将货物卸下，只是在海运提单上补写进口商详细地址后，又运回香港。进口商提货后发现罐头已经生锈，所以只提取了未生锈的 271 箱罐头，其余的罐头又运回新港。WK 外贸公司发现货物有锈蚀后，凭保险单向保险公司提出索赔，要求赔偿 229 箱货物的锈损。保险公司经过调查发现，生锈发生在第二航次，而不是第一航次。投保人未对第二航次投保，不属于承保范围，于是保险公司拒绝赔偿。

该案如何处理？

5. A 公司作为被保险人就其托运的 200 桶水杨酸甲酯及 40 桶安塞蜜向某保险公司投保了海运一切险及战争险，货物从中国上海港运往 GUATEMALA CITY。保险公司于 2003 年 8 月 1 日和 8 月 8 日分别向申请人签发了两份货物运输保险单，保险金额分别为 8 344 美元及 10 054 美元，承保条件为 PICC 一切险和战争险。上述货物在被运往目的港的途中被武装劫持造成货物提货不着。A 公司根据两份保单向保险公司提出索赔，请求保险公司支付保险赔偿金 18 398 美元，保险人拒赔。

保险公司认为两份保单正本均已背书给收货人，收货人是两份保单正本的唯一合法持有人，根据保险利益原则，因此也唯一具有两份保险单下的保险利益。其他任何关系方（包括 A 公司）都无权就本案向保险人索要保险赔偿金。A 公司认为保单是以 A 公司为被保险人出示的，且已由保险公司认可。即使保单已经背书，但背书是空白背书，仍然是谁持有保险单即可主张权益。

此种情况下 A 公司具有向保险人索赔的权利吗？

案情分析：

第一，A 公司尽管是保单的被保险人，但对涉案货物是否具有保险利益，首先应根据申请人（卖方）与买方之间的买卖合同而定。A 公司以 CIF 的价格出售货物并将保单背书转让给买方，买卖合同没有约定运输途中的风险仍由卖方承担，表明受让保单的买方从货物越过船舷那一刻起便承担货物的风险因而具有保险利益。

第二，保单可通过背书的方式转让，A 公司在保单背面背书，把保单转让给了买方，保单不同于提单，持有保单的人并不一定对保单上的货物具有保险利益，而必须是对保单上的货物承担风险的人才具有保险利益，因此，尽管 A 公司持有保单，但由于具有保险利益的买方并没有把保单通过背书的方式，再次转让给申请人，对涉案货物无保险利益的申请人即使持有涉案货物的保单，仍然对涉案货物无保险利益。

因此，A 公司无权向被保险人索赔保险赔偿金，保险公司也无义务向其支付该保险赔偿金。

实操训练

1. 根据以下业务背景资料填制一份保险单：出口商：中国上海针织品国际贸易公司，进口商：韩国釜山原昌道415－9号路达国际公司，船名：东风V242号。装货港：中国上海，卸货港：韩国釜山。货物：女式针织衫，数量1 000件，100纸箱。单价：每件5.50美元CIF釜山，总值：5 500.00美元。险别：平安险附加淡水雨淋险，投保日期：2013年4月25日，发票号：C2－4752，合同号：06S140/5671。

2. 为出口商品办理国际货运保险。某公司出口文化衫一批，原报价为CFR开普敦USD 65/打，总计12 000打，现客户要求改报CIF价，投保一切险及战争险，费率分别为0.7%和0.2%，投保加一成。

请以2人为一小组，用本项目所学的知识为以上产品办理国际货运保险手续。

（1）1人作为投保人正确填制投保单并计算需要交纳的保险费。

（2）1人作为保险人出具保险凭证。

3. 某年9月，我国某技术进出口公司以FOB加拿大渥太华为价格条件进口一套设备，合同总价为85万美元。合同签订后，技术进出口公司在安排了货物运输事宜后，于11月份与某保险公司签署了一份《国际运输预约保险启运通知书》。其中载明：被保险人是该技术进出口公司；运输线路自渥太华至中国湖北武汉；投保险种为一切险；保险金额为978 774美元；保险费为3 915美元；保单的备注栏载明：从出口商工厂所在地——渥太华机场为公路运输；渥太华机场—北京机场—天河机场为空运，货物离开天河机场及武汉市内即通知保险公司。技术进出口公司向保险公司支付了保险费，并收到保险公司出具的收据。但不幸的是，被保险货物在渥太华承运人仓库被盗。12月，技术进出口公司将出现情况告知了保险公司，同时向保险公司提出索赔。保险公司以技术进出口公司不具有保险利益为由而主张合同无效并拒赔。技术进出口公司遂向法院起诉。

法院经审理后认为，本案的焦点问题是保险利益的认定问题。本案中技术进出口公司是否具有保险利益取决于其对买卖合同项下货物承担的风险，而对货物承担的风险及其起始时间又取决于买卖合同约定的价格条件。本案买卖合同约定的价格条件是FOB加拿大渥太华，意为货物在渥太华越过船舷或装机后，货物的风险才发生转移。在此之前，货物的风险仍由买方承担。因此，技术进出口公司购买的货物在海外运输公司仓库被盗时，技术进出口公司不具有保险利益。法院最终判定保险公司与技术进出口公司的保险合同因投保人对保险标的物不具有保险利益而无效。

国际贸易中的货物往往需要从出口国运至进口国。货物在漫长的运输途中，包括装卸和存储，可能会遇到难以预料的风险，导致货物发生损失。若货物遭遇运输风险而发生的损失问题得不到解决，国际贸易就很难开展。为了消除贸易商对运输风险的后顾之忧，货物运输保险业务应运而生。货物运输保险是指投保人（Insured，或称被保险人）在货物装运前，向承保人（Insurer，或称保险人、保险公司）投保，即办理保险手续、选择保险险别、确定保险金额、支付保险费、并领取保险单证。在此之后，如果投保货物在运输中遇险而发生损失，则承保人应负责对投保险别范围内的损失进行经济上的补偿。可见，货物运输保险是贸易商用来转移运输风险及由此造成损失的一种措施。在国际贸易实务中，买卖双方对由谁去办理保险和支付保险费，以及投保何种险别等要进行磋商，并在合同中加以规定。

按货物运输方式的不同，货物运输保险的主要类别有海洋运输货物保险、陆上运输货物保险、航空运输货物保险和邮包运输货物保险。

4. G 公司以 CIF 价格条件引进一套英国产检测仪器，因合同金额不大，合同采用简式标准格式，保险条款一项只简单规定“保险由卖方负责”。到货后，G 公司发现一部件变形影响其正常使用。G 公司向外商反映要求索赔，外商答复仪器出厂经严格检验，有质量合格证书，非他们责任。后经商检局检验认为是运输途中部件受到振动、挤压造成的。

G 公司于是向保险代理索赔，保险公司认为此情况属“碰损、破碎险”承保范围，但 G 公司提供的保单上只保了“ICC（C）”，没保“碰损、破碎险”，所以无法索赔付。G 公司无奈只好重新购买此部件。既浪费了金钱，又耽误了时间。

本案中 G 公司业务人员想当然地以为合同规定卖方投保，卖方一定会保“一切险”或伦敦“ICC（A）”，按照《2000 通则》的解释，在 CIF 条件下，如果合同没有具体规定，卖 方只需要投保最低责任范围的险别，即平安险或伦敦“ICC（C）”就算履行其义务。

所以，当进口合同使用 CIF、CIP 成交，由卖方投保时，一定要在合同上注明所需投保的基本险别以及附加险。选择险别应考虑货物的特性，不同性质的货物抵御风险的能力不同。如不易损坏的铁制品不用投保一切险，而茶叶、烟草容易吸潮，则需要投保一切险或水渍险加受潮受热险。

5. 请根据以下资料填写一份海洋运输保险单。

（1）出口商名称：广州 A 公司。

（2）进口商名称：英国 B 公司。

（3）贸易术语：CIF LIVERPOOL。

（4）出口商品信息：

A 名称：鱼粉（fish meal）

B 数量：100 桶 每桶 100 千克

C 唛头：MARKS1 - 100

D 价格：USD2.00/T

（5）装船信息：

船名：DAYANG

航次：V239.1

开船日期：2002 年 3 月 14 日

起运港：上海

目的港：英国利物浦

（6）按合同金额加成 10% 投保。

（7）保险费率：2‰。

（8）投保险别：一切险加战争险。

（9）偿付地点：广州。

（10）发票号码：SEDF - 020431CK。

6. 填写一份保险单。

中　国　人　民　保　险　公　司

THE PEOPLE'S INSURANCE COMPANY OFCHINA

总公司设于北京　　　　一九九四年创立

Head Office: Beijing　　Established in 1949　　ORIGINAL

保　险　单　　　号次

INSURANCE　POLICY　　No. PICC－04102

中　国　人　民　保　险　公　司（以　下　简　称　本　公　司）

This Policy of Insurance witness that The People's Insurance Company of China (herein after called

根　据 "the Company"), at the request of SHANGHAI CHEMICAL IN. AND EXP. CO. LTD

（以　下　简　称　被　保　险　人）的要求，由　被　保　险　人　向　本　公　司　缴　付　约　定　的

After called "the Insured" and in consideration of the agreed premium paid to the Company by

保　险　费，按　照　本　保　险　单　承　保　险　别　和　背　面　所　载　条　款　与　下　列

the insured, undertakes to insure the undermentioned goods in transportation subject to the conditions

条　款　承　保　下　述　货　物　运　输　保　险，特　立　本　保　险　单。

of this Policy as per The Clause printed overleaf and other special clauses attached hereon.

Marks&Nos.	Description of Goods	Quantity	Amount Insured
AS PER INVOICE NO. SH0789	20MTOF IRON OXYDE YELLOW AT USD 1455. 50/MT PACKED IN 25KGS ONE DRUMS AND 20 DRUMS ON ONE PALLET	40 PALLETS	USD32021. 00

总保险金额

Total Amount Insured: SAY UNITED STATES DOLLARS THIRTY TWO THOUSAND AND TWENTY ONE ONLY

保　费　　　　费率　　　　装载运输工具

Premium: as arranged　　Rate: as arranged　　Per conveyance S. S.: CONIT. JORK V. YCJ009

开航日期　　　　自　　　　至

Slg. on or abt. AS PER B/L　　From SHANGHAI　　To TUNIS

承保险别

Conditions: COVERING ALL RISKS AS PER THE RELEVANT OCEAN MARINE CARGO CLAUSE OF THE PEOPLE' S INSURANCE COMPANY OF CHINA DATED 1ST, 1981.

所保货物，如遇出险，本公司凭本保险单及其他有关证件给付赔款。

Claims, if any, payable on surrender of this Policy together with other relevant documents.

所保货物，如发生本保险单项下负责赔偿的损失或事故，

In the event of accident whereby loss or damage may result in Policy immediate notice applying

应立即通知本公司下述代理人查勘。

For survey must be given to the Company' s Agent as mentioned hereunder:

赔款偿付地点

Claim payable atTUNIS

日期　　　　上海

Date NOV. 27, 2006　　Shanghai

中国人民保险公司上海分公司

THE PEOPLE' S INSURANCE CO. OF CHINA

SHANGHAI BRANCH

项目八 报检和报关

学习目标

商品检验是指按照国家有关法律、法规和国际货物买卖合同的规定，对进出口商品的质量、数量(重量)、规格、包装、安全性能、卫生指标、装运技术和装运条件等项目进行检验，鉴定并出具检验证书，作为买卖双方交接货物，收付货款和处理索赔的必要依据。

报关是指进出口货物收发货人、进出境运输工具负责人、进出境物品所有人或者他们的代理人向海关办理货物、物品或运输工具进出境手续及相关海关事务的过程。

通过本章的学习，使学生掌握国际货物检验的方式、检验时间和地点、检验的依据和内容、检验机构，检验的基本程序，以及了解一般进出口货物的报关程序。

导入案例

美国A公司与澳大利亚B商人签订一份食品贸易合同，合同中的商检条款规定：该批食品的品质检验证明由澳大利亚商检机构提供。货到目的港后，经美国卫生检疫部门抽样化验发现霉菌含量超过美国的标准，决定禁止在美国销售，并建议就地销毁。美国A公司将货物销毁后，凭美国当地公证检验机构提供的检验依据向澳大利亚B商人提出索赔。

问题：澳大利亚B商人是否需要负责赔偿？由澳大利亚商检机构出具的合格品质检验证书是否有效？

案例分析：合同规定商检以装船地检验报告为准，这就决定了卖方交货品质的最后依据是装船地商检报告书。根据国际贸易商品检验的一般规则，谁行使检验权就要以谁提供的检验证书为准。仅就本案来看，只有在美国A公司所在地的检验机构证明货物确系装船前就存在内在缺陷的情况下，澳大利亚B商人才有义务承担理赔责任。在这种情况下，买方在目的港收到货物后，虽然可以委托商检机构对货物进行再次的检验，但原则上无权提出异议。

任务一 商品检验的基本常识

国际贸易买卖双方分处两国，相距遥远，不可能当面点交货物，而且在长途运输中，可能会遭受各种风险，造成不同程度的货物损失，因此，买卖双方一般都要对商品进行检验。

商品检验（Commodity Inspection）习惯也称“商检”，是指在国际货物买卖过程中由商检机构或国家商检部门对卖方交付给买方的货物品质、数量和包装进行检验，以确保合同标的物符合买卖合同的规定；有的还对装运技术条件或货物在装卸运输过程中发生的残损、残缺进行检验或鉴定，以明确事故范围和责任归属；商品检验还包括依据国家有关法律、法规对某些进出口商品实施强制检验或食品、动植物及相关产品实施检疫。

一、商品检验的相关法律规定

商品检验是保证实现买卖双方经济利益的有效手段。为了保障买卖双方的经济利益，就需要一个有资格的、权威的、独立于买卖双方之外的、公证的第三者，即专业的检验检疫机构负责对卖方交付货物的质量、数量和包装进行检验，或对装运技术条件或货物的残损、残缺等情况进行检验或鉴定。检验机构检验或鉴定后出具相应的检验证书，作为买卖双方交接货物、支付货款和进行索赔、理赔的重要依据。

随着我国对外贸易的发展，为了保证进出口商品的质量，维护我国的正当权益以及出口商品的信誉，进一步与国际市场接轨，1989 年 8 月 1 日实施，2002 年修订的《中华人民共和国进出口商品检验法》（以下简称《商检法》）规定：商检机构和经国家检验部门同意的检验机构，依法对进出口商品实施检验；进出口商品检验应当根据保护人类健康和安全、保护动物或者植物的生命和健康、保护环境、防止欺诈行为、维护国家安全的原则，由国家商检部门制定、调整必须实施检验的进出口商品目录（以下简称目录）并公布实施；列入目录的进出口商品，由商检机构实施检验；列入目录的进口商品未经检验的，不准销售、使用；列入目录的出口商品未经检验合格的，不准出口。

应该指出的是，买方对货物的检验权并不是强制性的，检验并不是买方接收货物的必要条件。若买方没有充分利用检验货物的权利，他就放弃了检验权。鉴于检验的结果直接关系到买卖双方交换货物的权利和义务，而在实际义务中实行的具体做法又各不相同，最好买卖双方在合同中就检验权的具体实施方法做出明确的规定。

二、检验的时间和地点

货物检验的时间和地点是指在何时、何地行使对货物的检验权。确定检验时间和地点，关系到哪一方行使对货物的检验权、检验结果以哪一方提供的检验证书为准的问题。它直接关系到买卖双方的切身利益，规定检验时间和地点是交易双方商定检验条款的核心所在。在国际贸易中，有关检验时间和地点的规定方法，主要有以下四种。

（一）在出口国检验

此种方法包括工厂检验（产地检验）和装船前或装船时检验两种。

1. 工厂检验（产地检验）

工厂检验（产地检验）是指生产工厂的检验人员或合同约定的买方检验人员在货物离厂前对其质量、数量、规格、包装等实施检验。卖方承担货物离厂前的责任。这是国际贸易中的习惯做法。我国进口重要货物和大型成套设备，一般都在出口国工厂进行检验或安装、测试。

2. 装船前或装船时检验

装船前的检验，是指装船以前由约定的检验机构，出具检验证明，并以此作为交货品质和重量的最后依据。即离岸品质和离岸重量（Shipping Quality and Shipping Weight）。采用这种方法，卖方取得检验证书，意味着所交货物的品质和重量与合同规定相符，意味着卖方按质按量履行了合同义务，此时，买方无复验权。可见，这种方法对卖方有利，至于货物途中发生货损或灭失，买方仍然有权向有关责任方（如承运人或保险人）索赔。装船时检验，是指采用传送带或机械化操作时，对正在装船的货物（如散装货）进行抽样检验或衡量，并以此时的品质和重量作为交货的最后依据。这种做法也属于离岸品质和离岸重量。

（二）在进口国检验

指在进口国目的地卸货后进行的质量与数量的检验，包括目的港卸货时检验和用户所在地检验。

1. 目的港卸货时检验

目的港卸货时检验是指卸货时由约定的检验机构对货物的质量、重量等进行检验，出具检验证明，并以此作为卖方交货的最后依据。即到岸品质和到岸重量（Landed Quality and Landed Quantity）。若卸货时发现货物质量与重量与合同规定不符，卖方要承担责任。对此，买方有索赔的权利。

2. 用户所在地检验

对于一些不便在目的港卸货时检验的货物，例如密封包装，在使用之前打开有损于货物质量或会影响使用的货物，或是规格复杂、精密程度高、需要在一定操作条件下用精密仪器或设备检验的货物，一般不能在卸货地进行检验，需要将检验延迟到用户所在地进行。使用这种条件时，货物的品质和重量（数量）是以用户所在地的检验结果为准。

（三）出口国检验，进口国复验

货物在装船前必须进行检验鉴定，但出具的检验证明不能作为卖方交货的最后依据，而只是作为卖方向银行收款的凭证。货物到达后，在双方约定的时间内买方有权对货物进行复验，复验后若发现货物与合同规定不符，可根据复验结果，向卖方索赔。避免了对单方面有利的矛盾，兼顾了双方的权益，比较公平合理，因而国际贸易中经常采用。

（四）装运港（地）检验重量，目的港检验质量

交货重量以装运港约定的检验机构出具的重量检验证明作为最后依据，交货品质以目的港约定的检验机构出具的品质检验证书作为最后依据，即离岸重量、到岸品质（Shipping Weight，Landed Quality）。多用于大宗商品检验中，以调和双方在商检问题中存在的矛盾。

三、检验机构

在国际货物买卖中，交易双方除了自行对货物进行必要的检验外，通常还要委托第三方对货物进行检验。这种对商品进行检验、鉴定和管理的机构就是商品检验机构，简称检验机构或商检机构。

1. **国外的检验机构**

世界上大多数国家设有自己的商品检验、鉴定或公证机构，有的属于综合性的，有的属于专业性的，有的是国家设立的，有的是私人或同业公会经营的。属于国家设立的官方检验机构，如美国的动植物检验署（Animal and Plant Health Inspection Service，APHIS）、食品与药品管理局（Food and Drug Administration，FDA），法国国家实验检测中心、日本通商产业检查所等。属于民间性质的私人协会或同业公会，如日本的海事鉴定协会（NKKK）、美国安全试验所（UL）、瑞士的日内瓦通用鉴定公司（SGS）、国际羊毛局（IWS）、加拿大标准协会（CSA）等。

2. **我国的检验机构**

根据《中华人民共和国进出口商品检验法实施条例》规定，中华人民共和国国家质量监督检验检疫总局（以下简称国家质检总局）主管全国进出口商品检验工作。国家质检总局设在省、自治区、直辖市以及进出口商品的口岸、集散地的出入境检验检疫局（China Entry and Exit Inspection and Quarantine Bureau，CIQ）及其分支机构，管理所负责地区的进出口商品的检验工作。

我国商检机构的职能是对进出口商品进行检验，办理进出口商品鉴定，对进出口商品的质量和检验工作实施监督管理，对动植物的检验检疫，对出口商品运输包装的检验，对进出口食品及其生产企业的卫生注册登记和对外注册管理，实施进出口商品质量体系认证工作等。还负责进出口商品一般原产地证与普惠制产地证签证工作以及与外国和国际组织开展合作。

中国检验认证（集团）有限公司［China Certification & Inspection（Group）Co., Ltd., CCIC，原名为中国进出口商品检验总公司］，是于1980年7月经国务院批准成立的民间商品检验机构。CCIC在全国各省、市、自治区设有分支机构，接受对外贸易关系人的委托，办理各项进出口商品检验鉴定业务。CCIC还在世界上20多个国家设有分支机构，承担装船前的检验和对外贸易鉴定业务。

四、我国《商检法》对检验方式的相关规定

根据我国《商检法》的相关规定，由设在各地的出入境检验检疫机构依法对列入目录的进出口商品实施法定检验，其中对于符合国家规定免予检验条件的，经申请可以免检，同时，对法定检验以外的可以实施抽检。

1. **法定检验**

法定检验是指出入境检验检疫机构对列入目录的进出口商品以及法律、行政法规规定须经出入境检验检疫机构检验的其他进出口商品实施的检验。列入法定检验的商品必须经检验机构检验合格方可进出口。目前我国实施法定检验的商品一般包括以下几种：

（1）列入《出入境检验检疫机构实施检验检疫的进出境商品目录》规定的商品。《出入境检验检疫机构实施检验检疫的进出境商品目录》由国家质量监督检验检疫总局根据对外贸易发展的需要，对涉及公共利益的进出口商品加以制定、调整，并在实施前一定时间公布。

（2）进出口食品的卫生检验；动植物的病虫害检验检疫。

（3）出口危险物品的包装容器的性能检验和使用鉴定。

（4）装运易腐烂变质食品、冷冻品出口的车辆、船舱和集装箱。

（5）有关国际条约、协议规定须经商检机构检验的出口商品。

关于进出口商品是否属于法定检验的范围，可通过查询当年的我国《进出口商品编码表》获知，如表 8－1 所示。

表 8－1　部分商品的进出口商品编码

商品编号	商品名称	监管条件	备注
0710100000	冷冻马铃薯（不论是否蒸煮）	AB	
0710809020	冷冻的香菇（不论是否蒸煮）	AB	
4101202010	规定重量整张濒危生野马皮（指每张，简单干燥≤8kg，干盐渍≤10kg，鲜或湿盐≤16kg）	ABFE	
4101502090	重＞16kg 整张生马皮	AB	
5101110001	未梳的含脂剪羊毛	tAB	配额内
5101110090	未梳的含脂剪羊毛	AB	配额外
8516500000	微波炉	AB	
8609001100	20 英尺的保温式集装箱	AB	

说明：

A：入境货物通关单，指国家质量监督检验检疫机构根据《中华人民共和国进出口商品检验法》《中华人民共和国动植物检疫法》和《中华人民共和国食品卫生法》等有关法律、法规，对列入《出入境检验检疫机构实施检验检疫的进出境商品目录》的进口商品签发的入境货物通关单。

B：出境货物通关单，指国家质量监督检验检疫机构根据《中华人民共和国进出口商品检验法》《中华人民共和国动植物检疫法》和《中华人民共和国食品卫生法》等有关法律、法规，对列入《出入境检验检疫机构实施检验检疫的进出境商品目录》的出口商品签发的出境货物通关单。

2. 抽检

抽查检验是指出入境检验检疫机构对法定检验以外的进出口商品，根据国家质检总局规定，按照统一的内容、程序、方法、标准等实施抽查检验的一种方式。抽查检验的范围包括：

（1）可能危及人体健康、财产安全以及环境保护的商品。

（2）进出口数量大、质量不稳定或发生过较大质量事故的商品。

（3）国内外消费者投诉较多、有关用户反映质量问题较多、出口退货严重的商品。

（4）国内外有新的特殊技术要求的商品。

3. 免检

对于法定检验范围内的商品经过规定的程序，对符合国家规定免检条件并经批准的免检商品免于法定检验，检验机构根据申请人提供的有关质量合格方面的文件直接做出评定结论的合格评定活动。

五、检验证书

检验证书（Certificate of Inspection）是进出口商品检验机构检验、鉴定货物后出具的证明文件。此外，经买卖双方同意，也可采用由出口商品的制造商、出口商、进口商或者进口商的代理出具的证明文件。它是证明卖方所交货物的品质、数量、包装等内容是否符合合同规定的依据；也是货物通关的凭证和出口商议付货款的有效单据之一；当货物与合同不符时，也是买方作为向有关当事人（如承运人、保险人、出口商等）提出索赔的有效依据。常见的检验证书有以下几种。

（1）品质检验证书（Inspection Certificate of Quality），即证明进出口商品品质、规格、等级、效能等实际情况的书面文件。

（2）重量检验证书（Inspection Certificate of Weight），即按不同的计重方式证明进出口商品重量的书面文件。

（3）数量检验证书（Inspection Certificate of Quantity），即按不同的计量单位证明进出口商品数量的书面文件。

（4）包装检验证书（Inspection Certificate of Packing），即证明进出口商品包装情况合格的书面文件。

（5）兽医检验证书（Veterinary Inspection Certificate），即证明动物产品在出口前经过兽医检验，符合检疫要求的书面文件。

（6）卫生检验证书（Sanitary Inspection Certificate），即证明出口供食用的动物产品系来自安全非疫区，未经传染病感染，可供食用的检验证书。

（7）消毒检验证书（Disinfecting Inspection Certificate），即证明出口动物产品经过高温或药剂消毒，商品卫生品质合格的书面文件。

（8）熏蒸检验证书（Inspection Certificate of Fumigation）即证明出口粮谷、油籽、豆类、皮张等商品，以及包装用木材与植物性填充物等，已经过熏蒸灭虫处理的书面文件。

（9）温度检验证书（Certificate of Temperature），即证明出口冷冻商品温度符合要求的书面文件。

（10）残损检验证书（Inspection Certificate of Damaged Cargo），即证明进口货物发生残损情况的证书。

（11）船舱检验证书（Inspection Certificate on Tank/Hold），即证明承运出口商品的船舱情况符合要求的证书。

（12）价值检验证书（Certificate of Value），即证明出口商品价值的证书，通常用于证明发货人发票所载的单价、总值正确、属实。

六、合同中的商检条款

在我国的出口贸易中，一般采用在出口国检验、进口国复验的办法。装船前，由我国口岸检验检疫局检验并签发证书，作为议付货款的凭证；货到后允许进口商有复验权，并以目的港检验机构出具的检验证明作为索赔依据。具体的检验条款，举例如下。

【例如】

双方同意以装运港国家出入境检验检疫机构签发的品质和数量（重量）检验证书作为信用证项下议付所提交单据的一部分，买方有权对货物的品质、数量（重量）进行复验。复验费用由买方负担。如发现品质或数量（重量）与合同规定不符，买方有权向卖方索赔，并提交经卖方同意的公证机构出具的检验报告。索赔期限为货到目的港××天内。

It is mutually agreed that the Certificate of Quality and Weight (Quantity) issued by State Administration for Entry - Exit Inspection and Quarantine of People' s Republic of China at the port of shipment shall be part of the documents to be presented for negotiation under the relevant weight (quantity) of the cargo. Should the quality and weight (quantity) be found not in conformity with the contract, the Buyer are entitled to lodge with the Seller a claim which should be supported by survey reports issued by a recognized surveyor approved by the Seller. The claim, if any, shall be lodged within ×× days after arrival of the cargo at the port of destination.

任务二 检验的程序和填写报验单

进口商或出口商在收到货物或货物装船前，根据《商检法》的规定或进出口合同的要求，向进出口地商检机构申请检验，如属法定检验的商品，申报时需要填写入境货物报验单或出境货物报验单。

一、进出口商品检验的程序

我国进出口商品检验程序一般分为三个阶段：申请检验、实施检验、签发证书。

（一）申请检验

申请检验分为报验和商检机构受理两部分。

1. 报验

报验是指进出口商向商检机构申请检验，填写出（入）境货物报检单，同时提交合同、信用证、成交样品及其他必要的资料。出（入）境货物报验单上要求填写的各个项目是检验、签证的重要依据之一。在实际工作中，对出口商品报验和进口商品报验有不同的要求。

（1）出口商品报验。凡属于法定检验的商品，以及买卖合同规定由出口口岸检验检疫机构检验出证的，以及国外政府要求出口前签发检验证书的，出口商或其代理人需向检验检疫机构申请检验。在“出境货物报验单”中，填明申请检验和鉴定项目的要求，并提供合同、信用证、来往函电等有关证件。报验的时间一般在发运前 7 ~10 天，对于鲜货应在发运前 3 ~7 天，如申请单位不在商检部门所在地，则报验时间应为发运前 10 ~15 天。

（2）进口商品报验。凡属于法定检验的商品，以及买卖合同规定在目的港（地）检验的进口商品，以及进口商品在卸货时发现残损或者数量、重量短缺，收货人或其代理人需向检验检疫机构申请检验。在“入境货物报验单”中，填明申请检验和鉴定项目的要求，并提供合同、发票、铁路或空运或邮运单或海运提单、品质证书、装箱单等有关证件。进口商品的报验时间，一般应在货物到达报验地点 3 天内或合同规定的索赔期限内。

2. 受理

受理是指商检机构在收到进出口商品报验申请后，受理报验员须对申请单上所填内容逐项审核，并对所附的有关单证逐一核对。在审核无误的基础上，对报验申请进行登记编号，受理报验。之后，将全套单证移交有关检验部门，安排检验。

（二）实施检验

实施检验阶段分为现场抽样和检验或鉴定两个环节。

1. 现场抽样

现场抽样是按照规定的方法和标准，从整批商品中抽取一定数量的代表性样品，一般采取随机抽取的方法。

2. 检验或鉴定

检验就是根据合同或有关的技术标准的规定，对样品有关特征进行检查、试验、测量或计算。检验和鉴定是进出口商品检验工作的中心环节。

（三）签发证书

凡属于法定检验的进出口商品，经检验合格后，如不需向国外提供证书的，由商检机构签发出入境货物通关单，进出口商或其代理人凭以向海关申报进出口。凡进出口合同中规定由商检部门出证的或国外要求出口前签发检验证书的，检验机构根据规定签发相关的证书。出口检验证书一般使用英文。进口方面，货物经检验后，分别签发“检验情况通知单”或“检验证书”，供对外结算或索赔用。进口检验证书使用中英文合并本。

二、填写进出口报验申请单

填写进出口报验申请单。下面用案例 8－1 举例说明。

案例 8－1

2015 年 8 月 23 日佛山奇飞进出口贸易有限公司（本项目示范中，以下简称出口方）向广州出入境检验检疫机构申请检验，填写出境货物报验单（如示范 8－1 所示）。填写时需参考项目三出口方 2015 年 7 月 2 日与外商签订的 S/CNO：10QFIE0702（示范 3－6）及项目四出口方收到的 L/C（示范 4－3）。

任务三　一般进出口货物的报关程序

进出口货物进出境时，进出口货物收发货人或其代理人必须向海关申报并办理相关的进出境手续。海关通过进出口收发货人或其代理人的申报，依法对进出口的货物实施监督、征收关税和其他税费、查缉走私和编制海关统计。报关是履行海关进出境手续的必要环节之一。一般而言，报关是指进出口货物收发货人、进出境运输工具负责人、进出境物品所有人或者他们的代理人向海关办理货物、物品或运输工具进出境手续及相关海关事务的过程。

按报关涉及的对象可分为进出境运输工具报关、进出境货物报关、进出境物品报关三类，由于性质不同，其报关程序各异。本节涉及的内容仅针对进出境货物的报关。

一、报关的分类

对报关活动可从不同的角度进行分类。

1. **按报关的目的不同分类**

按报关的目的不同，可分为进境报关、出境报关和转关报关。

中华人民共和国出入境检验检疫

出境货物报检单

报检单位（加盖公章）：佛山奇飞进出口贸易有限公司　　　　*编　　号________

报检单位登记号：　　　联系人：马云　　电话：0757－83512680　报检日期：2015年08月23日

发货人	（中文）	佛山奇飞进出口贸易有限公司
	（外文）	FOSHAN QIFEI I/E TRADE CO.，LTD
收货人	（中文）	
	（外文）	BOLTITICORONA S. A. ARTURO PRAT 476 SANTIAGO，CHILE

货物名称（中/外文）	H. S. 编码	产地	数/重量	货物总值	包装种类及数量
手工制作的皮鞋及手套					
HAND－MADE LEATHER SHOES	6403990090	中国	1 392双/3 480千克	13 083.4美元	58箱
HAND－MADE LEATHER GLOVES	4203299090	中国	1 872对/520千克	3 704.8美元	13箱

运输工具名称号码	JINLONG V.0097	贸易方式	一般贸易	货物存放地点	广州黄埔港
合同号	10QFIE0702	信用证号	329898871232	用途	衣着及附件
发货日期	2015－08－25	输往国家（地区）	智利	许可证/审批号	
启运地	GUANGZHOU	到达口岸	SANANTONIO，CHILE	生产单位注册号	
集装箱规格、数量及号码	1×20’FSCU7594198				

合同、信用证订立的检验检疫条款或特殊要求	标记及号码	随附单据（划“✓”或补填）	
	BOLTITI SAN ANTONIO NOS. 1－71	☑合同	□包装性能结果单
		□信用证	□许可/审批文件
		☑发票	□
		□换证凭单	□
		☑装箱单	□
		☑厂检单	□

需要证单名称（划“✓”或补填）				*检验检疫费	
☑品质证书	1 正 1 副	□动物卫生证书	__正__副	总金额（人民币元）	
□重量证书	__正__副	□植物检疫证书	__正__副		
□数量证书	__正__副	☑熏蒸/消毒证书	1 正 1 副	计费人	
□兽医卫生证书	__正__副	□出境货物换证凭单	__正__副		
□健康证书	__正__副	☑出境货物通关单	__正__副	收费人	
□卫生证书	__正__副	□			

报检人郑重声明：	领取证单	
1. 本人被授权报检。	日期	
2. 上列填写内容正确属实，货物无伪造或冒用他人的厂名、标志、认证标志，并承担货物质量责任。 签名：赵晓宇	签名	

注：有“＊”号栏由出入境检验检疫机关填写　　　　◆国家出入境检验检疫局制

［1－2（2010.1.1）］

由于海关对货物的进出境有不同的管理要求，根据货物进境和出境的目的分别形成了一套进境报关手续和出境报关手续。另外，由于运输工具或其他方面的需要，有些海关监管货物需要办理从一个设关地点至另一个设关地点的海关手续，这种情况称为转关，转关货物也需要办理相关的报关手续。

2. 按报关活动的实施者不同分类

按报关活动的实施者不同，可分为自理报关和代理报关。

（1）自理报关是指进出口货物收发货人自行办理报关手续的行为。根据《中华人民共和国海关法》（以称《海关法》）规定，进出口收发货人必须具有进出口经营权和具有合法的报关权才能由本单位的报关员自行办理报关。而报关权是依法经海关注册登记后所取得的报关资格。

（2）代理报关是指接受进出口货物收发货人的委托，代理其办理报关手续的行为。根据代理报关法律行为责任的承担不同，代理报关又分为直接代理报关和间接代理报关。直接代理报关是指报关企业接受委托人的委托，以委托人的名义办理报关手续的行为。间接代理报关是指报关企业接受委托人的委托，以自己的名义办理报关手续的行为。间接代理只适用于经营快件业务的国际货物运输代理业务。

3. 按进出口货物报关形式的不同分类

按进出口货物报关形式的不同，可分为纸质报关单报关和电子报关单报关。

根据《海关法》规定：办理进出口货物的海关申报手续，应当采用纸质报关单和电子报关单的形式。采用纸质报关单形式和电子报关单形式是法定申报的两种基本方式。在实际操作中，多数的企业都采用通过计算机系统先提交电子数据报关单，接收到海关计算机系统发送的“接受申报”电子报文后10天内持打印的纸质报关单，并随附有关的其他单证提交给海关进行申报。

二、一般进出口货物的报关程序

从海关对进出境货物的监管要求和制度的不同分类，可分为一般进出口货物、保税货物、特定减免税货物、暂准进出口货物等。一般进出口货物是指在进出口环节缴纳了应征的进出口税费并办结了所有必要的海关手续，海关放行后不再进行监管，可以直接进入生产和消费领域流通的进出口货物。

不同监管要求下的进出境货物有不同的报关程序，一般进出口货物报关程序由四个环节构成，即进出口申报、配合查验、缴纳进出税费、提取或装运货物。

（一）进出口申报

进出口申报是指进出口货物收发货人、受委托的报关企业，依照《海关法》以及有关法律、行政法规的要求，在规定的期限、地点，采用电子数据报关单和纸质报关单形式，向海关报告实际进出口货物的情况，并接受海关审核的行为。申报时需注意以下几点。

1. 申报地点

一般情况下，进口货物收货人或其代理人应当在货物的进境地（进入我国关境的第一个口岸）向海关申报，如需转关运输，可在设有海关的指运地申报。出口货物的发货人或其代理人应当在货物的出境地（离开我国关境的最后一个口岸）向海关申报，如需转关运输，可在设有海关的启运地申报。

2. 申报期限

进口货物应自装载货物的运输工具申报进境之日起 14 日内申报。申报期限的最后一天是法定节假日或休息日的，顺延至法定节假日或休息日后的第一个工作日。出口货物的申报期限为货物运抵海关监管区后、装货的 24 小时前。进口货物收货人未按规定期限向海关申报产生滞报的，由海关按规定征收滞报金。进口货物收货人在运输工具申报进境之日起超过 3 个月未向海关申报的，海关有权依法提取变卖处理，对属于不适宜长期保存的货物，海关可以根据实际情况提前变卖。

3. 申报日期

是指申报数据被海关接受的日期。以电子数据报关单方式申报的，申报的日期为海关计算机系统接受申报数据时记录的日期，该日期将反馈给原数据发送单位；接收到海关的“不接受申报”报文的，应当按要求修改后重新申报，申报日期为海关重新接受申报的日期。在先采用电子数据报关单申报，后提交纸质报关单的情况下，海关接受申报的时间以海关接收电子数据报关单的申报时间为准。

4. 申报单证

海关审结电子数据报关单后，进出口货物收发货人或其代理人应当自接到海关“现场交单”或“放行交单”通知之日起 10 日内，持打印的纸质报关单，备齐规定的随附单证并签名盖章，到货物所在地海关提交书面单证，办理交单、缴纳税费、查验、放行等相关海关手续。向现场海关提交的单证包括以下几种：

（1）主要单证：报关单是向海关申报时应递交的主要单证。

（2）基本单证：进口提货单据、出口装货单据、商业发票、装箱单等。

（3）特殊单证：进出口许可证、加工贸易手册、特定减免税证明、出口收汇核销单、原产地证明、贸易合同等。

海关接受申报后，申报内容不得修改，报关单证不得撤销。确有正当理由，经海关审核批准，可以修改或撤销。如由于报关人员操作或书写错误造成所申报的报关单内容有误，并且未发现有走私违规或者其他违法嫌疑的；或出口货物放行后，由于装运、配载等原因造成原申报货物部分或全部退关、变更运输工具的。但海关已经决定布控、查验的，涉案的进出口货物的报关单位在办结前不得修改或撤销。

案例 8 -2

2015 年 8 月 24 日出口方就 S/CNO：10QFIE0702（示范 3 -6）项下的出口货物向广州埔新港办（关区代码为 5202）申报出口，填写出口报关单（如示范 8 -2 所示）。填写时须参考项目九的相关单据，如发票（示范 9 -2）、装箱单（示范 9 -3）、提单（示范 9 -5）。

中华人民共和国海关出口货物报关单

预录入编号：　　　　　　　　　　海关编号：

出口口岸 埔新港办 5202	备案号	出口日期	申报日期 20150824
经营单位 佛山奇飞进出口贸易有限公司 4406930019	运输方式 江海运输	运输工具名称 JINLONG/0097	提运单号 FS 09856

续表

发货单位 佛山奇飞进出口贸易有限公司4406930019		贸易方式 一般贸易	征免性质 一般征税	结汇方式 L/C
许可证号	运抵国（地区） 智利		指运港 对安东尼奥	境内货源地 佛山其他
批准文号 445042301	成交方式 CIF	运费 502/2100/3	保费 1.18	杂费
合同协议号 10QFIE0702	件数 71	包装种类 纸箱	毛重（千克） 4 291.3	净重（千克） 4 000
集装箱号 FSCU7594198/20/2256	随附单据 B：440300201016448		生产厂家 佛山奇飞进出口贸易有限公司	

标记号码及备注

BOLTITI

SAN ANTONIO

NOS. 1 – 71

项号	商品编号	商品名称、规格型号	数量及单位	最终目的地（地区）	单价	总价	币制	征免
01	6430990090	手工制作的皮鞋 HMS12	500 双	智利	11.50	5 750.00	美元	照章征税
02	6430990090	手工制诈的皮鞋 HMS26	300 双	智利	9.25	2 775.00	美元	照章征税
03	6430990090	手工制作的皮鞋 HMS29	592 双	智利	7.70	4 558.40	美元	照章征税
04	4203299090	手工制作的手套 HMG12	1 072 双	智利	2.15	2 304.80	美元	照章征税
05	4203299090	手工制作的手套 HMG18	800 双	智利	1.75	1 400.00	美元	照章征税

税费征收情况

录入员　录入单位	兹声明以上申报无讹并承担法律责任	海关审单批注及放行日期（签章） 审单　审价
报关员	申报单位（签章）	
单位地址		征税　统计
邮编　电话	填制日期	查验　放行

预录入编号：　　海关编号：

（二）配合查验

查验是指海关在接受报关单位的申报后，依法为确定进出境货物的性质、原产地、货物状况、数量和价值是否与货物申报单上已填报的详细内容相符，对货物进行实际检查的行政执法行为。

海关通过查验核实有无伪报、瞒报、申报不实等走私、违规行为，同时也为海关的征税、统计、后续管理提供可靠的资料。海关查验时，进出口货物收发货人或其代理人应当在场。查验一般应当在海关监管区内实施，因特殊情况不适宜在海关监管区内实施查验的，经申请，海关可派员到海关监管区外实施查验。海关查验一般会以书面通知的形式通知进出口货物收发货人或其代理人，约定查验的时间。

（1）海关查验的方式有三种：

1）彻底查验，即对货物逐件开箱（包）查验，对货物品种、规格、数量、重量、原产地、货物状况逐一与申报的报关单详细核对。

2）抽查，即按一定比例选择开箱（包）查验，并对开箱（包）货物品种、规格、数量、重量、原产地、货物状况逐一与申报的报关单详细核对。

3）外形查验，即对货物的包装、唛头等进行验核，包括货物的外包装有无开拆、破损等痕迹，以及有无反动、黄色文字图像等。

有下列情况之一的，海关可径行开验：①进出口货物有违法嫌疑的。②经海关通知查验，进出口货物收发货人或其代理人届时未到场的。海关行使“径行开验”的权利时，应当通知货物存放场所的管理人员或其他见证人到场，并由其在海关的查验记录上签字。

（2）海关在查验中要求进出口货物的收发货人或其代理人必须到场，并配合海关做好以下工作：

1）按海关的要求负责办理货物的搬移、拆装箱和重封货物的包装等工作。

2）预先了解和熟悉所申报货物的情况，如实回答查验人员的询问以及提供必要的资料。

3）协助海关提取需要进一步检验、化验或鉴定的货样，收取海关出具的取样清单。

4）查验结束后，认真阅读查验人员填写的“海关进出境货物查验记录单”，查验记录单准确清楚的，配合查验人员应即签名确认。

（三）缴纳进出口税费

进出口税费是指在进出口环节中由海关依法征收的关税及海关代征的增值税、消费税等税费。

进出口货物收发货人或其代理人将报关单及随附单证提交给货物进出境地指定海关，海关对报关单进行审核，对需要进行查验的货物先由海关进行查验，然后核对计算机计算的税费，开具关税和代征税款缴款书、收费收据；对需要征收监管手续费或滞报金的，开具收费专用票据。进出口货物收发货人或其代理人应当在海关填发税款缴款书之日起15天内缴纳税款；逾期缴纳的，由海关征收滞纳金。

目前，纳税义务人向海关缴纳税费的方式主要有两种：①凭海关签发的缴税通知书和收费单据在规定时间内向指定银行缴纳税费。②利用中国电子口岸网上交税和付费，进出口货物收发货人或其代理人可以通过中国电子口岸接受海关发出的税款缴款书和收费票据，在网上向签有协议的银行进行电子支付税费。一旦收到银行缴款成功的信息，即可报请海关办理货物放行手续。

（四）提取或装运货物

经上述过程后，海关对进出口货物做出结束海关进出境现场监管决定，允许进出口货物离开海关监管现场。这时海关在提货凭证或出口装货凭证上加盖“海关放行章”；如是实行“无纸通关”的海关，货物的收发货人根据海关决定放行的信息，自行打印海关通知放行凭证。

进口货物的收货人或其代理人签收海关加盖海关放行章的进口提货凭证，凭以到货物进境地的港区、机场、车站、邮局等地的海关监管仓库办理提货的手续；出口货物的发货人或其代理人签收海关加盖放行章的出口装货凭证，凭以到出境地的港区、机场、车站、邮局等地的海关监管仓库办理将货物装上运输工具的离境手续。

进出口货物收发货人或其代理人，办理完提取进口货物或装运出口货物的手续以后，如有需要，均可向海关申请签发以下证明：

（1）进口货物报关单付汇证明。

（2）出口货物报关单收汇证明。

（3）出口收汇核销单：要求海关在本单上签字、加盖海关单证章。

（4）出口货物报关单退税证明。

（5）进口货物证明。

思考与练习

一、单项选择题

1. 以下不是检验证书的作用的是________。

A. 作为证明卖方所交货物的品质、数量、包装等内容是否符合合同规定的依据

B. 确定检验标准和检验方法的依据

C. 作为出口商议付货款的有效单据之一

D. 作为海关验关放行的凭证

2. 在出口国检验、进口国复验的这种检验条款________。

A. 对卖方有利　　B. 对买方有利

C. 比较公平合理，照顾了买卖双方的利益　　D. 对保险公司有利

3. 关于一般进出口货物的海关申报，下列表述不正确的是________。

A. 进口/出口货物必须在进境/出境地办结海关申报手续

B. 如需转关，出口货物的发货人或其代理人可以在设有海关的货物启运地申报

C. 如需转关，进口货物的收货人或其代理人可以在设有海关的货物指运地申报

D. 进口货物应自装载货物的运输工具申报进境之日起 14 日内申报

4. 关于收发货人或其代理人配合海关查验的主要工作错误的表述是________。

A. 搬移货物，开拆和重封货物的包装

B. 回答查验关员的询问

C. 协助海关提取需要作进一步检验、化验或鉴定的货样

D. 填写查验记录单

二、判断题

1. 所有的进出口商品在办理进出口清关手续时，都必须向海关提供商检机构签发的检验证书，否则，海关不予放行。(　　)

2. 若合同中规定以离岸品质、离岸重量为准，则以双方约定的商检机构在出口货物装船前出具的品质、数量、包装等检验证明，作为决定品质、重量的最后依据。(　　)

3. 若买方没有利用合理的机会检验货物，就是放弃了检验权，从而就丧失了拒收货物的权利。(　　)

4. 在一般情况下，进出口货物收发货人或其代理人应当先以电子数据报关单形式向海关申报，海关接受并审结电子数据报关单后，进出口货物收发货人或其代理人应当自接到海关“现场交单”或者“放行交单”通知之日起10日内，持打印的纸质报关单，备齐规定的随附单证并签名盖章，到货物所在地海关提交单证并办理相关海关手续。(　　)

5. 在采用电子和纸质报关单申报的一般情况下，海关接受申报的时间以海关接受纸质报关单申报的时间为准。(　　)

6. 海关对进出口货物有违法嫌疑的或经海关通知查验，进出口货物收发货人或其代理人届时未到场的可以径行查验。(　　)

案例分析

1. 我国某出口公司向新加坡商人出口一批花生，CIF 新加坡。新加坡商人又将该货物转卖给马来西亚商人，货到新加坡后，新加坡商人发现货物的质量有问题，但仍将原货转船至马来西亚。其后，新加坡商人在合同规定的索赔期限内凭马来西亚商检机构签发的检验证书，向我方提出退货要求。

我公司应该如何处理？为什么？

提示：我方可不负责赔偿责任。新加坡商人在我方货物运抵其处后，虽发现货物存在质量问题，但并未向我方提出，也未请有关部门对到货物进行复验，即放弃了检验权，从而丧失了拒收货物的权利。新加坡商人将原货转船至马来西亚，已构成其与马来西亚商人之间的合同内容，而非我方与马来西亚商人的合同内容，所以，马来西亚商检机构出具的检验证书对我方无效。

2. 我国A出口公司与国外B公司签订一份外销合同，合同规定货物出口前由B公司指定人员到生产工厂进行检验，由于该指定人员临时有事，无法按时到达厂家，致使货物无法出运，而合同中对于发生此种情况又无具体规定。

如果你是具体经办人员，该如何处理？

提示：我方应与对方协商修改合同或信用证，把装运期延后。同时，向对方声明，由于对方违约在先，由其承担由于延期装船产生的一切费用和风险。并在合同或信用证中取消“由B公司指定人员到生产工厂进行检验”的条款，可改为由我方提供出入境检验检疫机构出具的检验证书。

实操训练

卖方索赔是否有效？

2015年5月，卖方与买方在广州签订一份买卖合同。合同约定：销售罐装蘑菇，CFR

香港，总价为65万美元。装运期为2015年7～12月；支付方式：不可撤销信用证；特别条款："假如货物未能通过进口国家美国卫生检验，如果在付款到期日内买方向银行提交了拒绝入境卫生检验证书，银行有权停止支付货款，并通知卖方。"检验及索赔条款："货物以装运港出具的检验证书为准。买方在货物抵目的港30天内提出索赔，对易坏货物的索赔应在货物抵目的港后立即提出。"

合同订立后，买方按时开来信用证，前3批货物顺利履行。而第4批货物由于单据与信用证不符，双方同意改为"D/P at Sight"。12月中旬，货物运抵香港，但单据尚未到，为了赶上赴美班轮，买方请求先放行货物。卖方出于信任，同意在买方未付款的情况下提货转运。但买方在收到单据后拒不付款，并于2016年2月传真称货被美国卫生检验当局拒绝。此后，卖方要求买方提供检验证书以确认，买方没有答复。5月1日，买方书面答复称"货物运抵美国后经检验属低品质，要求减价30%"。卖方说货物装船前经中国商检局检验品质完好，在买方拒不付款的情况下，向法院起诉。

本案合同规定的检验条款是以装货港检验机构出具的商检证书作为认定货物品质及数量的最后依据。虽然这种做法不符合有关国际惯例，但买方既已接受，就应当受其约束。而卖方提交的商检证书表明货物装船时品质良好。因此，被告不能以品质不符为由索赔。除非他能举证商检证书是错误的或能证明货物品质不符是发生在装船之前。但买方始终没能做出以上举证，只凭传真中的指责是没有任何法律依据的。

合同规定货物到达目的港后应在合理的时间内提出货物品质的异议。本案合同目的港是香港，而香港既非货物的最终销往地，也非检验货物的适当场所，被告应有权在货物抵达美国后开始计算的合同约定的检验期限内提出索赔。而在本案中，货物抵达美国近4个月买方才提出货物质量不符，已丧失了索赔权。

本案的付款方式由"L/C"改为"D/P at Sight"后又改为买方提货后付款，对卖方的保障一降再降，事实上，买方是有意图谋不正当利益，故采取种种手段，不付款先提货。经调查后查明本案中买方事实上早已由于经营不善而亏损严重，故在最后一笔交易中做了手脚。因此遇到类似情况，出口商必须在买方付款后才能放单及货物。一旦遇到买方拒不付款，卖方仍有权收回货物转销他人，同时还能向买方索赔。

假设你是上海A公司的报验员，请根据以下信息填写有关法定检验报检单。

1. 出口商名称：上海A公司
2. 进口商名称：英国B公司
3. 出口商品名称：彩电
4. HS编码：35024567
5. 产地：四川
6. 数量：1 000台
7. 包装方式：纸箱，每台一纸箱
8. 货物存放地点：上海何家湾仓库
9. 装运时间：2015年3月25日
10. 装运港：上海
11. 目的港：伦敦，英国

12. 集装箱数量：20 尺集装箱 10 个，号码分别为 LSD0980021 - 30
13. 生产单位：四川长虹电器股份有限公司
14. 生产单位注册号：2094564
15. 唛头：CTVSET0001 - 1000
16. 报检随附单据：合同，信用证，发票，装箱单，原产地证书
17. 需要出具证单名称：品质证书 2 正 2 负
18. 出口合同号码：SCED02 - 032CK
19. 船名：QINGSHUI 航次；V902
20. 信用证号码：DECR02 - 346435WZ
21. 贸易方式：一般贸易
22. 检验要求：根据国标 GB0934 进行品质检验
23. 上海 A 公司登记号：23452087
24. 电话：64536754
25. 报检日期：2015 年 3 月 19 日
26. 出口许可证号码：230976

项目九 制单结汇

学习目标

货物装船出口后，出口公司应该根据合同或信用证的要求，立即制作全套结汇单据，并在信用证的有效期及交单期内，递交银行办理结汇手续。所以制单结汇是国际贸易当中重要的一环，尤其是在信用证业务中，货款能否及时收回关键要看单据的质量如何。在实际业务中，由于单证不符造成卖方收汇困难甚至遭到拒付的案例不胜枚举。

通过本项目的学习，同学们可以了解出口结汇的方法、常见的结汇单据以及缮制单据的基本要求，掌握缮制单据的基本技能。

导入案例

单证不符致损案

宏光公司与阿联酋迪拜 B 公司签订一笔出口合同，不久，B 公司开立不可撤销信用证，证内对提单的规定为“full set of original clean on board ocean bill of lading”（全套正本清洁已装船提单）。宏光公司在合同规定的期限装货，并按期向议付行交单议付。但不久就接到议付行转来的开证行的拒付通知，称：“你方第＊＊＊号信用证项下的单据经我行审查，发现如下不符点：提单上缺少‘已装船’批注，以上不符点已经与申请人联系，亦不同意接受。单据暂代保管，听候你方的处理意见。”

问题：

（1）宏光公司发现确少了“已装船”批注，如何处理？

（2）当地市场行情下跌，B 公司可以要求我方降价 30% 才肯接受单据吗？

案例分析：

（1）宏光公司立即复查了提单，发现确实少了“已装船”批注。可以向申请人联系，说明错误是由我方业务人员的疏忽所致，但货物确实是如期装船的。我方同意申请人在收到目的港船代的到货通知单后再向开证行付款赎单。

（2）由于当地市场行情下跌，B 公司坚持要求我方降价 30% 才肯接受单据，我方只好降价处理，了结此案。

任务一　信用证项下制单的要求和出口结汇

货物装运后，出口企业按照合同或信用证的要求，缮制各种单据，并在信用证规定的交单期内，将各种单据和必要的凭证送交指定银行办理结汇手续。

一、信用证项下单据工作的基本要求

在信用证项下，开证行是在审核单据与信用证完全相符后，才承担付款责任的。所以，单证质量的高低直接关系到企业能否安全迅速收汇，这是出口贸易的目的所在。为确保安全迅速收汇，单证工作必须符合“正确、完整、及时、简明、整洁”的要求。

1. 正确

单证要做到正确无误，必须遵循“三相符”原则，即“单单相符”“单证相符”和“单货相符”。具体地说，就是单据要和信用证条款的规定相符；单据和单据之间内容要相符；单据上记载的内容要和实际发货情况相符。只有这样，单据才能真正代表货物，防止错装错运的事故发生。

2. 完整

单据的完整性，一方面指的是信用证规定的单据必须齐全，不能短缺，单据的种类、每种单据的份数都必须完整；另一方面指的是每一种单据本身的内容必须完备齐全，如果单据格式不当、项目漏填、文理不通、签章不全，就不能构成有效文件，也就不能为银行所接受。

3. 及时

信用证方式下各种单据的出单日期必须合理可行。例如，提单的签发日期不能晚于装运期限，装运通知书必须在货物装运后立即发出，保险单和商检证书的出单时间不得迟于提单的签发时间等。一旦这些日期出现差错，就会造成单证不符或单单不符，影响收汇。

除此之外，还要注意把握好信用证装运期、交单期及有效期，确保在规定的时间内将单据交指定银行办理议付。也可在货物装运前先将有关单据送交银行预审，以便有较充足的时间审核单据，发现错误并及时改正。在必要时，也可及时和进口商联系修改信用证，避免装运出口后因单证不符而被拒付。

4. 简明

单据文字内容应按照国际惯例和信用证的要求填写，力求简单明了，切勿加列不必要的内容，以免画蛇添足。

5. 整洁

单据整洁指的是单据格式力求规范化和标准化，单据表面清洁，重点项目突出，尽量减少或不应该出现涂改现象，确实必须更改的加盖简签或更改章。有些数据，例如，提单、汇票以及其他重要单据的主要项目，如金额、件数、数量等，不宜更改。

二、我国出口结汇的主要方式

所谓结汇，是指将出口货物销售所得的某种外币按售汇之日中国银行外汇牌价的买入价卖给银行。我国目前出口商在银行办理出口结汇的方法主要有三种：收妥结汇、押汇和

定期结汇。

1. 收妥结汇

收妥结汇是指议付行收到出口企业的单据后，经审核无误，将单据寄交国外付款行索取货款，待收到付款行将货款拨入议付行账户的贷记通知书（Credit Note）时，才按当日外汇牌价，将货款折成人民币拨入出口企业账户。也就是说，无论即期还是远期，银行都是收到货款后，才将货款转给受益人。

2. 押汇

押汇又称买单结汇，是指议付行在审单无误的情况下，按信用证条款买入出口企业的单据，从票面金额中扣除从议付日到估计收到票款之日的利息，将余款按议付日外汇牌价折成人民币，拨给出口企业。银行之所以做出口押汇，是为了给出口企业提供资金融通的便利，有利于加速出口企业的资金周转。

3. 定期结汇

定期结汇是指议付行根据向国外付款行索汇所需的时间，预先确定一个固定的结汇期限，到期后主动将票款金额折成人民币拨给出口企业。

任务二　信用证项下结汇所需的单据

出口单据种类繁多，主要有汇票、发票、装箱单、提单、保险单、产地证书、商检证书等。

一、汇票

汇票（Draft，Bill of Exchange）通常出具一式两份正本，两份具有同等法律效力，其中一份付讫，另一份自动失效。汇票内容不得改动。

填制汇票应注意下列问题。

（1）汇票的出票时间和地点。一般位于汇票的右上角。出票地点是受益人所在地，出票时间应晚于提单签发日期，但必须在信用证有效期及交单期之前。

（2）汇票金额。汇票金额分大小写两种表达方式，包括币种和数额两部分。汇票金额一般与发票金额一致，有时，根据信用证的不同规定，可能小于发票金额，但不能超出信用证规定的最大金额。

（3）出票条款。也称“出票依据”，一般填写开证行名称、信用证号码和开证日期。注意：开证行名称写全称不要缩写，要填上具体分行名称。

（4）汇票期限。即付款人履行付款业务的日期，在汇票中用“At...”表示。即期汇票的填写如：“At <u>* * *</u> sight”。远期汇票的填写有多种方法，最常见的如：“At <u>30 days after</u> sight”。

（5）收款人。信用证项下汇票的收款人通常是议付行。

（6）付款人。根据信用证规定填写，如信用证无指定付款人，一般填写开证行，信用证项下的汇票切勿以开证申请人为付款人。托收方式下付款人为买方。

（7）出票人。一般位于汇票右下角，一般是合同的卖方或信用证中的受益人。

课堂互动 9－1

国内 A 公司与国外 B 公司达成一笔交易，交易总额为 CFRC 5% USD 69 320. 20，凭不可撤销信用证支付，B 公司通过开证行按时开来信用证，信用证某一条款规定：Invoice must show CFR Value including 5% Commission at the time of negotiation，5% C must be deducted from drawing under this credit.

请分析我方开立的发票及汇票金额分别为多少？

提示：发票金额应为 USD69 320. 20，汇票金额为 USD65 854. 19。

二、发票

发票通常指商业发票（Commercial Invoice），它是货物在装运时卖方开立的载有货物名称、数量、价格等内容的价目清单，作为双方交接货物和结算货款的主要单证，也是进出口报关完税不可少的单证之一。

1. 常见的发票种类

发票根据不同的需要可划分为不同的种类。

（1）商业发票（Commercial Invoice）。

（2）海关发票（Customs Invoice）：非洲、美洲、大洋洲等某些国家海关规定的格式，由出口商填写，供进口商凭以报关用的一种特别的发票。

（3）领事发票（Consular Invoice）：有些国家如拉丁美洲国家、菲律宾等国家规定，凡输往该国的货物，国外出口商必须领取进口国在出口地领事签证的发票，作为货物征收关税的依据。如来证中要求我国出口商提供领事发票的条款，我方应慎重考虑是否可以接受。

（4）形式发票（Proforma Invoice）：出口商应进口商的要求，开出一份有货名、规格、单价内容的非正式参考性发票，供进口商申请进口许可证或外汇用。

如果信用证在货物描述后有“As per proforma invoice No. ＊＊＊dated＊＊＊”，此时，要把此句话填写在商业发票货物描述一栏。如果来证附有形式发票，制单时要按形式发票的内容全部打上。

（5）厂商发票，联合发票，银行发票，样品发票等。

2. 制作商业发票应注意的问题

制作商业发票是一项非常重要的工作，要保证其他种类的单据正确，首先要保证商业发票的高质量。在制作商业发票时应注意以下几个问题：

（1）出口商名称。发票顶端必须有出口商名称、地址、电话、传真等内容。

（2）发票抬头人。一般为信用证的开证申请人，托收方式下为合同中的买方。

（3）唛头可以由买方规定，或由卖方自行设计。如果没有唛头，则填写“N/M”（即 No Mark）。

（4）对货物描述必须与信用证要求完全相符，不能有任何遗漏或改动，如来证没有规定详细品质或规格，可按合同内容加注，但不能与信用证内容有抵触。

（5）发票的单价和总值必须经过认真计算，数据必须准确。注意列明贸易术语，发票总值不能超过信用证所开立的最高金额，否则可能会遭到银行的拒付。

三、装箱单、重量单、尺码单

1. 含义

这些单据属于包装单据，是商业发票的补充和说明，便于买方在货物到达目的港时，核对货物的品种、花色、规格和海关查验货物。对于不同特性的货物，买方关注的方面也不同。装箱单（Packing List）着重表示外包装情况，包括装箱编号、包装种类、包装数量等包装细节；重量单（Weight List）着重强调每件货物的毛重和净重，整批货物的总毛重和总净重等；尺码单（Measurement List）着重记载货物外包装的长、宽、高和总体积，供买方和承运人了解货物的尺码，以便合理安排运输、储存及计算运费。

2. 注意问题

为简化起见，出口公司通常将货物的外包装资料，包括包装细节、毛重、净重、外包装尺码等内容作在一张单上，根据客户的需要冠以不同的名称。缮制这类单据应注意以下三个问题：

（1）除非 L/C 另有规定，装箱单一般不用签名，不显示抬头人，不显示货物的单价和金额。

（2）为了保持跟发票一致，其号码和日期与发票完全相同，对货物的描述一般使用统称。

（3）包装号码必须连号。

四、海运提单

提单是承运人、船长或他的代表或代理人在收到货物后或货已装船后签发给托运人的，保证将货物运往指定目的地并交付给提单持有人的一种单据。它是物权凭证，是重要的结汇单据之一。

现在许多公司使用的提单既可以用于港到港的运输，又可以用于联合运输，联合运输提单是一种收妥待运提单，所以，只有加上“装船批注”才可以转化为已装船提单。每家船公司所使用的提单的格式不尽相同，但各项内容基本一致。缮制提单应注意下列问题。

1. 提单的收货人

提单的收货人又称提单的“抬头”。在信用证项下要严格按照信用证要求填写。

（1）信用证规定“Full set of B/L consigned to ABC Co”，则收货人一栏填写“ABC Co”。

（2）信用证规定“Full set of B/L made out to order and blank endorsed”，则收货人填写“To order”。

（3）信用证规定“Full set of B/L made out to order of shipper and endorsed to our order”（托运人指示并背书给开证行），则收货人一栏填写“To order of shipper”。

2. 提单通知人

提单通知人是货物到达目的港后船方发到货通知的对象，通常是进口方或其代理人。注意填写时要有详细的地址、电话等联系方式。如果内容过多打不下，则应在结尾打“*”，然后在提单的备注栏做同样的记号“*”，接着打剩余的内容。如果信用证无详细地址，为保证单证一致，提单正本可以不写地址，只在副本上加注地址；如果信用证未明确规定被通知人时，则正本提单中本栏目留空不填，但必须在提单空白处详细填写开证申请人的名称和地址。

3. 装运港和卸货港

装运港和卸货港应填写具体的港口名称。特别是当信用证没有明确规定装运港时，如信用证规定"44E：port of loading lair port of departure"，这时，要根据实际装运安排，填写具体的港口名称。因不同国家的港口有重名现象，填写卸货港时应加注国名。如有转船，可在卸货港名称后加注转运港名称，如："ROTTERDAM W/T HONGKONG"。

4. 运费和费用

运费和费用需要根据信用证规定填写。如果信用证未规定，应按价格条款而定。如FOB 和 FAS 等价格条件应填"FREIGHT COLLECT"或"FREIGHT PAYABLE AT DESTINATION"，如 CIF 和 CFR 等价格条件应填"FREIGHT PREPAID"。一般没有必要将运费具体的费率和运费金额列出，除非信用证有特别规定。有的可以填"FREIGHT AS ARRANGED"。

5. 提单份数

如果信用证有规定缮制提单的份数，必须按规定办理。如果信用证没有规定份数，根据《UCP600》的规定：开立全套正本提单可以仅有一份正本提单或一份以上的正本提单。所以"全套提单"为提单正面注明的正本签发人数，可能是一份、也可能是二份或三份以上，大多数船公都签三份正本。只要其中一份凭以提货，其他各份均告失效。近年来，有些信用证要求卖方在装船后寄一份正本提单给买方。这种做法在近洋运输或商品易变质的情况下对于买方提货有利，但对卖方是有风险的，要小心慎用。

6. 提单的签发时间

如提单上并未以 EP 戳或批注的方式表明发送、接管或装船日期，则提单的签单日期将被视为发送、接管或装船日期。此时，提单的签发日期不得晚于信用证规定的最晚装船日期。如果船期晚于规定装运期，托运人要求船方以担保函换取较早日期的提单，这种情况属于"倒签提单"（Anti Dated B/L）；如果货未装船就要求船方出具已装船提单，这种情况属于"预借提单"（Advanced B/L），这些做法都是违规操作，一旦暴露，可能会造成对方索赔甚至拒收货物，从而导致巨大损失。

知识链接

指示性提单及背书

凭开证行指示（TO ORDER OF ISSUING BANK）。此种提单经银行背书方可转让给买方。有利于银行在向买方收汇前牢牢掌握物权，在买方破产倒闭或拒绝付款赎单时，可凭提单提货并通过拍卖或转让来自由处理货物，因而银行乐于接受。

凭开证申请人指示（TO ORDER OF APPLICANT）。此种提单须经开证申请人背书才可转让，发货人和银行均难以掌握物权。

凭托运人指示（TO ORDER OF SHIPPER）。这种提单等同于"凭指示"（TO ORDER）。由托运人押汇时将提单背书转让给议付行，议付行将单据寄交开证行，再由开证行转交给收货人。这种提单对托运人有利。

五、保险单

保险单是保险公司与投保人（被保险人）之间订立的保险合同，当承保货物发生损失时，它是保险受益人索赔和保险公司理赔的重要依据。保险单是 CIF 条件下卖方必须提交的结汇单据。缮制保险单应注意下列问题。

1. 被保险人

在 CIF 条件下，出口货物由出口商申请投保，在信用证没有特别规定的情况下，信用证受益人为被保险人。卖方在提交单据时，需要在保险单的背面签字进行背书，以表示该保险索赔的权益转让给保险单的持有人。如果在 FOB 条件下，国外买方委托卖方代办保险，此栏可做成“＊＊＊（卖方）on behalf of＊＊＊（买方）”，并背书。

2. 保险险别

本栏是保险单的核心内容，是将来理赔责任范围的主要依据，所以必须慎重填制，严格与信用证相符。信用证对保险条款的责任有重复的，只要不扩大责任范围，尽量满足信用证的要求，使单证一致，即使信用证中没有规定，保险单的险别也要标出该险别运用的文本名称及其日期。如：covering All Risks and War Risks as per Ocean Marine Cargo（All Risks）Clauses and Ocean Marine Cargo War Risks Clauses of The people’s Insurance Company of China dated 1/1/2009。

如果按照伦敦保险业协会货物保险条款投保，表达方法如下：Covering Marine Risks Clauses（A）as per Institute Cargo Clause（A）dated 1/1/2009。

3. 保险金额

保险金额一般习惯按发票 CIF 或 CIP 的总值再加 10%，即按发票总金额的 110% 投保。信用证项下的保险单必须按照信用证规定办理。注意保险金额不表示辅币，小数点以下采用向上进位方式。如保险金额按发票总金额的 110% 算出为 USD12 809.30，则保险单中本栏应填写为 USD12 810.00。

4. 赔付代理人

一般由保险公司根据《货损检验、理赔代理人名册》选择在目的港或目的港附近有关机构为货损检验、理赔代理人。保险单上一定要详细注明代理人的地址，以便收货人联系查找。如果保险单上注明保险责任终止不是在港口，而是在内陆，则应填写内陆代理人的名称和地址。如当地没有所承保的保险公司代理机构的，可注明由当地法定检验机构代为检验。如信用证规定由进口方指定某某为理赔代理人，出口方不能接受，代理人应由我方出口方或保险人指定。

课堂互动 9-2

某出口商收到一份不可撤销的跟单信用证，其中对保险单据的要求是：Insurance Policy or Certificate in 2 folds for 110% of the invoice value indicating claim payable in the currency of Draft at destination covering Ocean transportation All Risks and War Risks。

出口商在向议付行提交的单据中，提单的签发日和 ON BOARD 日期均为 2007 年 5 月 4 日，在信用证规定的最迟装运期以内。保险单的签发日期为 2007 年 5 月 5 日，保险单上没有以文字形式明确表明该保险单最迟于装运当天生效，但单据表面表明了装运日期、船名、装运港和卸货港，所列内容均保持了与信用证和其他单据一致。

请问该保险单可以接受吗?

提示：不可以接受。根据《UCP600》第28条e款规定：保险单据日期不得晚于发运日期，除非保险单据表明保险责任不迟于发运日生效。

六、产地证明书

产地证明书是一种证明货物原产地或制造地的文件，是进口国海关征税的依据。有些国家限制从某个国家或地区进口货物，有时也用产地证来证明货物的来源。常见的产地证有普通产地证和普惠制产地证格式A。

（一）普通产地证

普通原产地证（Certificate of Origin）是证明出口货物生产和制造在其国家的证明文件，几乎可以用在任何国家。在我国一般由国家出入境检验检疫局或中国国际贸易促进委员会签发。

（二）普惠制产地证格式A

1. 含义

普惠制产地证格式A（Generalized System of Preference Certificate of Origin Form A，GSP Form A），是普惠制的主要单据。是依据给惠国要求而出具的能证明出口货物原产自受惠国的证明文件，并能使货物在给惠国享受普遍优惠关税待遇。目前给予我国普惠制待遇的国家一共有39个：澳大利亚，新西兰，加拿大，挪威，日本，哈萨克斯坦，乌克兰，欧盟27国（奥地利，比利时，丹麦，芬兰，法国，德国，希腊，爱尔兰，意大利，卢森堡，荷兰，葡萄牙，西班牙，瑞典，英国，波兰，匈牙利，捷克，斯洛伐克，斯洛文尼亚，塞浦路斯，马耳他，爱沙尼亚，拉脱维亚，立陶宛，罗马尼亚，保加利亚），白俄罗斯，俄罗斯联邦，瑞士，土耳其，列支敦士登公国。

2. 缮制普惠制产地证时应注意下列问题

（1）发货人：按实际出口商的业务名称、地址、国别填入，一定要填入详细地址，包括街道名、门牌号。如果属于信用证项下的证书，必须与信用证规定的受益人名称相符。

（2）收货人：填写实际给惠国的最终目的地收货人的名称、地址、国别，不得填中间商名称。

（3）官方使用栏：发货人对本栏应留空不填，供出证机构——商检局在必要时填写。如原证丢失，重新补发时，签证当局在此栏填写原证编号、日期并声明原证作废。同时，盖红色“duplicate”印章（This certificate is in replacement of certificate of origin No. * * * dated * * * which is cancelled）。

（4）包装数量及商品名称：这里的件数要求除阿拉伯数字外，再以英文数字对照。商品名称要求填具体名称，要与发票一致，不能填统称。即使信用证规定统称，亦应加注具体品名。本栏内容填写完毕后要加上结束符号，以防国外再伪加其他内容。

（5）原产地标准：本栏的字数最少，但却是本证书的核心内容，本栏所填字母含义如下：

P——表示完全原产，无进口成分。

W——后面标明该产品的HS四位品目号。表示有进口成分，但符合原产标准。产品输往欧盟、挪威、瑞士列支敦士登和日本时使用。

F——表示含进口成分，产品输往加拿大时使用非原产成分的价值未超过产品出厂价的40%。

Y——在其后加上进口成分占该出口产品离岸价格的百分比，产品出口到波兰、俄罗斯、乌克兰等国时使用。

七、商检证书

各种商检证书是分别用以证明货物的品质、数量、重量和卫生条件等。在我国这类证书由国家出入境检验检疫局出具，如合同或信用证无特别规定，也可以分不同情况，由出口企业出具，但应注意证书名称及所列项目或检验结果应与合同或信用证规定相符。

案例9－1

佛山奇飞进出口贸易有限公司根据信用证（示范4－3）和合同（示范3－6）的要求，缮制并备齐全套的结汇单据，于8月26日把整套结汇单据提交到通知行（中国建设银行佛山分行）所在之处。全套的结汇单据包括汇票（示范9－1）、商业发票（示范9－2）、装箱单（示范9－3）、保险单（示范9－4）、提单（示范9－5）、产地证（示范9－6）、商检证书（示范9－7）。

示范9－1　汇票

BILL OF EXCHANGE

凭 Drawn Under	BANCO DE CHILE	不可撤销信用证 Irrevocable L/C	No. 329898871232
日期 Dated	JULY 15，2015	支取 Payable with interest	@ ___% 按 ___ 息 ___ 付款
号码 No. ___	汇票金额 Exchange for	USD 16788. 20	佛山 Foshan Aug 26,2015

见票 At **** 日后（本汇票之副本未付）付交 sight of this FIRST of Exchange (Second of Exchange Being unpaid)

Pay to the order of BANK OF COMMUNICATIONS，FOSHAN CITY BRANCH

金额 the sum of U. S. DOLLARS SIXTEEN THOUSAND SEVEN HUNDRED AND EIGHTY－EIGHT POINT TWENTY ONLY.

此致 To
BANCO DE CHILE
HUERFANOS 1175，SANTIAGO CHILE

For：
FOSHAN QIFEI I/E TRADE CO.，LTD
马云

示范9－2　商业发票

佛山奇飞进出口贸易有限公司

FOSHAN QIFEI I/E TRADE CO. , LTD

NO. 187 ZHONGSHAN ROAD，FOSHAN，CHINA

TEL：0086－757－83512680　FAX：0086－757－83512683

COMMERCIAL　INVOICE

INVOICE NO,：QF296

TO：MESSRS

BOLTITI CORONA S. A.

ARTURO PRAT 476

SANTIAGO，CHILE

DATE：20150820

S/C NO.：10QFIE0702

TERMS OF PAYMENT：L/C

FROM GUANGZHOU，CHINA TO SAN ANTONIO，CHILE

Shipping mark	Name of commodity	Quantity (pairs)	Unit price	Amount CIF Sam Antonio
BOLTITI SAN ANTONIO NOS. 1－71	hand－made leather shoes HMS12 HMS26 HMS29	 500 300 592	 USD11. 50 USD9. 25 USD7. 70	 USD5 750. 00 USD2 775. 00 USD4 558. 40
	Hand－made leather gloves HMG12 HMG18 DETAILS AS PER S/C NO：10QFIE0702 DATED JULY 2，2010	 1072 800	 USD2. 15 USD1. 75	 USD2 304. 80 USD1 400. 00
	Total	3264pairs		USD16788. 20
TATAL：U. S. DOLLARS SIXTEEN THOUSAND SEVEN HUNDRED AND EIGHTY－EIGHT POINT TWENTY ONLY.				

FOSHAN QIFEI I/E TRADE CO. , LTD

马云

Authorized signature

示范9－3　装箱单

佛山奇飞进出口贸易有限公司

FOSHAN QIFEI I/E TRADE CO.，LTD

NO. 187 ZHONGSHAN ROAD，FOSHAN，CHINA

TEL：0086－757－83512680　　FAX：0086－757－83512683

COMMERCIAL　INVOICE

INVOICE NO，：QF296

TO：MESSRS　　DATE：20150820

BOLTITI CORONA S. A.　　S/C NO.：10QFIE0702

ARTURO PRAT 476　　TERMS OF PAYMENT：L/C

SANTIAGO，CHILE

FROM　GUANGZHOU，CHINA　TO　SAN ANTONIO，CHILE

Shipping mark	Name of commodity	Quantity (PAIRS)	Packages (CTNS)	G. W (KGS)	N. W. (KGS)	Measurement (CBMS)
Boltiti SAN ANTONIO NOS. 1－71	hand－made leather shoes	1 392	58	@68. 60 /3 978. 80	@60. 00 /3 480. 00	@70cm×65cm×60cm 15. 834
	hand－made leather gloves	1 872	13	@72. 50 942. 50	@40. 00 /520	@65cm×60cm×60cm 3. 042
	Total	3 264	71	4 921. 30	4 000	18. 876

TOTAL PACKING：SEVENTY ONE CARTONS ONLY.

FOSHAN QIFEI I/E TRADE CO.，LTD

马云

Authorized signature

示范9－4　保险单

中保财产保险有限公司

The People' s Insurance（Property）Company of China，Ltd

发票号码 Invoice No. QF296　　保险单号次 Policy No. NC038

海洋货物运输保险单

MARINE CARGO TRANSPORTATION INSURANCE POLICY

被保险人 Insured：FOSHAN QIFEI I/E TRADE CO.，LTD

中保财产保险有限公司（以下简称本公司）根据被保险人的要求，及其所缴付约定的保险费，按照本保险单承担险别和背面所载条款与下列特别条款承保下列货物运输保险，特签发本保险单。

This policy of Insurance witnesses that the People' s Insurance（Property）Company of China，Ltd.（hereinafter called "The Company"），at the request of the Insured and in consideration of the agreed premium paid by the Insured，undertakes to insure the under mentioned goods in transportation subject to conditions of the Policy as per the Clauses printed overleaf and other special clauses attached hereon.

保险货物项目 Descriptions of Goods	包装　单位　数量 Packing Unit Quantity	保险金额 Amount Insured
hand－made leather shoes and gloves FSCU7594198/EM9018（20' GP）	3264PAIRS 71CTNS	USD18 468

承保险别 Conditions

COVERING ALL RISKS AND WAR RISKS

as per Ocean Marine Cargo (All Risks) Clauses and Ocean Marine Cargo War Risks Clauses of The people' s Insurance Company of China dated1/1/2009.

货物标记 Marks of Goods

BOLTITI

SAN ANTONIO

NOS. 1 – 71

总保险金额：

Total Amount Insured：U. S. DOLLARS EIGHTEEN THOUSAND FOUR HUNDRED AND SIXTY EIGHT ONLY.

保费 Premium	载运输工具 Per conveyance	开航日期 Slg. on or abt
AS ARRANGED	S. S JINLONGV. 0097	AS PER B/L

起运港 From GUAGNZHOU，CHINA　　目的港 To SAN ANTONIO，CHILE

所保货物，如发生本保险单项下可能引起索赔的损失或损坏，应立即通知本公司下述代理人查勘。如有索赔，应向本公司提交保险单正本（本保险单共有2份正本）及有关文件。如一份正本已用于索赔，其余正本则自动失效。

In the event of loss or damage which may result in acclaim under this Policy，immediate notice must be given to the Company's Agent as mentioned hereunder. Claims，if any，one of the Original Policy which has been issued in TWO original（s）together with the relevant documents shall be surrendered to the Company. If one of the Original Policy has been accomplished，the others to be void.

Insurance agent：SELMA SHIDE INSURANCE CO.

P. O. BOX 6650 SANTIAGO，CHILE

赔款偿付地点

Claim payable at　　SAN ANTONIO，CHILE IN USD

日期

Date　22 AUG 2015 at FOSHAN，CHINA

地址：

Address：NQ. 166JIHUA（EAST）ROAD，FOSHAN，GUANGDQNG，CHINA

示范9–5　提单

<table>
<tr><td colspan="2">Consignor
FOSHAN QIFEI I/E TRADE CO.，LTD
NO. 187 ZHONGSHAN ROAD，FOSHAN，CHINA</td><td rowspan="6">B/L NO.　FS09856
VLL
Voyage Logistics Ltd
As the Carrier
COMBINED TRANSPORT
BILL OF LADING
RECEIVED in external apparent good order And condition except as otherwise noted. The total Number of packages or units stuffed in the container, The description of the goods and weights shown in the B/L are furnished by the merchant.
original</td></tr>
<tr><td colspan="2">Consignee
TO THE ORDER OF BANCO DECHILE</td></tr>
<tr><td colspan="2">Notifyparty
BOLTITI CORONA S. A.
ARTURO PRAT 476
SANTIAGO，CHILE</td></tr>
<tr><td>Pre – carriage by</td><td>Port of receipt</td></tr>
<tr><td>Ocean vessel. voy. no
JINLONG V. 0097</td><td>Port of loading
GUANGZHOU，CHINA</td></tr>
<tr><td>Port of discharge
SAN ANTONIO，CHILE</td><td>Place of delivery
SAN ANTONIO，CHILE</td></tr>
</table>

续表

Mark and no.	No. of PKGS	Kinds of packages, description of goods	Gross weight	Measurement
BOLTITI SAN ANTONIO NOS. 1 - 71	71CTNS	Shipper' s load &count &seal S. T. C. Hand - made leather shoes and gloves	4921. 30KGS	18. 876CBMS
FSCU7594198/EM9018 (20' GP)		CY - CY		

L/C NO: 329898871232
SHIPPING AGENT:
ETS TRANSPORT & LOGISTICS
VIOLENSTR 27. 28951, SANTIAGO, CHILE
TEL: 98 - 42133062 FAX: 98 - 42133068

Total number of packages: ONE CONTAINER (1 * 20') ONLY

Freight and charges FREIGHT PREPAID		Signed for the carrier: VOYAGE LOGISTICS (GUANGZHOU) LTD BETTY AS AGENT FOR THE CARRIER: VOYAGE LOGISTICS LTD
No. of Originals B (S)/L THREE (3)	Place and date of issue Guangzhou 25 Aug. , 2015	
Laden on board the vessel 25 Aug. , 2015		

示范9-6 原产地证

1. Exporter FOSHAN QIFEI I/E TRADE CO. , LTD NO. 187ZHONGSHAN ROAD, FOSHAN, CHINA	Reference No: 0103665
2. Consignee BOLTITICORONA S. A. ARTURO PRAT 476 SANTIAGO, CHILE	CERTIFICATE OF ORIGIN OF THE PEOPLE' S REPUBLIC OF CHINA
3. Means of transport and route SHIPMENT FROMGUANGZHOU, CHINA TO SAN ANTONIO, CHILE BY SEA	5. For official use
4. Country/region of destination CHILE	

续表

6. Marks and number	7. Number and kind of Packages; Description of goods	8. H. S. code	9. Quantity	10. Number and Date of invoices
BOLTITI SAN ANTONIO NOS. 1 - 71	FIFTY EIGHT (58) CTNS OF HAND MADE LEATHER SHOES THIRTEEN (13) CTNS OF HAND MADE GLOVES * * * * * * * * * * * *	6 403 4 203	1392PAIRS 1872PAIRS	QF296 20 Aug., 2015

11. Declaration by the exporter The under signature hereby declares that the above details And statements are correct; that all the goods were produced in China and that they comply with the rules of origin of the People' s Republic of China FOSHAN 23 Aug., 2015 马云（盖章）	12. Certification It is hereby certified that the declaration by the exporter is correct. FOSHAN 23 Aug., 2015 张莉 （盖章）
Place and date, signature and stamp of certifying authority	Place and date, signature of authorized signatory

示范 9-7 商检证书

中华人民共和国出入境检验检疫局

ENTRY - EXIT INSPECTION AND QUARANTINE OF THE PEOPLE'S REPUBLIC OF CHINA

检验证书

INSPECTION CERTIFICATE

QUALITY

发货人：FOSHAN QIFEII/E TRADE CO., LTD

Consignor：NO. 187 ZHQNGSHAN RQAD, FQSHAN, CHINA

收货人：

Consignee：BOLTITI CORONA S. A. ARTURO PRAT 476 SANTIAGO, CHILE

品名：　手工制作的皮鞋及手套标记和号码：　　标记和号码：

Commodity：HAND MADE LEATHER SHOES AND GLOVES　　Marks & No.：BOLTITI
SAN ANTONIO
NOS. 1 - 71

报验数量、重量：　　合同号：

Quantity/Weight Declared：71 CARTONS　　Contract No：10QFIE07Q2

HAND - MADE LEATHER SHOES 1392 PAIRS / 3480 KGS

HAND - MADE LEATHER GLOVES 1872 PAIRS / 520 KGS

检验结果：

Results of Inspection：

UPON INSPECTION, WE CERTIFY THAT THE QUALITY OF THE ABOVE GOODS ARE IN CONFORMITY WITH THE REQUIREMENT OF THE L/C NO.

L/C NO：329898871232.

CERTIFIED BY：

王 毅

Chief Inspector （盖章）

任务三 信用证遭到拒付后的解决方法

在国际贸易的信用证业务中，许多出口商都有被拒付的经历，一些经验不足的出口商在接到开证行提出不符点通知时，往往惊惶无措，匆匆忙忙接受客户降价的要求，直接导致了经济损失。其实信用证项下的款项被拒付，并不意味着出口项下的货款已无法挽回，降价也不是解决问题的唯一办法。所以我们大可不必谈"不符点"色变，自己先乱了方寸。对于信用证被拒付，我们可以从以下几个方面着手来解决问题。

一、认真审核不符点

（一）概念

如果开证行提出的不符点不成立，出口商应立即进行反驳。一则因为各种开证行的信誉良莠不齐，一些信誉欠佳的开证行往往极力配合开证申请人，对单据无端挑剔，以无害不符点拒付甚至无理拒付。二则银行素质参差不齐，对国际惯例理解也不一样，有时提出的不符点经不起推敲，这就给我们反驳不符点创造了机会。审核不符点是否成立，要求审核者通晓《UCP600》等国际惯例，并具有丰富的国际结算经验和熟练的技巧，对此，出口方可向银行咨询。

（二）一般来说，审核不符点是否成立包括以下两部分内容

1. 以国际惯例和国际标准银行惯例为依据，看开证行所提的不符点是否成立

开证行以单证一致、单单一致为条件来决定是否接受信用证项下的单据。单据不符可以拒付，单据相符，其必须接受单据并履行信用证项下的付款责任。开证行不得以单据以外的理由拒付，如提出货物的实际品质、数量与单据不符等理由。因此，如果单据表面上符合信用证条款，同时单据与单据之间并无一致，出口商可以认定所提不符点不成立，而理直气壮地要求开证行履行付款的义务。

2. 看开证行提出不符点的前提是否已满足《跟单信用证统一惯例》的规定

开证行提出不符点必须满足以下条件：

（1）是否在合理时间内提出不符点，即指定行事的指定银行、保兑行（如有的话）及开证行是否从交单次日起五个银行工作日内提出不符点。

（2）无延迟地以电信方式，如做不到，须以其他快捷方式将不符点通知提示者。

（3）通知不符点的同时，必须在拒付通知书上明确表明不符单据的处置方法。

以上条件必须同时满足，如有一项条件开证行未做到，开证行便无权声称单据有不符点而拒付。

二、及时与进口商沟通协调

对于包含有不符点的单据拒付是《跟单信用证统一惯例》赋予开证行的权利。所以出口商接到拒付通知后，应及时将不符点提示给开证申请人，因为进出口贸易毕竟是进出口双方的交易，赚取利润是买卖双方共同的愿望，出口商应积极与进口商进行商量，说服进口商接受不符点单据，在通常情况下开证申请人会接受不符点，并到银行付款赎单。

三、更换不符点单据

根据跟单信用证统一惯例，如果开证行提出拒付单据的不符点确实存在，受益人的反应一定要快，可考虑有无在交单期内更换单据的可能性。一般情况下，交单期在装船后的15～21天，由于交通、通信的便利，单据通过快递寄送，2～3天就可以送到，开证行用电信方式通知拒付单据，出口方立即就能收到。因此，当开证行拒付单据时，交单期往往还剩余一些时间，如果时间来得及，受益人可更换单据并及时将单据交到指定银行手中。

当不符点单据出自出口方自行出具的发票、装箱单等单据时，更换单据就比较简单，只需按开证行提出的不符点进行修改就可以了。将重新制作的符合信用证要求的单据，通过快递寄给开证行即可，同时宣布原单据作废。如果不符点单据涉及提单等由其他机构出具的单据时，更换单据就比较困难，所需时间也比较长，因为出证机构要在收回原单据的前提下才会重新出单，并且也不可能完全按受益人的意愿更改。因此，对这类单据的更换应更慎重。

四、和有关银行加强沟通

如果在向开证行提交单据之前，出口商已经知道单据有不符点，但是，由于种种不得已的原因，出口商来不及修改信用证或无法更换单据，只能提供不符点单据。如果贸然向开证行提交不符点单据，必然会遭到开证行的拒付。出口商可考虑与银行协商按以下方法处理。

1. 表提

受益人在提交单据时出现不符点，向议付行出具保函，要求凭保函议付。议付行把不符点开列在寄单函上，征求开证行意见，由开证行接洽申请人是否同意付款。表提的做法一般适用于单证不符情况不是很严重，或虽然是实质性不符，但事先已经和进口商确认可以接受的情形。

2. 电提

在出现单证不符时，议付行暂不向开证行寄单，而是用电传和电报通知开证行单据不符点，征求开证行的意见。如果开证行同意接受不符点单据，议付行按正常程序向开证行提交单据，开证行接受单据，在扣除不符点费用后支付单据款项。

3. 跟单托收

单据出现严重不符点，或信用证有效期已过，已无法利用手上的信用证，出口企业只能委托银行在向开证行寄单函中注明“信用证项下单据作托收处理”，这种做法也称为“有证托收”，以表示和“无证托收”的区别。

以上三种做法，受益人都失去了开证行的付款保证，信用证的银行信誉已经变成了商业信誉。

五、密切关注货物下落

在信用证业务中，相关各方处理的是单据，而不是与单据相关的货物或服务。之所以如此，最主要的原因是信用证所涉及的单据，尤其是作为物权凭证的单据，使得信用证的当事人能够控制货权。所以，《UCP600》规定，银行拒付后要么持单听候指示，要么将单据退回。也就是说开证行拒付后如果不经受益人或议付行同意，不得擅自向开证申请人放单，否则，开证行必须付款。

如无法收回货款，为了避免有单无货的现象，我们必须及时与承运人取得联系，争取货物原船运回，避免承运人在目的港“无单放货”，或货到目的港后由于无人提货被当地海关当成“无主”货物而被拍卖。

课堂互动 9－3

我国A公司按FOB天津条件向韩国B公司出口一批价值10万美元的货物，支付方式为不可撤销即期信用证。A公司收到信用证后，即开始备货装船，待拿到船公司签发的提单后，持全套单据到银行交单议付，议付行审单无误后遂向国外寄单索汇，不料却遭到开证行的拒付，理由是买方发现实际交货数量和信用证不符。原来A公司由于备货不足，实际只交付9.5万美元的货，为顺利结汇，发票金额填写10万美元，准备近期向B公司补交余下的5 000美元的货。A公司自知理亏，只好和B公司协商，最后B公司同意按D/P方式支付货款。当议付行将单据寄交开证行委托收款时，开证行再次退单，理由是B公司拒付。此时，A公司从有关方面获悉B公司已经将货物提走并在市场上销售，深感事态严重。很显然，B公司在没有海运提单的情况下提货肯定是船公司的责任。A公司随后又和船公司进行交涉，最后，在有关方面的共同努力下，A公司历时半年多才收回了货款。

在这个案件中，我们从A公司身上应该吸取什么教训？

提示：

1. A公司应按合同规定履约

在进出口贸易履约过程中，最根本的法律依据是合同。在本案中卖方本应当按照合同规定提供10万美元的货物，显然A公司违反了合同的数量条款。当B公司凭担保提货后，发现货量与合同不符，短少5 000美元的货物，必然担心付款后A公司不补交短少的数量，于是与开证行串通拒付货款。由于A公司违约在先，使进出口贸易履约的基础发生了变化，因此A公司违约是导致这次损失的根源。

2. 开证行不能以A公司未履行合同数量条款为由拒付货款

虽然A公司违反合同的数量条款，但该合同项下的支付方式是不可撤销的信用证，信用证的性质是银行信用。《UCP600》第4条规定：“信用证与可能作为其开立基础的销售合同或其他合同是相互独立的交易，即使信用证中含有对此类合同的任何援引，银行也与该合同无关，且不受其约束。”《UCP600》第7条规定：“只要规定的单据提交给指定银行或开证行，并且构成相符交单，则开证行必须承付。”

本案例中，A公司虽然短交5 000美元的货物，但发票金额是10万美元，与信用证规定相符，而且A公司提交的单据做到了单证相符，单单一致，构成了开证行付款的充分必要条件。议付行审单无误后将单据寄交开证行，开证行必须付款。

开证行显然是因为B公司凭证担保提货后，发现货物数量与合同不符，在B公司的要求下拒付的。同时开证行也明白，由于A公司短交5 000美元的货物，有可能在开证行拒付的情况下A公司与B公司联系改变付款方式，而一旦A公司与B公司联系后改为托收付款，也就将银行信用变为商业信用，这也从根本上改变了开证行第一付款人的地位。

3. 船公司必须凭正本海运提单交付货物

在法律上，海运提单具有物权凭证的作用，它代表了货物的所有权，谁持有海运提单，谁就拥有货物的所有权。因此，船公司必须将货物交付给海运提单的合法持有者，否则船公司必须承担有关法律责任。

本案例中，B公司是凭开证行会签的担保，从船公司提走了货物。凭担保提货，就是在没有货物所有权凭证的情况下先行提货，并在担保中日后补交提单，并负责无条件地赔偿由此可能带给船公司的风险损失。开证行退单拒付，单据掌握在议付行手中，受益人A公司完全有理由凭海运提单要求船公司交付货物。由于船公司凭担保将货物交给B公司，船公司也必然凭担保向开证行及B公司施加压力，要么补交提单，要么赔偿货款，要么交回货物。

由此可见，在国际贸易中规范操作是十分重要的，也是十分必要的。

思考与练习

一、单项选择题

1. 信用证项下商业发票的抬头人一般是________。

A. 受益人　　B. 开证申请人

C. 开证行　　D. 其他人

2. 根据《UCP600》的规定，海运提单中货物的描述________。

A. 与信用证规定一致　　B. 必须使用货物的全称

C. 与商业发票完全一致　　D. 与信用证的描述不抵触，可用货物统称

3. 发票唛头应按信用证或合同规定填写，如无规定，则填写________。

A. NO.　　B. N/M

C. N/V　　D. N/N

4. 普惠制产地证是由我国________统一签发。

A. 出口商　　B. 中国国际贸易促进委员会

C. 海关　　D. 各地出入境检验检疫局

5. 在信用证条件下，提单的被通知人一栏应按信用证要求填制。如信用证规定

"Notify Applicant"，此栏填写________。

A. 开证行全称　　　　B. 受益人全称

C. 开证申请人全称　　　　D. 议付行全称

6. 在信用证条件下，提单收货人一栏应按信用证规定填写。如信用证规定"Full set of B/L made out to order"，此栏填写________。

A. To order　　　　B. To order of... Bank

C. To order of shipper　　　　D. To order of...

二、判断题

1. 在信用证和托收条件下，汇票的出票依据是合同。(　　)

2. 汇票、提单、保险单的抬头人分别是付款人、收货人、被保险人。(　　)

3. 通常不使用海关发票和领事发票的国家，可要求提供产地证以确定对货物征税的税率。(　　)

4. 在信用证条件下，究竟提供何种结汇单据，包括单据的份数和制作要求，都要严格按照合同规定。(　　)

5. 保险单是一种权益的凭证，经背书后可以随货物所有权的转移而进行转让。(　　)

6. 保险单上的赔付地点一般为装运港（地），如有特殊要求可事先说明。(　　)

7. 承运人一般签发提单正本两份，也可以应收货人的要求签发两份以上，每份正本的效力不同，其中一份可以用来提货。(　　)

8. 提单签发日期不得超过信用证规定的装运日，并在信用证的有效期内。(　　)

案例分析

1. 国内某公司于1990年11月2日与伊朗签订了一份进口合同，交易条件为FOB。后因海湾战争爆发，我方接货货轮无法驶抵伊朗，到1991年4月海湾战争结束后，我方方能派船接货，而外商以我方未能按时派船接货为由，要求我方赔偿其仓储费。

外商这一要求是否合理？

2. 某公司接到国外开来的信用证规定："于或约于5月15日装船。"该公司于5月8日装船，并向银行提交了一份5月8日签发的提单，但却遭到银行的拒付。

为什么会遭到银行的拒付？

3. 某公司接到一份经B银行保兑的不可撤销信用证。当该公司按信用证规定办完装运手续后，向B银行提交符合信用证各项要求的单据要求付款时，B银行却声称：该公司应先要求开证行付款，如果开证行无力偿付，则由其保证付款。

B银行的要求对不对？

4. 某开证行按照其所开出的信用证的规定，对受益人提交的，经审查符合要求的单据已履行了付款责任。但在进口商向开证行赎单后发现单据中提单是倒签的，于是进口商立即要求开证行退回货款并赔偿其他损失。

进口商的要求合理吗？

5. 我某公司与外商按 CIF 条件签订一笔大宗商品出口合同，合同规定装运期为 8 月份，但未规定具体开证日期。外商拖延开证，我方见快到装运期，从 7 月底开始，连续多次电催外商开证。8 月 5 日，收到开证的简电通告，我方因怕耽误装运期，即按简电办理装运。8 月 28 日，外方开来信用证正本，正本上对有关单据做了与合同不符的规定。我方审证时未予注意，交银行议付时，银行也未发现，开证行即以单证不符为由拒付货款。

我方应从此事件中吸取哪些教训？

6. 我方 E 公司与法国 G 公司订立一份出口 300 公吨冻品合同，规定每年 4 ~9 月份每月平均交货 50 公吨，即期信用证支付。来证规定货物装运前由出口口岸商品检验局出具的船边测温证书将作为议付不可缺少的单据之一。4 ~6 月份交货正常，并顺利结汇；7 月份因船期延误，拖延至 8 月 5 日才实际装运出口，海运提单倒签为 7 月 31 日，但送银行议付的商检证中填写船边测温日期为 8 月 5 日。8 月 7 日出口人同船又装运 50 公吨，开证行收到单据后来电表示对这两批货拒付货款。

分析我方有何失误及开证行拒付有何依据？

7. 某国 A 公司与我方 B 公司洽谈一笔交易，其他条款均已取得一致意见，唯支付条款我方坚持以不可撤销的即期信用证作为支付方式，对方坚持 D/P 即期。为达成交易，双方各作让步，最后以 L/C 即期与 D/P 即期各 50% 定约。

试问货物出运单据和汇票如何处理？

8. 我国某外贸公司以 CIF 与外商成交出口一批货物，按发票金额 110% 投保一切险及战争险。售货合同中的支付条款只简单填写“Payment by L/C”（信用证方式支付）/国外来证条款中有如下文句“payment under this Credit will be made by us only after the arrival of goods at Rotterdam”（该证项下的款项在货到鹿特丹后由我行支付）。受益人在审证时未发现，因此未请对方修改或删除。我某外贸公司在交单结汇时，银行也未提出异议。不幸 60% 的货物在运输途中被大火烧毁，船到目的港后开证行拒付全部货款。

对此应如何处理？为什么？

9. 天津 M 出口公司出售一批货物给香港 G 商，价格条件为 CIF 香港，付款条件为 D/P 见票后 30 天付款，M 出口公司同意 G 商指定香港汇丰银行为代收行。M 出口公司在合同规定的装船期内将货物装船，取得清洁提单，随即出具汇票，连同提单和商业发票等委托中国银行通过香港汇丰银行向 G 商收取货款。5 天后，所装货物安全运抵香港，因当时该商品的行市看好，G 商凭信托收据向汇丰银行借取提单，提取货物，并将部分货物出售。不料，因到货过于集中，货物价格随即下跌，G 商以缺少保险单为由，在汇票到期时拒绝付款。

你认为 M 出口公司应如何处理此事？并说明理由。

实操训练

1. 根据下列资料缮制商业发票、提单、保险单、装箱单、汇票、出口货物报检单、报关单。

(original)　　合　同　　Contract No. BTGL - HITACHI ＊＊＊＊ -01

CONTRACT　　Date: March 20, ＊＊＊＊

Revised date: July 14, ＊＊＊＊

卖　方:	地址:	传真:
THE SELLER:	TEL:	FAX:
买　方:	地址:	传真:
THE BUYER:	TEL:	FAX:

兹双方同意按下列条款由卖方出售，买方购进下列货物：

The Seller agrees to sell and the Buyer agrees to buy the under mentioned goods on the terms and conditions stated below:

(1) 货物名称及规格，包装及装运唛头 Description of Commodity, Specifications, Packing and Shipping Marks	(2) 数量 Quantity (pcs)	(3) 单价 Unit Price CIF MOJI seaport (USD/PC)	(4) 总值 Total Amount USD
Titanium Forgings Pls see The table NO. 1 and NO. 2 for quotation of titanium sleeves and stub ends Materials: ASME SB 381 - 2004 GR F2 Annealed Packing: in wooden case. Shipping marks: XXXX KASADO WORKS MOJI IN JAPAN MADE IN CHINA Destination: MOJI in JAPAN Docu. NO. DVD - 83005 - 002	78 For details, Pls see The table NO. 1 and NO. 2 for titanium sleeves and studs	Pls see The table NO. 1 and NO. 2 for titanium sleeves and stub ends	USD51,000 ========= Say: Fifty one Thousands US DOLLAR only.

(5) 装运条款和交货期：于合同生效后 8 月 30 日前以海运形式送货到达 MOJI 港口。

Delivery time (CIF MOJI): After the order in effect via seafreight direct to MOJI seaport in JAPAN, and arriving at MOJI seaport on or before: 30th August ＊＊＊＊.

最终目的地：　Final destination of Products:

794, Higashitoyoi, Kudamatsu City, Yamaguchi Pref., 744 - 8061 Japan

(6) 付款条件：凭证结算，30 天内（以提单日期为准）付清货款。

Term of payment: By D/P within 30 days after the B/L date.

The seller' s bank information

Beneficiary:　　　　Bank Name:

ACCOUNT:　　　　SWIFT NO.:

ADD.:

Contract No. BTGL - HITACHI ＊＊＊＊ -001　Date: March 20, ＊＊＊＊

The revised date: July 14, ＊＊＊＊

(7) 保险：按发票金额 110% 保一切险及战争险（中国人民保险公司条款）。

Insurance: To be covered by the seller for 110% of invoice value against all risks and war risk as per the clause of the People' Insurance Co. of China.

（8）品质与数量，重量的异议与索赔：货到最终目的地后，买方如发现货物品质及/数量/重量与合同规定不符，除属于保险公司货船公司的责任外，买方可以凭双方同意的检验机构出具的检验证明向卖方提出异议，品质异议须于货到最终目的地起60天内提出，数量/重量异议须于货到最终目的地起30天内提出。

Quality /Quantity/ Weight Discrepancy and Claim: In case the quality and /or quantity/weight are found by the Buyer not to conform with the contract after arrival of the goods at the final destination, the Buyer may lodge a claim against the seller supported by a survey report issued by an inspection organization agreed upon by both parties with the exception of those claims for which the insurance company and /or the shipping company are to be held responsible. Claim for quality discrepancy should be filed by the Buyer within 60 days after arrival of the goods at the final destination while for quantity / weight discrepancy claim should be filed by the Buyer within 30 days after arrival of the goods at the final destination.

（9）人力不可抗拒：本合同内所述全部或部分商品，如因人力不可抗拒原因，使卖方不能履约或延期交货，卖方不负任何责任。

Force Majeure: The Seller shall not be held responsible for failure or delay in delivery of the entire or portion of the goods under this contract in consequence of any Force Majeure incidents.

（10）仲裁：凡执行本合同或与合同有关事项所发生的一切争执，应由双方通过友好方式协商解决。如果不能取得协议时，应提交中国国际贸易促进会委员会对外贸易仲裁委员会，根据该仲裁委员会的仲裁程序暂行规定进行仲裁，仲裁裁决是终局的，对双方都有约束力。仲裁费用除非仲裁另有决定外，均由败诉一方承担。

Arbitration: All disputes in connection with this Contract or the execution thereof shall be settled through friendly negotiations. If no settlement can be reached, the case shall then be submitted to the Foreign Trade Arbitration Commission of the China Council for the Promotion of International Trade, Beijing, for settlement by arbitration in accordance with the Commission's Provisional Rules of Procedure. The award rendered by the Commission shall be final and binding on both parties. The arbitration expenses shall be borne by the losing party unless otherwise award by the arbitration organization.

（11）其他要求 Other requirements:

1. Dimensions and marks as per the drawing respectively.
2. How to take test sample as per manufactory way. .
3. Additional requirements as per requirements in each drawing.
4. Other conditions to IP – 5403& LOI No. DVD – 83005 – 001

（12）买方银行信息 The buyer' s bank information:

卖方 THE SELLER:	买方 THE BUYER:
XXX DROUP CO. , LTD	XXXXX EAST ASIA LIMITED
______________	______________

2. 请根据以下信息制作出口商业发票

（1）出口商名称地址：上海机械进出口公司。
SHANGHAI MACHINERY IMPORT&EXPORT CORP.
383, JIANGNING ROAD, SHANGHAI CHINA

（2）进口商名称地址：RIFA INDUSTRIAL CO. , LTD。
9 –4, 5 – KA, DANGSAN – DONG,
YOUNGDEUNGPO – KU, SEOUL, KOREA

（3）发票号码：NE02C573063。

（4）发票签发日期：2015 年 3 月 22 日。

（5）合同号码：02SNEI－C065MZ。

（6）起运港：上海。

（7）目的港：韩国釜山。

（8）信用证号码：M42U4908ES08171。

（9）唛头：BUSAN DRUM NO。

（10）商品名称：① ACID N/BLUE BC CONC。

(C. I. ACID BLUE 113)

COUNTRY OF ORIGIN CHINA

数量：100M/T　　TOTAL PACKED IN 500 DRUMS

单价：USD5. 00/KG CIFC6% BUSAN

② HBr。

数量：1 000 千克 TOTAL PACKED IN 20 DURMS

单价：USD20. 00/KG CIF5% BUSAN

3. 防止信用证诈骗

国内 A 公司与外商签订了一项进口钢材的合同，货物价值为 504 万美元，合同规定以信用证方式结算。A 公司依约对外开出信用证后，在信用证装期内，外商发来传真称货物已如期装运。不久开证行即收到议付行转来的全套单据，提单表明货物已于某东欧港口装运，并在西欧某港口转运至国内港口。单据经审核无不符点，开证行对外承兑。A 公司等了一个多月，货物依然未到，深感蹊跷，遂向伦敦海事局进行查询。反馈回来的消息是，在所述的装船日未有属名船只在装运港装运钢材。此时信用证项下单据已经开证行承兑，且据议付行反馈回的信息，该行已买断票据，将融资款支付给了受益人。开证行被迫在承兑到期日对外付款，A 公司损失惨重。

案例点评：这是一起典型的以伪造单据进行的信用证诈骗。

（1）核实提单的真实性，尤其进口一些大宗商品。首先无论是在签订合同还是开立信用证时，均要求客户在装船之后一定时间（如 24 小时）内发送装船通知，列明提单号码、装卸港、装船日期、货名、装运数量等内容，以便通过相应机构查询船踪，确定提单内容的真实性。一旦查得提单有作假，即可认真审单以合理拒付。即使单据不存在不符点，也可寻求司法救济。

（2）规范好商品检验条款。开证申请人在信用证项下付款赎单的特点要求，在合同签订和申请出具信用证时要规范好进口货物的检验条款，如在信用证中要求客户提交独立机构出具的检验证书。如此可避免货物未装船或装船货物的质量问题。

4. 无法收到货款案的处理

某年 4 月广交会上 A 公司与科威特老客户 B 签订合同。B 欲购买 A 公司的玻璃餐具（名为 GLASS WARES），A 公司报价 FOB WENZHOU，温州出运到科威特，海运费到付，合同金额达 USD 25 064. 24，共 1×40’高柜，支付条件为全额信用证。B 回国后开信用证到 A 公司，要求 6 月份出运货物。

A 公司按照合同与信用证的规定在 6 月份按期出了货，并向银行交单议付，但在审核过程中发现两个不符点：①发票上：GLASS WARES 错写成了 GLASSWARES，即没有空格。②提单上：提货人一栏，TO THE ORDER OF BURGAN BANK，KUWAIT 错写成了 TO THE ORDER OF BURGAN BANK，即漏写 KLIWAIT。A 公司认为这两个是极小的不符点，根本不影响提货。A 公司本着这一点，又认为是老客户，就不符点担保出单了。但 A 公司很快就接到由议付行转来的拒付通知，银行就以上述两个不符点作为拒付理由拒绝付款。A 公司立即与客户 B 取得联系，原因是客户认为到付的运费（USD 2 275.00）太贵（原来 A 公司报给客户的是 5 月份的海运费，到付价大约是 USD 1 950.00，后 6 月份海运费价格上涨，但客户并不知晓）而拒绝付费，因此货物滞留在码头，A 公司也无法收到货款。

后来 A 公司人员进行各方面的协调后，与船公司联系要求降低海运费。船公司将运费降低到 USD 2 100.00，客户 B 才勉强接受，到银行付款赎单。结果 A 公司被扣了不符点费用，且整个解决纠纷过程使得 A 公司推迟收汇大约 20 天。

由此可见，在单证中“不符点”没有大小之分。在本案例中，A 公司在事先知道单据存在“不符点”的情况下还是出单，存在潜在的风险。A 公司认为十分微小的“不符点”却正好成为银行拒付的正当理由。因此，在已知“不符点”的情况下，最好将其修改。FOB 运费的上涨，与 A 公司并无关系，因此客户主要是借“不符点”进行讨价还价。

5. 请根据以下背景以你自己的名义填写原产地证书

（1）出口商信息：

中国北方工业上海公司

China North Industries Shanghai Corp.

上海市中山南一路 888 号北方大厦 2018 室（200023）

Room 2018，North Building 888 Zhongshan Road（S. 1），Shanghai China（200023）

电话：0086 - 21 - 63038888

传真：0086 - 21 - 63036666

（2）收货人信息：

GLENCORE UK LTD.

49 Wigmore Street London W1H 0LU ENGLAND

（3）运输方式：上海至菲利克斯托，海运。

（4）出口商品详细信息：

①锥套（bushes）　10 吨　HS 编码：74071000　100 木箱

发票号码：CNISC02 - 009MZ　发票日期：2016 年 3 月 1 日

②皮带轮（belt pulley）5 吨　HS 编码：76129010　500 纸箱

发票号码：CNISC02 - 010MZ　发票日期：2016 年 3 月 2 日

上述产品均为进口英国坯料后加工出口。

（5）唛头：N/M。

（6）申请日期：2016 年 3 月 5 日。

（7）申请地点：上海。

项目十 国际贸易的后期工作

学习目标

通过本章的学习，学生能够掌握出口贸易的相关后续工作内容，熟悉出口收汇核销与出口退税、索赔与理赔、不可抗力与仲裁的工作流程，了解相关的法律法规。

导入案例

索赔时效与依据

安拉公司以CFR条件对德国出口一批小五金工具。合同规定货到目的港后30天内检验，买方有权凭检验结果提出索赔。安拉公司按期发货，德国客户也按期凭单支付了货款。半年后，安拉公司收到德国客户的索赔文件，称上述小五金工具有70%已经生锈，并附有德国内地某商检机构出具的检验证书。

问题：对德国客户的索赔要求，安拉公司应如何处理？

案例分析：安拉公司可以拒绝赔偿，理由如下：

（1）因为早已超过了索赔期限。双方在合同中规定货到目的港后30天内检验。尽管这是一个买方复验的期限，但实质上是索赔的期限。而德国客户却在半年后方向我公司提出索赔，显然该索赔是超过索赔的期限的，因此，按照有关法律，德国客户也就丧失了向我方公司索赔的权利。

（2）德国客户索赔理由不尽合理。尽管索赔文件中声称有70%的货物已锈损，但他无法证明这些锈损是装船前已经存在的，还是装船后才发生的。按照CFR条件成交，买卖双方风险划分界限是以装运港船上为界。因此，卖方只承担货物装到船上之前锈损的风险，而装上船后发生的锈损风险只能由买方自己承担。

在本案例中，买方已按期凭单付了货款，这说明卖方提交的交货单据是齐全合格的，同时也说明了卖方装上船的货物是符合合同要求的。故此，货物发生的70%的锈损可能是装上船后的风险所至。在这种情况下，买方除非能证明这种锈损是由货物本身固有的瑕疵所致，否则卖方将不承担任何责任。

（3）德国客户提供的索赔依据不符合要求。一般情况下双方规定在货到目的港后××天内检验时，买方提供的检验证书应由目的港的检验机构出具。而就本案例而言，买方提供的检验证书却是德国内地的检验机构出具的，这显然是不合格的。这也容易使人产生联想，认为这批货物的锈损，可能是买方自己在接收货物后和上市销售前因保管不善所致。因此，这份索赔文件的依据是不充分的，卖方是有理由拒赔的。

任务一　出口收汇核销与出口退税

我国实行出口收汇核销与出口退税挂钩的原则，出口企业只有办理完出口收汇核销并取得核销单退税联等退税凭证后方可到国税局进行退税。做好出口收汇核销与出口退税工作，关系到出口企业切身利益。

一、出口收汇核销的基本含义

出口收汇核销制度是国家为加强出口收汇管理，确保国家外汇收入，防止外汇流失，指定外汇管理部门对出口企业贸易项下的外汇收入情况进行监督检查的一项制度。相关管理部门通过建立对企业出口、报关、收汇整个全过程实行跟踪的监测系统，以出口收汇核销单为主线，对每一笔出口货物凭出口货物报关单进行跟踪监督，以结汇水单/收账通知（经银行加盖“出口收汇核销专用章”）与出口收汇核销单（经海关加盖“验讫章”）逐笔核对注销，从而保证出口货款收回或按规定使用。

根据国家外汇管理局颁布并于2003年10月1日起实施的《出口收汇核销管理办法》《出口收汇核销管理办法实施细则》以及《出口收汇核销管理操作规程》等文件的规定，对于一般贸易、易货贸易、来料加工、进料加工、租赁、寄售、展卖等出口贸易方式，只要涉及出口收汇，都必须进行出口收汇核销。经商务部批准有权接受1万美元以下的旅游纪念品、工艺品的小批量出口订货的国有企业出口货物，视同一般贸易出口，也须办理收汇核销手续。

二、出口收汇核销的一般流程

我国对出口收汇管理实施的是外汇核销制度，其具体操作如下。

1. 办理“中国电子口岸”入网手续

出口单位到海关办理“中国电子口岸”入网手续，并到有关部门办理“中国电子口岸”企业法人IC卡和“中国电子口岸”企业操作员IC卡电子认证手续。

2. 出口收汇核销登记和领单

出口单位持有关材料到注册所在地外汇管理机构办理登记，外汇管理机构审核无误后，为出口单位办理登记手续，建立出口单位电子档案信息。出口单位登录电子口岸出口收汇系统进行网上申领出口收汇核销单。出口单位在网上申领3个工作日后可凭操作员IC卡、核销员证、出口合同（首次申领时提供）到注册所在地外汇管理机构申领纸质出口收汇核销单。纸质核销单正式使用前应加盖单位名称及组织机构代码章，在骑缝处加盖单位公章。

3. 报关

出口单位到海关报关前，通过电子口岸出口收汇系统向报关地海关进行核销单的口岸备案。出口单位出口报关时，海关在审核出口单位提交的核销单和其他报关材料，并核对核销单电子底账无误后，在核销单“海关核放情况”栏加盖“验讫章”，并对核销单电子底账数据进行“已用”核注，结关后应出口单位申请向出口单位签发注有核销单编号的报关单，同时将核销单电子底账的核注情况和报关单电子底账等数据通过“中国电子口岸”数据中心传送至国家外汇管理局。

4. 交单

出口单位在报关出口后通过电子口岸出口收汇系统将已用于出口报关的核销单向外汇管理机构交单。

5. 核销

出口单位在银行办理出口收汇后，持出口收汇核销报告表、出口收汇核销单、出口收汇报关单证明联、结汇水单及其他规定的核销凭证，集中或逐笔向外汇管理机构办理出口收汇核销。

三、缮制出口收汇核销单

出口收汇核销单是由国家外汇管理局统一管理，各分支局核发，出口单位凭以向海关办理出口报关、向银行办理出口收汇、向外汇管理机关办理出口收汇核销、向税务机关办理出口退税申报、有统一编号的重要凭证。核销单是出口收汇核销中的核心单证，它由货物的发货人或其代理人填写，分为存根、正联、退税联三部分。示范 10－1 是出口收汇核销单的样本。

1. 存根

存根联上的各项内容填写要求如下：

（1）编号，应与出口报关单上核销单的编号一致。

（2）出口单位，加盖出口单位名称印章即可，也可手填。

（3）单位代码，加盖出口单位组织机构代码章即可，亦可手填。

（4）出口币种总价，此栏填写出口成交货物总价及使用币种。一般情况下，须与报关单一致。

（5）收汇方式，填写信用证、托收、汇付，并注明即期或远期。

（6）预计收款日期，应根据合同规定的付款日期或根据合同推算的付款日期填写。但需注意，即期收汇项下应当在货物报关出口后 180 天内收汇，远期收汇项下应在远期备案的收汇期限内收汇。对预计收汇日期超过报关日期 180 天以上（含 180 天）的，出口单位应当在货物出口报关后 60 天内凭远期备案书面申请、远期收汇出口合同或协议、核销单、报关单及其他相关材料向外汇管理机构办理远期收汇备案。出口单位出口货物后，应当在预计收汇日期起 30 天内，持规定的核销凭证集中或逐笔向外汇管理机构进行出口收汇核销报告。

（7）报关日期，填写报关日期，同出口报关单的申报日期。

（8）备注，填写出口单位就该核销单项下需说明的事项，如该核销单项下的发票编号。

（9）有效期，无须填写有效期，视同长期有效。

2. 正联

正联上的各项内容填写要求如下：

（1）编号，同存根。

（2）出口单位，同存根。

（3）单位代码，同存根。

（4）银行签审，由收汇银行填写收汇方式、币种总价、收结汇日期及银行签章。

（5）海关签注栏，海关验放该核销单项下的出口货物后，在该栏目内加盖“放行”或“验讫”章，并填写放行日期。如遇退关，海关需在该栏目加盖有关更正章。

（6）外汇管理局签注栏，由外汇管理部门将核销单、报关单、发票等配对审核无误后，在该栏内签注意见，并由核销人员签字，加盖“已核销”章。

3. 退税联

退税联上的各项内容填写要求如下：

（1）编号，同存根。

（2）出口单位，同存根。

（3）单位代码，同存根。

（4）货物名称，同报关单。

（5）出口数量，同报关单。

（6）币种总价，同存根。

（7）报关单编号，填写报关单上的海关编号。

（8）外汇管理机构签注栏，同正联。

示范 10－1　出口收汇核销单

<table>
<tr><td>出口收汇核销单
存根

编号：</td><td colspan="5">出口收汇核销单
正联

编号：</td><td colspan="3">出口收汇核销单
出口退税联

编号：</td></tr>
<tr><td>单位代码：</td><td colspan="5">单位代码：</td><td colspan="3">单位代码：</td></tr>
<tr><td>出口币种总价：</td><td rowspan="5">银行签注栏</td><td>类别</td><td>币种金额</td><td>日期</td><td>盖章</td><td>货物名称</td><td>数量</td><td>币种总价</td></tr>
<tr><td>收汇方式：</td><td rowspan="4"></td><td rowspan="4"></td><td rowspan="4"></td><td rowspan="4"></td><td rowspan="4"></td><td rowspan="4"></td><td rowspan="4"></td></tr>
<tr><td>预计收款日期：</td></tr>
<tr><td>报关方式：</td></tr>
<tr><td>报关日期：</td></tr>
<tr><td>备注：</td><td colspan="5">海关签注栏：</td><td colspan="3">报关单编号：</td></tr>
<tr><td>此单报关有效期截止到：</td><td colspan="5">外汇管理机构签注栏：

年　月　日（盖章）</td><td colspan="3">部门签注栏：

年　月　日（盖章）</td></tr>
</table>

四、出口退税的含义

出口退税就是将出口货物在国内生产和流通过程中缴纳的间接税退还给出口企业，使出口商品以不含税的价格进入国际市场。它是国际贸易中通常采用的并为各国接受的一种鼓励出口货物公平竞争的税收措施。

我国出口退税所要退的是出口商品在国内已经缴纳的增值税和消费税。我国出口货物退税办法包括“先征后退”和“免、抵、退”。生产企业自营出口或委托代理出口的货物，一律先按照增值税暂行条例规定的征税率征税，然后由主管出口退税业务的税务机关在国家出口退税计划内按规定的退税率审批退税。

五、享受退税的出口货物范围

根据《出口货物退（免）税管理办法》规定，对出口的凡属于已征或应征增值税、消费税的货物，除国家明确规定不予退（免）税的货物和出口企业从小规模纳税人购进并持普通发票的部分货物外，都是出口货物退（免）税的货物范围，均应予以退还已征增值税和消费税或免征应征的增值税和消费税。准予退（免）税的出口货物，除另有规定者外，必须同时具备以下四个条件。

1. 必须是增值税和消费税征收范围内的货物

增值税和消费税的征收范围，包括除直接向农业生产者收购的免税农产品以外的所有增值税应税货物，以及烟、酒、化妆品等11类列举征收消费税的消费品。

2. 必须是报关离境出口的货物

所谓出口，即输出关口，它包括自营出口和委托代理出口两种形式。凡在国内销售、不报关离境的货物，除另有规定者外，不论出口企业是以外汇还是以人民币结算，也不论出口企业在财务上如何处理，均不得视为出口货物予以退税。

3. 必须是在财务上作出口销售处理的货物

出口货物只有在财务上做出销售处理后，才能办理退（免）税。也就是说，出口退（免）税的规定只适用于贸易性的出口货物，而对非贸易性的出口货物，如捐赠的礼品、在国内个人购买并自带出境的货物（另有规定者除外）、样品、展品、邮寄品等，因其一般在财务上不作销售处理，故按照现行规定不能退（免）税。

4. 必须是已收汇并经核销的货物

按照现行规定，出口企业申请办理退（免）税的出口货物，必须是已收外汇并经外汇管理部门核销的货物。此外，生产企业（包括有进出口经营权的生产企业、委托外贸企业代理出口的生产企业、外商投资企业，下同）申请办理出口货物退（免）税时必须增加一个条件，即申请退（免）税的货物必须是生产企业的自产货物（外商投资企业经省级外经贸主管部门批准收购出口的货物除外）。

六、出口退税基本程序

为加强出口退税的管理，我国实行出口退税与出口收汇核销挂钩政策。办理出口退税程序为。

1. 申请

出口单位申请出口退税，填写出口产品退税申请表，向国家税务机关提交银行出具的结汇水单、出口收汇核销单（出口退税专用联）、出口货物报关单、出口销售发票、出口购货发票（又称“三单两票”），送当地外经贸行政管理部门稽查签章，然后报所在地主管出口退税业务的税务机关。

2. 上报

由企业所在地主管出口退税业务的税务机关（国税局）进行审核，符合条件和要求的按照税收退税审批权限，逐级上报上级税务机关。

3. 批复

企业所在地主管出口退税业务的税务机关接到上级税务机关批准的退税通知后，签发“退税收入退回书”给企业，并把退税款项划到企业银行账户。

任务二 索赔与理赔

国际贸易涉及的面很广，情况复杂多变，在履约过程中，如一个环节出了问题，就有可能影响合同的履行，导致一方当事人违约或毁约，而给另一方当事人造成损害，从而引起争议。受损害的一方为了维护自身的权益，便向违约方提出赔偿的要求，违约方必须要对受害方的索赔要求进行处理。

一、违约的法律责任

合同一经成立，当事人各方即受合同的约束。任何一方不履行合同义务或不按合同规定履行合同均构成违约。对违约的处理，各国的法律和《联合国国际货物销售合同公约》所规定的办法不尽一致，但概括起来主要有三种办法：即要求实际履行、损害赔偿和撤销合同。

《联合国国际货物销售合同公约》把违约分为根本性违约（Fundamental Breach）和非根本性违约（Non - fundamental Breach）两类。根本性违约是指“一方当事人违反合同的结果，如使另一方当事人蒙受损害，以致实际上剥夺了他根据合同规定有权期待得到的东西，即为根本违反合同”。《联合国国际货物销售合同公约》规定，如果一方当事人根本违反合同，另一方当事人有权撤销合同并要求损害赔偿，否则只能要求损害赔偿，不能解除合同。

二、索赔与理赔的含义

索赔（Claim）是指受损的一方，根据合同或法律规定，向违约方提出赔偿要求。而违约的一方对索赔进行处理，即为理赔（Claim Settlement）。索赔和理赔是一个问题的两个方面。对受损方而言，称为索赔；对违约方而言，称为理赔。

索赔是处理违约的一种最常见的补救措施。此外，还可以采取如退货、更换、修理、减价、延迟履行、替代履行、解除合同等。按照一般规定，在采取其他违约补救措施时，不影响受损害方提出索赔的权利。但受损害方提出索赔时可否同时要求解除合同，则要视违约的具体情况而定。

索赔案件的发生，主要有以下原因：①卖方违约。如不交货，不按时交货，不按合同规定的品质、数量、包装等条件交货，或提供的单证与合同和信用证规定不符。②买方违约。如不按时开证，不按时付款赎单，无理拒收货物，在买方负责运输的情况下，不按时派船或签订运输合同等。③买卖双方均有违约责任。如合同是否成立，双方国家法律规定和惯例解释不同，合同条款规定不明确，致使双方解释不一致，造成一方违约，引起纠纷。

三、索赔与理赔应注意的问题

索赔和理赔是一个问题的两个方面，受害方和违约方应本着实事求是的原则，根据相关法律的规定来解决问题。

1. 索赔需注意的问题

受害方向违约方提出索赔时应注意以下问题：

（1）注重实际，查明责任。查明对方是否确实违约，如属对方责任，可向对方提出索赔；如是船运公司或保险人的责任，应向船运公司或保险人索赔。

（2）把握索赔期限。索赔必须在合同规定的期限内提出，若合同没有规定索赔期限，则应在相关法律规定的索赔期限内提出。如《联合国国际货物销售合同公约》规定：如果买方不在实际收到货物之日起两年内将货物不符合合同的情形通知卖方，就丧失声称货物不符合合同的权利。

（3）确定索赔额度。如果合同规定有损害赔偿金额，按合同预先规定的金额提出索赔；如果没有约定，则根据实际损失情况确定适当的金额。

（4）备齐索赔单证。索赔证件一般包括提单、发票、保险单、装箱单、磅码单、商检机构出具的货损检验证书或由船长签署的短缺残损证明，以及索赔清单。

2. 理赔应注意的问题

违约方在处理索赔事件时应注意以下问题：

（1）对方索赔理由是否充足、属实。

（2）对方索赔证件和有关文件是否齐全、清楚，有无夸大损失等。

（3）合理确定赔付办法，如赔付部分货物、退货、换货、补货、修整、赔付一定金额、对索赔货物给予价格折扣或按残损货物百分比对全部货物降价等办法。

四、买卖合同中的索赔条款

国际货物买卖合同的索赔条款有两种规定方式，一种是异议和索赔条款（Discrepancy and Claim Clause）；另一种是罚金条款（Penalty Clause）。

（一）异议和索赔条款

异议和索赔条款的内容，主要包括索赔依据、索赔期限等。

1. 索赔依据

索赔依据是指索赔时应提供的证据及出证机构。索赔依据包括法律依据和事实依据。法律依据是指合同和法律规定，当事人在对违约事实提出索赔时，必须符合有关国家法律的规定。事实依据是指违约的事实、情节及其证据，是提出索赔要求的客观基础。

2. 索赔期限

索赔期限是指受害方向违约方提出索赔的有效时限。在规定的期限内，受害方有权向违约方提出索赔，过了规定的期限，受害方就无权向违约方提出索赔。因此，对索赔期限的规定很重要。索赔期限的规定有以下两种方法：

（1）约定索赔期限。约定索赔期限是指买卖双方在合同中明确规定的索赔期限。索赔期限不宜规定得过长，也不宜规定得太短。规定索赔期限时，需对索赔期限的起算方法做出具体规定，通常有以下几种起算方法：

1）货物到达目的港后××天起算。

2）货物到达目的港卸离海轮后××天起算。

3）货物到达买方营业场所或用户所在地后××天起算。

4）货物经检验后××天起算。

（2）法定索赔期限。法定索赔期限是指合同适用的法律规定的索赔期限。法定索赔期限一般比较长。例如，《联合国国际货物销售合同公约》规定的索赔的期限为自买方实际收到货物之日起2年内；我国《中华人民共和国合同法》规定的索赔的期限为自当事人知道或应当知道其权利受到侵犯之日起4年内。法定索赔期限只有在买卖合同中未规定索赔期限时才起作用。在法律上，约定索赔期限的长度可以超过法定索赔期限。

（二）罚金条款

罚金条款（Penalty Clause）亦称违约金条款或罚则，是指在合同中规定，如一方未履约或未完成履约，其应向对方支付一定数额的约定罚金，以弥补对方的损失。罚金就其性质而言是违约金。一般适用于卖方拖延交货、买方拖延接货和延迟开立信用证等情况。罚金多少视延误时间长短而定，并规定最高的罚款金额，违约方被罚后仍须履行合同。否则除罚金外，还要承担由于不能履约而造成的各种损失。

课堂互动10－1

某公司以CIF鹿特丹出口食品1 000箱，即期信用证付款，货物装运后，凭已装船清洁提单和已投保一切险和战争险的保险单，向银行收妥货款。货到目的港后经进口人复验发现下列情况：

（1）该批货物共有10个批号，抽查20箱，发现其中2个批号涉及200箱内含沙门氏细菌，超过进口国标准。

（2）收货人只实收998箱，短少2箱。

（3）有15箱货物外表状况良好，但箱内货物共短少60千克。

试分析以上情况，进口人应分别向谁索赔？并说明理由。

提示：

（1）应向卖方索赔，因原装货物有内在缺陷。

（2）应向承运人索赔，因承运人签发了已装船清洁提单，他就要在目的港如数交足。

（3）可向保险公司索赔，货物短少属一切险的责任范围。但进口人能举证原装数量不足，也可向卖方索赔。

任务三 不可抗力

不可抗力（Force Majeure）又称人力不可抗拒，是指买卖合同签订后，不是由于合同当事人的过失或疏忽，而是由于发生了合同当事人无法预见、无法预防、无法避免和无法控制的事件，以致不能履行或不能如期履行合同，发生意外事件的一方可以免除履行合同的责任或者延迟履行合同。

一、不可抗力事件的认定

不可抗力事件是指当事人在订立合同时不能预见、对其发生和后果不能避免并且不能克服的事件。

1. 不可抗力事件的构成条件

构成不可抗力事件应当具备以下三个条件：

（1）意外事件必须发生在合同成立之后。

（2）意外事件不是由于合同当事人的过失或疏忽所造成的。

（3）意外事件的发生及其后果是当事人无法预见、无法控制、无法避免和无法克服的。

2. 不可抗力事件的范围

不可抗力事件通常包括两种情况：

（1）自然力事件。是指人类无法控制的自然界力量所引起的灾害，如水灾、火灾、风灾、旱灾、雨灾、冰灾、雪灾、雷电和地震等。

（2）社会力事件（政府行为事件和社会异常事件）。政府行为事件是指合同成立后，政府当局发布了新的法律、法规和行政禁令等，致使合同无法履行。社会异常事件是指战争、罢工、暴动、骚乱等事件，给合同履行造成障碍。

并非所有自然原因和社会原因引起的事件都属于不可抗力事件，如汇率变化、价格波动等正常贸易风险，或如怠工、关闭工厂、船期变更等就不属于此范围。

二、不可抗力的法律后果

不可抗力事件发生后所引起的法律后果，主要有两种：一是解除合同；二是延迟履行合同。至于什么情况下可以解除合同，什么情况下不能解除合同，只能延迟履行合同，应视不可抗力事件对履行合同的影响程度而定，也可以由双方当事人通过协商在买卖合同中加以规定。一般可以遵循的原则是：如果不可抗力事件的发生使合同履行成为不可能，则可解除合同；如果不可抗力事件只是暂时阻碍了合同的履行，则只能延迟履行合同。

不管是解除合同还是延迟履行合同，发生不可抗力事件的一方无须向对方承担损害赔偿的责任。但需注意《联合国国际货物销售合同公约》对免责有效期间的规定，不可抗力事件的免责“对障碍存在的期间有效”。如若合同未经双方同意宣告无效，则合同关系继续存在，一旦履行障碍消除，双方仍须继续履行合同义务。

三、不可抗力事件的处理

我国《合同法》规定：当事人一方因不可抗力不能履行合同的，应当及时通知对方，以减轻可能给对方造成的损失，并在合理期限内提供证明。即不可抗力事件发生后，不能履约的一方必须及时通知另一方，并提供必要的证明文件，并在通知中提出处理意见，否则不予免责并自负后果。例如，合同中可规定“一方遭受不可抗力事件之后，应以电报或电传方式，并应在15天内以航空挂号信提供事故的详细情况及其对合同履行影响程度的证明文件”。

在国外，出具证明的机构通常是事故发生地的商会或公证机构或政府主管部门。在我国，则由中国国际贸易促进委员会出具证明文件。

四、国际货物买卖合同中不可抗力条款的表述

不可抗力条款属于免责条款，为了避免当事人之间产生纠纷，防止一方当事人任意扩大或缩小对不可抗力事故范围的解释，或在不可抗力事故发生后在履约方面提出不合理要求，应在买卖合同中对不可抗力条款做出尽可能明确、具体的规定。

不可抗力条款的中英文示例如下：

由于战争、地震、火灾、水灾、雪灾、暴风雨或其他不可抗力事故，致使卖方不能全部或部分装运或延迟装运合同货物，卖方对于这种不能装运或延迟装运本合同货物不负有责任。但卖方须用电报或电传方式通知买方，并应在15天内以航空挂号信件向买方提供由中国国际贸易促进委员会出具的证明此类事件的证明书。

If the shipment of contracted goods is prevented or delayed in whole or in part by reason of war, earthquake, fire, flood, heavy snow, storm or other causes of Force Majeure, the Seller shall not be liable for nonshipment or late shipment of the goods of this contract. However, the Sellers shall notify the Buyers by cable or telex and furnish the letter within 15 days by registered airmail with a certificate issued by the China Council for the Promotion of International Trade attesting such event or events.

课堂互动10－2

我国某企业与某外商按国际市场通用规格订约进口某化工原料。订约后不久，市价明显上涨。交货期限届满前，该商所属生产该化工原料的工厂失火被毁，该商遂以该厂火灾属不可抗力事件为由要求解除其交货义务。

对此，我方应如何处理？为什么？

提示：该案是卖方借工厂失火的名义，用不可抗力事件来免除其应按期交货的责任。目的是避免由于市价上涨给他带来的损失。但是，不可抗力条款虽然是免责条款，但它的处理后果有两种：一是可以解除合同；二是可以延期履行合同。那么，对于本案中的通常规格的货物，只能延期履行合同，却不能解除合同。所以我方应告知对方，另行找货源进行生产，延期交货，不能撤销合同。

任务四　仲裁

在国际货物买卖中，买卖双方在合同履行过程中因种种原因发生争议是难以避免的，解决争议的一般方式有协商、调解、诉讼和仲裁。本节介绍仲裁这种争议解决方式。

一、仲裁的含义及特点

1. 含义

仲裁（Arbitration）是指买卖双方达成协议，在发生争议之前或之后达成协议，自愿将有关争议交给双方同意的仲裁机构进行裁决，且裁决是终局的，对双方都有约束力。

2. 与诉讼相比，采用仲裁方式解决争议具有的特点

（1）当事人双方可以选择仲裁员。仲裁员通常是各行业资深的专家、学者或者知名人士，裁决案件较为中肯和及时。

（2）仲裁机构是非官方机构，审理案件不受外界干扰，可以有效地保证裁决的公正性，这就进一步增强了当事人对采用仲裁方式解决争议案件的信心。

（3）仲裁案件的审理一般不公开，可以有效地保守商业机密，维护当事人的商业信誉。

（4）仲裁程序比诉讼程序简单，而且仲裁裁决一般都是终局性的。因此，采用仲裁方式解决争议通常比诉讼要迅速、及时，而且，当事人所支出的仲裁费用也较低。

（5）跨国仲裁的裁决，执行起来比较有保障。

二、仲裁协议的形式和作用

仲裁协议（Arbitration Agreement）是指有关当事人自愿将已经发生或可能发生的争议提交仲裁机构解决的书面协议。

1. 仲裁协议的形式

仲裁协议有以下三种形式：

（1）合同中的仲裁条款（Arbitration Clause）。是指争议发生之前订立的、同意将可能发生的争议提交仲裁裁决的协议。这种协议一般作为合同条款包含在买卖合同中。

（2）提交仲裁的协议（Submission Arbitration Agreement）。是指争议发生之后订立的，同意将已经发生的争议提交仲裁裁决的协议。这种协议既可以采用协议书的形式，也可以通过双方的往来函电、电报、电传、传真和电子邮件等可以有形表现所载内容的形式。

（3）援引（Reference）式仲裁协议。是指争议发生之前或之后，通过援引方式达成的仲裁协议，即当事人不直接拟定协议的具体内容，而只是同意有关争议按照某公约、双边条约、多边条约或标准合同中的仲裁条款所述内容进行仲裁。

2. 仲裁协议的作用

仲裁协议的作用体现在以下三个方面：

（1）约束双方解决争议的行为。当事人不能随意改变仲裁协议中规定的仲裁机构或地点。同时协议也是提交仲裁的依据，没有仲裁协议不能提交仲裁。

（2）授予仲裁机构对仲裁案件的管辖权。超出仲裁协议约定范围的，仲裁机构不能审理。

（3）排除法院对于争议案件的管辖权。凡有仲裁协议的，双方只能以仲裁方式解决，不得向法院起诉。

上述作用最关键的是第三条，即排除法院对有关争议案件的管辖权。如果一方违反仲裁协议，自行向法院提起诉讼，另一方即可根据协议要求法院停止司法诉讼程序，把争议案发还仲裁机构处理。如一方当事人对仲裁裁决不服，向法院起诉或上诉，法院一般也不受理。

虽然上述三种不同形式的仲裁协议在法律上具有相同的效力，但是在实际业务中，如果买卖双方在争议发生前没有在合同中订立仲裁条款或没有以援引的方式签订仲裁协议，那么，一旦发生争议，由于双方处于对立的地位，往往很难再达成仲裁协议，一方当事人就很可能向法院起诉。因此，如果当事人不愿意将日后可能发生的争议通过司法诉讼予以解决，而是希望交付仲裁，就应该在买卖合同中加列仲裁条款，以免争议真的发生后，双方因不能达成提交仲裁的协议而不得不诉诸法院。正是由于上述原因，在国际货物买卖中，较常采用的仲裁协议的形式是在合同中订立的仲裁条款。

三、买卖合同中的仲裁条款

国际买卖合同中的仲裁条款通常包括仲裁范围、仲裁地点、仲裁机构、仲裁规则和程序、仲裁裁决的效力等内容。

1. 仲裁范围

仲裁范围是指当事人提交仲裁解决的争议范围，也是仲裁庭依法管辖的范围。日后争议超出规定的范围时，仲裁庭无权受理。所以在仲裁协议中一般都规定将有关合同的一切争议事项都提交仲裁。

2. 仲裁地点

仲裁地点是指仲裁所选择的地点，一般是指仲裁的所在国。交易双方一般都愿意在本国仲裁，一是因为当事人对本国仲裁机构和有关程序规则比较了解，且没有语言障碍，还可以节省费用。二是因为仲裁地点与仲裁所适用的程序法，甚至与买卖合同所适用的实体法都有着密切的关系。根据许多国家法律的解释，凡属程序方面的问题，一般都适用审判地法律，即在哪个国家仲裁，如果没有相反的规定，就适用哪个国家的仲裁法规。至于确定双方当事人权利与义务的实体法，如果合同中未作其他的规定，一般由仲裁员根据仲裁地点所在国的法律冲突规则予以确定。由此可见，选择不同的仲裁地点，仲裁所适用的法规就有可能不同，对买卖双方权利与义务的解释也就有所差异。

在订立我国进出口合同的仲裁条款时，关于仲裁地点的规定，应首先力争规定在我国仲裁，如争取不到在我国仲裁，可以选择在对方所在国仲裁或是规定在双方同意的第三国仲裁。

3. 仲裁机构

仲裁机构是指受理案件并做出裁决的机构。一种是临时机构；另一种是常设机构。

（1）临时仲裁机构。是指由争议双方共同指定的仲裁员自行组成临时仲裁庭。它是为审理某一具体案件而组成的，案件审理完毕，仲裁庭即自动解散。

（2）常设仲裁机构。是指根据一国的法律或者有关规定设立的、有固定名称、地址、仲裁员设置和具备仲裁规则的仲裁机构。世界上很多国家都设有从事国际商事仲裁的常设机构，如斯德哥尔摩商会仲裁院（Arbitration Institute of Stockholm Chamber of Commerce）、美国仲裁协会（American Arbitration Association）等。中国国际经济贸易仲裁委员会（China International Economic and Trade Arbitration Commission）是我国常设的涉外经济贸易仲裁机构，仲裁委员会设在北京，在深圳和上海分别设有分会。

（3）明确了仲裁地点，买卖双方还应在合同中对仲裁机构加以确定。选用哪种仲裁机构，取决于双方当事人的共同意愿。选用常设仲裁机构时，应考虑其信誉、仲裁规则的内容、费用、所用语言等因素。如果仲裁地点无常设机构，或者双方为解决特定争议，而愿意指定仲裁员专审争议案件时，当事人可选用临时仲裁庭予以仲裁。

四、仲裁程序与规则

仲裁程序与规则是指进行仲裁的程序和具体做法，包括如何提交仲裁申请，如何进行答辩，如何指定仲裁员，如何组成仲裁庭，如何进行仲裁审理，如何做出裁决及如何交纳仲裁费等。这为当事人和仲裁员提供了一套仲裁时的行为准则，以便在仲裁时有所遵循。

一般情况下，在哪个仲裁机构仲裁，就应遵守哪个机构的仲裁规则。但也有不少国家允许选用仲裁地点以外的仲裁规则，但以不违反仲裁地国家仲裁法规定为前提。至于临时仲裁机构适用的仲裁规则由当事人自行约定。

五、仲裁效力

仲裁效力是指仲裁机构所做的裁决对双方当事人是否有约束力，是否是终局性的，以及能否向法院上诉，要求变更裁决等。

多数国家都规定，仲裁裁决具有终局效力，对双方均具约束力，任何一方都不得向法院起诉要求变更。只有在发现仲裁员未按仲裁规则审理案件时，法院才可撤销裁决。仲裁裁决做出后，如果败诉方拒不履行仲裁裁决，而仲裁机构又不具有强制执行的权利，胜诉方可以向法院提出申请，要求强制执行。

六、仲裁费用

仲裁费用一般由败诉方承担，但也可由仲裁庭酌情决定。

合同中的仲裁条款，可表达如下：

凡因执行本合同所发生的或与本合同有关的一切争议，双方应通过友好协商办法解决，如果协商不能解决，应提交××国××地××仲裁机构，并根据其仲裁程序规则进行仲裁，仲裁裁决是终局的，对双方都具有约束力，仲裁费用由败诉方负担。

All disputes arising out of performance of, or relating to this contract, shall be settled amicably through friendly negotiation. In case no settlement can be reached through negotiation, the case shall then be submitted to ... for arbitration, in accordance with its rules of arbitration. The arbitral award is final and binding upon both parties. The charges arising from the arbitration shall be undertaken by the losing party.

思考与练习

一、单项选择题

1. 出口单位出口货物后，应当在不迟于预计收汇日期起________天内，向外汇管理部门进行出口收汇核销报告。即期收汇项下应当在货物报关出口后________天内收汇。

A. 30，60　　　　B. 10，30

C. 30，180　　　　D. 60，120

2. 当卖方遭遇不可抗力事件，按照法律和惯例________。

A. 可以免除交货责任

B. 只能延展交货日期

C. 可以减少交货的数量

D. 有时可以免除交货责任，有时可以延展交货日期，视具体情况而定

3. 下列因素中，________不是不可抗力因素。

A. 政府禁令　　　　B. 发生地震

C. 市价跌落　　　　D. 战争因素

4. 仲裁协议是仲裁机构受理争议案件的必要依据。仲裁协议________达成。

A. 必须在争议发生之前

B. 既可以在争议发生之前，也可以在争议发生之后

C. 只能在争议发生之后

D. 必须在争议发生的进程中

5. 向卖方提出索赔的最长时效，为买方收到货物之日起不超过________年。

A. 1　　　　B. 2

C. 3　　　　D. 4

二、多项选择题

1. 在一般的贸易合同中，索赔条款一般包括的内容有________。

A. 索赔的法律依据和事实依据　　　　B. 罚金条款

C. 索赔期限　　　　D. 买卖双方违约的情况

2. 下列说法中对仲裁描述正确的有________。

A. 双方当事人要把争议交由仲裁庭解决时，必须在合同中签订仲裁条款或提交仲裁协议

B. 仲裁裁决是终局性的，当事人不能上诉法院

C. 仲裁机构对争议具有强制管辖权

D. 仲裁庭必须公开审理案件，并公开裁决结果，以便双方当事人执行

3. 国贸中解决争议的方式有多种，其中建立在有第三方参与并自愿基础上的有________。

A. 协商　　　　B. 调解

C. 仲裁　　　　D. 诉讼

4. 构成不可抗力的基本条件为________。

A. 意外事故必须发生在合同签订之后

B. 意外事故不是因为合同当事人双方自身的过失或疏忽而导致的

C. 意外事故是当事人双方所不能控制的、无能为力的

D. 意外事故是当事人能预见的

5. 我国出口货物退税办法包括________。

A. 先征后退　　　　B. 先征不退

C. 免、抵　　　　　　　　　　　　D. 免、抵、退

三、判断题

1. 某公司与外商签订一笔进口货物合同后，因国际市场该商品价格猛涨，外商按国际惯例援引不可抗力条款，要求解除合同责任，某公司应同意接受。(　　)

2. 在国际货物买卖中，如果交易双方愿意将履约中的争议提交仲裁机构裁决，则必须在买卖合同中订立仲裁条款，否则仲裁机构将不予受理。(　　)

3. 我出口合同中规定买方复验商品质量/数量（重量）的期限，就是买方可向我方提出索赔的期限，超过约定期限的索赔，在法律上无效。(　　)

4. 仲裁裁决是终局性的，败诉方不能向法院提出上诉。(　　)

5. 以一般贸易、易货贸易、租赁、寄售、展卖等方式开展出口贸易，只要涉及出口收汇，都必须进行出口收汇核销。(　　)

四、问答题

1. A 公司委托 B 公司进口机器一台，合同规定索赔期限为货物到达目的港后 30 天。货到目的港卸船后，B 公司立即将货物转给 A 公司，因 A 公司厂房尚未建好，机器无法安装试车。半年后厂房完工，机器安装完毕并进行试车，A 公司发现机器不能正常运转。经过商检机构的检验证明，该机器是旧货，于是 A 公司要求 B 公司对外索赔，但外商拒绝赔偿，A 公司遭受了巨大的经济损失。

请问我们应从中吸取什么教训?

提示：

应吸取的主要教训有：

（1）进口方应及时对进口商品进行检验、鉴定，对货物与合同不符应该在索赔期限内提出。

（2）机器设备的进口，索赔期限的规定应该合理，不能太短，以保证进口方能对设备进行充分的检验。

（3）此类合同一般应明确质量保证期限。

（4）要加强企业管理及企业相互间的协调工作，使进口的货物能得到及时、充分地检验、鉴定。

2. 某出口商以 CIF 条件出口货物一批，合同规定装运期为 10/11 月份（shipment during Oct./Nov.）。10 月 20 日，出口国政府公布一项条例，规定从 11 月 1 日起，除非有特别许可证，否则禁止该货物出口。卖方未能装运货物，于是买方请求赔偿损失。

请问在此案中，卖方是否可以免除其交货义务？为什么？

提示：意大利政府禁令并未达到使意大利商人完全不能装运的地步。实际上，如果意大利商人有诚意履约的话，从 10 月 21 – 30 日期间完全可以设法装运的。所以意大利商人以不可抗力事故为理由要求解约，是借故违约，我方应要求其按合同办理。

案例分析

1. 某年 9 月意商售给英商一批蚕豆，合同规定 10 月交货，不料意政府于 10 月 20 日

宣布禁止蚕豆出口，自宣布日起10日后生效执行，意商以不可抗力事故为由要求解约。

此说法可否成立？

2. 某年我方与外商签订一批进口化肥合同，后因外商生产化肥的两个工厂之一遭受水灾，这时正值国际市场上的化肥价格上涨，于是外商以不可抗力事故为由要求解约。

我方应如何对待此问题？

3. 我国某进出口公司为某工厂进口一台机器，经与外商签约以后，待到装船时，外商突然来电称，需延迟交货6个月，经多方交涉，我方坚决不同意，最后正式通知外方，如不按期交货，我方除撤约外并保留索赔权。

我方采取这一措施是否得当？

4. 我方某批货物到达对方港口后，经检验部分霉变，买方向我方提供官方机构出具的检验证，并要求索赔货款的30%，同时买方将霉变货销毁，并将剩余合格货出售给其他商人。

我方应如何处理此案？

5. 日本某商人在广交会上与我天津某公司约定以CIF条件出口仪器一批，并签订合同，但合同中未规定任何日方履行合同义务的条件。中方5月开出L/C后被日方告知，该仪器为“巴统”出口管制产品。日方因无法获取许可证，要求解除合同，按不可抗力请中方免责。

中方应如何处理？为什么？

6. 中国从阿根廷进口普通豆饼，交货期为8月底，拟转售欧洲。然而，4月份阿商原定的收购地点发生百年未见洪水，收购计划落空，阿商要求按不可抗力处理免除交货责任。

中方应怎样处理？

7. 我某公司与澳大利亚商人签订小麦进口合同200万吨，交货期为某年5月份。但澳大利亚在交货期年度遇到干旱，不少小麦产区歉收20%。导致世界小麦价格上涨。澳商提出推迟到下年度履行合同。

中方是否可以同意？

8. 我某公司向匈牙利出口水果一批，采用货到验收后付款。货到经买方验收后发现水果总重量缺少10%，而且每个水果的重量也低于合同规定，匈商既拒付货款，也拒绝提货。后来水果全部腐烂，匈海关向中方收取仓储费和处理水果费用5万美元。

中方应如何处理？

9. 我国某公司与新加坡一家公司以CIF新加坡的条件出口一批土特产品，订约时，我国公司已知道该货物要转销美国。该货物到新加坡后，立即转运美国。其后新加坡的买主凭美国商检机构签发的在美国检验的证明书，向我方提出索赔。

我国公司应如何对待美国的检验证书？为什么？

10. 某奥地利商向中国出口化工原材料一批，价格条件为CIF天津，合同订有不可抗力条款。1991年由于海湾事件，石油价格暴涨，奥商成本增加28%，于是便向中方提出，要求提高出口价，否则拒绝交货，因为此事可作不可抗力处理。

中方应如何处理？

实操训练

（一）合同中的多项条款规定不当，遭受巨额经济损失

中国某外贸公司曾代国内某用户引进一套榨菜籽油的设备，合同总金额为 14 778 515 欧元。合同规定：“主要设备在瑞士、联邦德国、奥地利、瑞典及其他卖方选择的国家制造。”“卖方保证供应的设备都是新的和现代化的，以及在植物油工业中都达到进口技术标准。卖方保证该设备能够达到国际标准。”“保证期限将限于开工后 12 个月或设备装运后 20 个月，哪一个发生在先，便以哪一个为准。”在检验、索赔条款中规定：“货物运抵后……买方应请求中国商品检验局作初步检验。若买方提出索赔，卖方有权自费指派（国外检验机构）SGS 的检验员证实有关索赔。检验员的检验结果为最终的结果，对双方具有约束力。”在支付条款中规定：“为了保证××本金和利息的偿还，买方应按卖方指定××形式开出 5 份本票，应由中国银行无条件并不可撤销地以××形式（保函）给予保证。”在仲裁条款中规定：“执行本合同发生的一切争执，应通过友好协商解决，如不能……任何一方都可提交 RD 王国国际商会仲裁。仲裁员将采用 RD 王国实体法。仲裁是终局的，对双方均有约束力。”后来，购进的设备经过安装、调试和试车发现，部分设备不能正常运转。买方即凭中国商检机构出具的品质检验证书向外商索赔，但经过多次交涉，均未获结果，致使买方遭受无法补救的经济损失。

本案合同中的多项条款规定不当，是导致买方损失的主要原因。

（1）在设备品质条款中，既未规定设备品质的具体质量指标和具体内容，也未规定卖方在交货品质方面应承担的具体责任。这种对卖方有利的不公正条款，存在很大的片面性、随意性和可变性，给卖方以可乘之机，以致出现设备质量保证期已过而仍不能正常开工的被动局面。

（2）检验、索赔条款中的不合理规定，限制了中国商检机构检验出证的法律效力，使买方失去了凭中国商检局出具的证明向外商索赔的权利，而且还要受外商片面指定的外国检验员检验结果的约束，这明显有失公平原则。

（3）支付条款的规定不合理，它实质上是一种无条件的不可撤销的延期计息现汇付款的支付方式。外商利用此项对其片面有利的付款条件，在推却其一切责任的情况下，按期得到货款，而我方却难以采取有效的补救措施。

（4）合同中的仲裁条款内容，无论是就仲裁地点的选择抑或适用法律的规定，对买方都是不利的。

总之，由于本案合同中的多项条款都规定不当，使我方遭受巨额经济损失。一方面，我们应从中吸取深刻的教训；另一方面，要大力提高我国外经贸人员素质，学会做生意，力求约定好合同条款，以维护国家和企业的正当权益。

（二）国际货物买卖中双方的履约先后问题

案情

申请人 A 公司与被申请人 B 公司签订了花生仁买卖合同，由申请人向被申请人提供每盎司标准粒数为 40/50 的中国产花生 5 000 吨，价格为每吨 715 美元 FOB 天津，总金额

3 575 000美元，支付方式为由买方在装船期前 15 天开出不可撤销的、可转让的信用证，装运期为 1994 年 4 月至 5 月。

申请人诉称：合同签订后，申请人按规定积极备货，于 1994 年 3 月及 5 月间与被申请人共同看货，以便被申请人及早开出信用证，但被申请人没有开证。1994 年 5 月 31 日，被申请人以所剩时间来不及安排装船为由宣布解除其合同项下的义务。申请人仍希望继续履行合同，直至 1994 年 6 月 30 日双方谈判破裂。申请人遂提出索赔，并宣告合同解除。申请人认为，在 FOB 合同项下，申请人只有义务在货物装船时保证所交货物的质量、规格符合合同的规定，没有义务在卖方未开证、未派船的情况下履行上述义务。被申请人不履行其开证、派船的义务是根本违约。申请人因被申请人没有开立信用证，被迫将花生榨成油后变卖，造成巨大损失，因此，被申请人应赔偿申请人全部 5 000 吨花生仁的利润损失和其他损失。

被申请人答辩指出：合同签订之后，被申请人一再催促申请人应在合同规定的装船期之前备妥货物以便检验，并由被申请人开证。申请人于 1994 年 3 月、5 月间与被申请人共同验货，但检验结果不符合合同标准。直至 5 月 30 日申请人曾再次请求被申请人验货这一事实证明，被申请人在与申请人长期贸易关系中已确立被申请人开证时间应为双方共同验货合格后的合理时间的惯例。双方订立合同时对此均有明确表示，并作为双方长期合作的惯例一直被双方作为默示条件而遵照执行。因此，被申请人没有开证完全是申请人没有备妥合同规定的货物所致。被申请人没有违约。

仲裁结果：

仲裁庭裁决被申请人赔偿因其根本性违约而给申请人造成的合理损失 52 200 美元，驳回申请人的其他请求。

案例分析：

（1）当事人之间的习惯操作不能对抗合同的明文规定。此案中，双方对于被申请人没有开证这一事实没有异议，其争议在于这一事实是否违约。

合同规定的价格条款是 FOB 天津，合同中没有关于被申请人开证时间应为双方共同验货合格后的合理时间的约定，相反却明文规定买方应在装运期前 15 天开出信用证。无论双方在以往的长期合作中是否有先验货后开证的习惯，如果合同有明确的相反规定，即构成明示的约定，明示的约定自然取代对默示的推定。故被申请人应根据合同，在装运期前 15 天开出信用证。被申请人没有依约履行义务，并于 1994 年 5 月 31 日传真申请人宣布解除合同，已构成对合同的根本违反，应承担违约责任。

（2）合同价格与时价之差为合理的利润损失。根据《联合国国际货物销售合同公约》第 77 条的规定：声称另一方违反合同的一方，必须按情况采取合理措施，减轻由于该另一方违反合同而引起的损失，包括利润方面的损失；如果他不采取这种措施，违反合同一方可以要求从损害赔偿中扣除原可以减轻的损失数额。在被申请人明显违约的情况下，申请人应采取合理的措施将货物按照当时的市价转卖，以减轻损失数额。合同规定的价格与时价之差应当是申请人合理的、直接的损失。被申请人应对申请人的这一损失负责赔偿。申请人未能及时转卖货物，而是将货物榨油后变卖，因此而扩大的损失，应由申请人自行承担。

参考文献

［1］施米托夫. 出口贸易——国际贸易的法律与实务［M］. 北京：对外贸易教育出版社，2015.

［2］黎孝先. 国际贸易实务［M］. 北京：对外贸易教育出版社，2001.

［3］张亚芬. 国际贸易实务与案例［M］. 北京：高等教育出版社，2002.

［4］宋沛. 外经贸经营与管理考试指南［M］. 北京：对外经济贸易大学出版社，2002.

［5］周厚才. 国际贸易理论与实务［M］. 北京：中国财政经济出版社，2001.

［6］张魁峰. 贸易实务［M］. 北京：经济科学出版社，2001.

［7］李玉如. 国际货运代理与业务［M］. 北京：人民交通出版社，2001.

［8］陈海宽. 交通运输服务贸易与物流［M］. 北京：中国海关出版社，2002.

［9］谢娟娟. 对外贸易单证实务［M］. 天津：南开大学出版社，2001.

［10］邵铁民. 进出口货物海关通关实务［M］. 上海：上海财经大学出版社，2002.

［11］勇汉荣. 走进 WTO［M］. 杭州：. 浙江人民出版社，2003.

［12］金祥荣. 贸易保护制度的经济分析［M］. 北京：经济科学出版社，2001.

［13］李平. 国际贸易实务操作教程［M］. 北京：对外经济贸易大学出版社，2002.

［14］张建华. 国际贸易实务模拟［M］. 北京：高等教育出版社，2002.

［15］乔荣贞. 国际贸易实务试题与参考答案［M］. 北京：对外经济贸易大学出版社，2000.

［16］冷柏军. 国际贸易理论与实务：第 4 版［M］. 北京：中国财政经济出版社，2001.